Gonglu Gongcheng Shigong Jishu Tansuo yu Shijian

公路工程施工技术探索与实践

——中交三公局第二工程有限公司交流论文集

黄紫跃　主编

人民交通出版社

内 容 提 要

本书共收录论文43篇，汇集了2011年和2012年中交三公局第二工程有限公司工程技术人员从事公路建设时现场施工的心得体会，包括路基、路面、桥梁、隧道等施工领域的成功经验，涉及面广，内容丰富，实用性强。

本书可供公路工程施工人员使用，也可作为高等学校教学的参考用书。

图书在版编目(CIP)数据

公路工程施工技术探索与实践 ：中交三公局第二工程有限公司交流论文集 / 黄紫跃主编. — 北京 ：人民交通出版社，2013.6

ISBN 978-7-114-10737-5

Ⅰ. ①公… Ⅱ. ①黄… Ⅲ. ①道路施工—文集 Ⅳ. ①U415—53

中国版本图书馆 CIP 数据核字(2013)第 140436 号

书　　名：公路工程施工技术探索与实践——中交三公局第二工程有限公司交流论文集
著 作 者：黄紫跃
责任编辑：丁　遥　潘艳霞
出版发行：人民交通出版社
地　　址：(100011)北京市朝阳区安定门外外馆斜街3号
网　　址：http://www.ccpress.com.cn
销售电话：(010)59757973
总 经 销：人民交通出版社发行部
经　　销：各地新华书店
印　　刷：化学工业出版社印刷厂
开　　本：787×1092　1/16
印　　张：16.5
字　　数：380千
版　　次：2013年6月　第1版
印　　次：2013年6月　第1次印刷
书　　号：ISBN 978-7-114-10737-5
定　　价：68.00元
(有印刷、装订质量问题的图书由本社负责调换)

本书编委会

主　编： 黄紫跃

编　委： 颜聪世　蔡　文　王河庆

要　旭　张争鹏　刘　伟

张立鹏　冯　宇　刘鲁平

万先德

序

技术服务是公司的生存之本，技术服务水平决定着公司在市场竞争中的地位。近年来，公司在常规的路基、路面、桥梁和隧道施工领域已掌握了较为全面和丰富的施工技术，正涉足高端产品技术领域并进行积极攻关，这是公司大力推进产品结构调整和业务转型的迫切需要。在这一进程中，广大技术人员从施工技术中的重点、热点、难点出发，立足本职、刻苦钻研、精心构思、认真验算，形成了多篇技术成果。在此基础上，公司分管领导和工程管理部精心挑选、严格把关，最终选出43篇有代表性的论文编入公司首册技术论文集，供广大技术人员学习和参考。

借此机会，我希望广大技术人员认真学习、借鉴这些优秀技术成果，从中汲取知识和养分，以提高自身的专业技术水平；也希望你们在施工管理中争做有心人，总结提炼出更多高质量的技术成果，积极参与公司的论文评比，为公司不断提高技术服务水平和技术创新能力作出新的贡献。

总经理：黄紫跃

2013年3月20日

目　录

浅谈高速公路路基土石方施工管理

琚永利

（中交三公局第二工程有限公司宁绩项目）

摘　要：本文简述了高速公路路基土石方施工的准备工作、施工要点和变更索赔管理。

关键词：高速公路　路基　土石方　施工　管理

在高速公路建设中，路基土石方工程路线长，沿线结构物多，施工管理难度大；沿线水田、水塘多，软基面积大，软基处理工程量大；沿线经过村镇多，周边环境复杂，协调工作量大；工程变更多，经营工作量大。本文根据以往的施工经验，结合现实中存在的问题，就如何做好高速公路路基土石方施工管理谈一些看法。

1　施工准备工作

(1)组织技术人员认真审查设计图纸和技术资料，熟悉合同文件和技术规范。

(2)对业主设计单位提供的图纸标准等数据进行实地交底，对业主提供的道路、水、电、场地情况进一步了解和落实。

(3)搞好线路调查，组织相关人员对线路走向，取土场和弃土场的位置，地形地貌，道路交通，涵洞位置，地质水文状况，需要拆迁的房屋，改移的坟墓、道路、水利设施和线杆，水准点及控制桩等进行全面的调查、核对。

(4)科学地做好现场平面布置，修建施工便道。

(5)做好施工前的详细测量，导线复测和加密，路线中、边线复测，红线、取土场、弃土场、结构物的位置。

2　施工要点

(1)测量放样：路基开工前，根据设计文件和业主提供的相关测量资料进行中线恢复、高程复测、水准点复查、增设横断面检查和补测，放出路基边缘、路堤坡脚、路堑顶、边沟等位置。

(2)将用作路基填方的土样按规范要求送中心试验室进行标准击实试验，计算最佳含水率和最大干密度，并进行液塑限、塑性指数、有机质含量、CBR值、颗粒分析等试验，并编写开工报告，报监理工程师审批。

(3)路基挖方：路基挖方开工前，将绘制的开挖横断面图和土石方调配方案报监理工程师审批。

(4)路基填方：

①铺筑试验路段，确定松铺厚度、机械选用、压实遍数等有关技术参数，写出试验总结报告并经验收，报监理工程师批准。

②每层填料铺设的宽度应超出设计宽度50cm,以保证路堤边缘的压实度。

③不良地基和软弱地基处理,由项目技术负责人提出方案,报监理工程师批准,按批准后的方案进行换填或采取其他方法加固处理。

④高填方路堤,施工中考虑预留沉降量,边坡严格按照图纸设计自上而下逐层放缓。

⑤台背回填施工中,严格控制每层摊铺厚度,并应做到分层填筑、分层碾压,狭窄地段采用小型夯压机械。

⑥不同性质填料填筑时,应分类、分层填筑,不得混填。

3 路基施工和结构物施工的关系

(1)结构物将路基分割成多段,不能成片。首先要确定起讫桩号,施工中进行统筹安排;软弱地基处的涵洞则土方先行,填至一定高度后采用反开槽法施工。

(2)结构物与路基衔接段,处理不好会导致路基沉降不均匀,发生"跳车"现象。因此,台背回填必须认真对待,精心施工。路基端部的虚土层一定要挖至明显密实层,且坡面做成台阶,确保回填土衔接紧密。

4 做好计量和索赔工作

由于土石方工程点多线长,设计文件不可能十分完善,所以高速公路工程变更项目特别多,作为承包商如何做好这方面的工作就显得十分重要。首先要熟悉合同文件、设计文件;其次,施工中注意取得第一手资料,特别是影像资料,根据程序进行工程变更和索赔。根据以往经验,土石方施工的索赔主要从以下几点来考虑:

(1)原地面复测,绘制横断面图,比较实际填挖方量与设计填挖方量。特别是长段落的换填路基,原地面测量资料作为计算换填方量的依据,更是需要详细和准确。

(2)在实际施工过程中,因地质条件的变化,往往会对一些软土地基进行处理。这种处理的方式大多采用的是抛石挤淤、换填土,铺设砂石、碎石、片石,铺设土工布、反压护道、预压或超载预压等施工作业,要挖除原地基上一定深度及范围的淤泥,然后用适宜的路基填筑材料进行填筑。往往实际清淤数量与设计清淤数量有差异。因此,清表后看有无增加过湿土、软基处理的地段,挖探坑确定换填深度,项目技术负责人、监理工程师和业主项目负责人现场研究处理方案。

(3)占用水塘有无增加,处理方案可因地制宜选择向监理工程师提出。

(4)非承包商原因造成的成本增加,如工期延长等。

5 在建项目施工总结

宁绩高速公路十标全长4.44km,均为分离式路基,主要工程量有:挖方104万m^3,填方84万m^3,隧道1座,大桥1座,中桥1座,涵洞通道12道。

(1)便道修筑:标段地处皖南山区,路基多为高填深挖、半填半挖,交通不便;到达隧道口的主要便道只能是横穿皖赣铁路,铁路与河流附近的竹林平地高差较大,大桥至隧道进口段落多为填方,此段内的挖方量较少,跨铁路便道修筑需要大量土方。隧道出口至标尾段落,挖方量多,无主线便道进口,需从省道S215处开口沿主线垂直方向修便道进入,大约200m。综合来看，便道修筑费用较高。

为了节约便道修筑成本，项目部组织技术人员对全线多次勘察，比选便道修筑方案。一是尽量减少横向便道，缩短纵向便道，减少临时征地费用；二是合理设计纵坡，在不影响行车的前提下，优化土石方填挖量。

(2)杆线迁移：杆线多集中在路基填方段，杆线迁移工作不及时，路基填筑施工将极为不便，而且也存在安全隐患。因此，杆线调查情况应及时报送总监办和项目办，项目办尽快统筹安排杆线迁移，减少对施工的影响。

(3)征地问题：深挖路段，因为实际地形与地形图的差异，红线范围内征地容易出现不足。而且，二次征地牵连单位很多，手续时间长。所以，在开工前，应复核全线路基开挖线，问题全部查清，文件一次报送，可避免“等地”才能施工的现象。

(4)涵洞施工：标段有12道涵洞通道，施工后有5道地基换填变更，3道结构形式变更，2道斜交角度变更，另外增加1道圆管涵。

在施工准备阶段，水系调查后，对需要变更的涵洞通道上报，并与监理组、总监办、设计代表和项目办沟通，不因变更申请批复不及时而耽误涵洞施工。

隧道进口和出口各有1道涵洞，隧道施工需要在洞口做平台。如果洞口的涵洞不先做好，势必影响隧道施工。所以，隧道洞口的涵洞为关键节点工程，要先行施工。

6 结语

路基土石方属于高速公路工程的基础性环节，决定和影响着整个工程的质量和进度，在施工管理中要遵守设计原则和施工要点，做好严密的施工控制，确保整个工程的顺利进行。

参考文献

[1] 李生海.路基土石方工程的施工控制[J].科技信息，2009.
[2] 蔡东，申凤军，陈雅茹.土石方填筑工程施工质量控制要点分析[J].黑龙江水利科技，2010.
[3] 路桥集团第二公路工程局.公路施工手册　路基[M].北京：人民交通出版社，2003.

艾溪湖大桥现浇连续箱梁支架设计与施工技术

张立鹏　刘静礼

（中交三公局第二工程有限公司艾溪湖项目）

摘　要：通过采用灰土处理结合表面硬化等方法进行现浇连续箱梁支架基础处理，并采用有限元分析方法对支架进行设计计算，确保了在地质不良环境下箱梁施工支架结构体系的安全，可为在南方类似地基上支架设计与施工提供借鉴。

关键词：连续箱梁　支架　有限元　设计　预压

南昌艾溪湖大桥西接北京东路，东连紫阳大道，主线上跨艾溪湖。大桥东西侧主线桥采用30～35.5m等高度不等跨预应力混凝土连续梁，梁高1.8m。主线桥宽42m，上下行分离；箱梁采用单箱四室结构，翼缘悬臂长2.98m。箱梁混凝土强度等级采用C50。

桥址地处南昌赣江、抚河冲积相河湖地貌地区，桥下为艾溪湖水面，业主在项目进场前3个月对湖区主线范围施工了围堰，并初步清淤。项目进场初期低洼地段处还存有少量积水，外露土为淤泥质土，厚度约0.80m，下层为粉质黏土，饱水时地基承载力小，施工时必须疏干围堰地表水。在修建围堰内施工便道及场地整理时，挖掘机、装载机等机械设备多次陷入场地。该桥箱梁施工设计采用支架现浇的方法，箱梁支架下地基的处理是整个工程能否顺利进行的关键。

1　基础处理方案

支架基础处理是该桥施工中的一个非常重要的环节，在满足地基承载力要求的同时，还必须严格按照相关规范的要求控制混凝土浇筑后的地基总沉降量。根据现场的具体条件，制订了以下三种处理方案。

方案一：换填基础。用山皮石（宕渣）对桥下湿软的淤泥质土、粉砂土进行换填，根据项目前期便道施工经验，换填深度应不小于1m，局部深度更大，其上再铺筑10cm碎石层作为调平层，上铺设枕木或混凝土预制块，以扩散基底应力及保证支架基础受力的均匀性。

方案二：钢管桩基础。利用现有螺旋焊管（ϕ60cm、ϕ82cm），在每个桥墩两侧及每跨10m、20m处打入4～5排，作为满堂支架排架墩，排架墩间距约10m，再在排架墩上用[50工字钢或M贝雷梁搭设简支钢桁梁作为纵向承重梁。

方案三：改良土基础。设置水泵抽排围堰内积水，做好排水沟等排水措施，现场利用淤泥质土、粉质黏土掺5%石灰改良处理，厚度0.80m，表面浇筑0.20m厚C20混凝土层，设置排水沟。在混凝土表面上铺设方木，支架底托直接落于方木上以分散应力。

方案比较：方案一，宕渣运距远，价高量少，成本高。方案二，成桥后梁下净空小，打入的钢管桩拔出困难，采用分段切割回收，损耗大，不经济。方案三，充分利用现场土源，工艺较成熟，但有一定污染，施工中要加强控制。综合比较，推荐第三种方案。

对方案三处理的地基，选择了 5 个点进行现场承载力试验。经轻便触探试验，地基承载力达到 180～220kPa。试验表明，经过处理大大提高了地基的承载力，减少了地基沉降量。

2 地基处理

在围堰内设置泵站，架设两台水泵抽排积水，然后将表层淤泥用挖掘机清除。对清淤后的湖底土掺 5%石灰改良处理，厚度 0.80m。处理分三层进行，对第一层压路机碾压出现的“弹簧”薄弱部位进行换填处理，最后一层表面设置 1%双向横坡。在改良处理完的地基表面浇筑 0.20m 厚 C20 混凝土层，顺桥向在灰土两侧设置排水沟并汇流至水泵处，以保证支架基础不受地表水的浸泡。

3 支架体系

3.1 桥梁支架布置

支架采用直径 48mm、壁厚 3.5mm 的碗扣式钢管，钢管的纵桥向间距采用变间距布置：在桥墩附近腹板变截面荷载较大处采用 60cm，而在跨中处采用 90cm。钢管的横桥向间距也采用变间距布置：在箱梁的腹板下方的钢管间距为 30cm，底板及翼缘板采用 90cm 的间距。碗扣式支架如图 1 和图 2 所示。

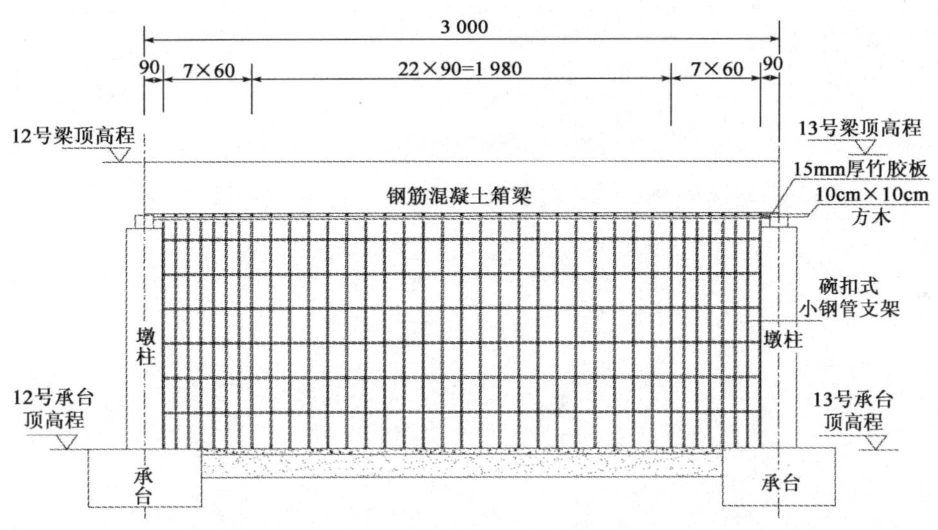

图 1 碗扣式支架布置立面图(尺寸单位:cm)

钢管立柱与底模竹胶板间有纵向、横向两层 10cm×10cm 方木，其中，纵向木楞直接与底模接触，横向间距为 50cm；横向木楞直接与钢管立柱顶托接触，纵向间距随支架间距而变，最大 90cm。

在支架纵、横向每隔 3～4 排立杆设一道剪刀撑，形成稳定的构架，以防止杆件间的位移变形，加强支架抵抗水平荷载的能力。剪刀撑设置时从顶到底要连续，搭接头保证不小于 60cm，接头卡不少于 2 个，与水平横杆的夹角为 45°～60°，两道剪刀撑不允许彼此相交。

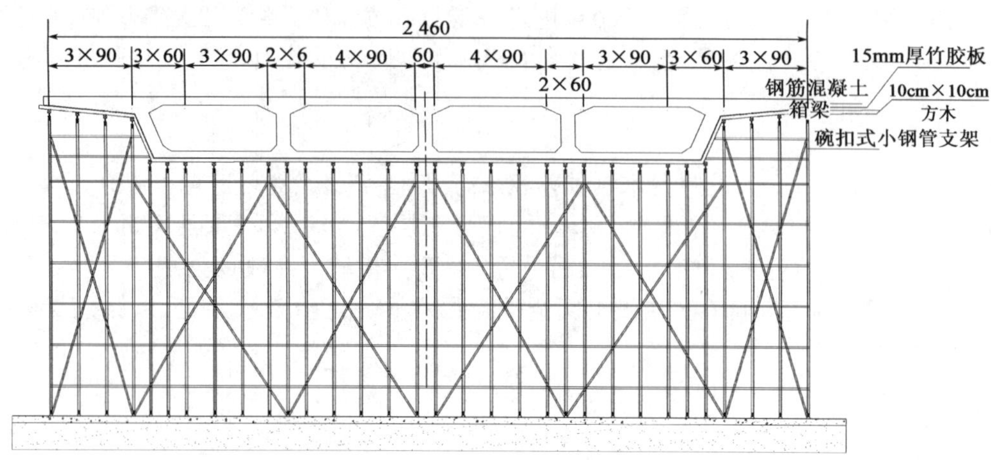

图 2　碗扣式支架布置剖面图(尺寸单位:cm)

3.2　支架结构计算

3.2.1　计算模型

采用通用有限元程序 ANSYS 进行计算,用 BEAM188 单元模拟支架中的立柱、横梁、纵梁及柱间支撑。立杆顶端分配荷载作用的方木亦采用 BEAM188 单元进行模拟。整跨碗扣式支架有限元计算模型如图 3 所示。

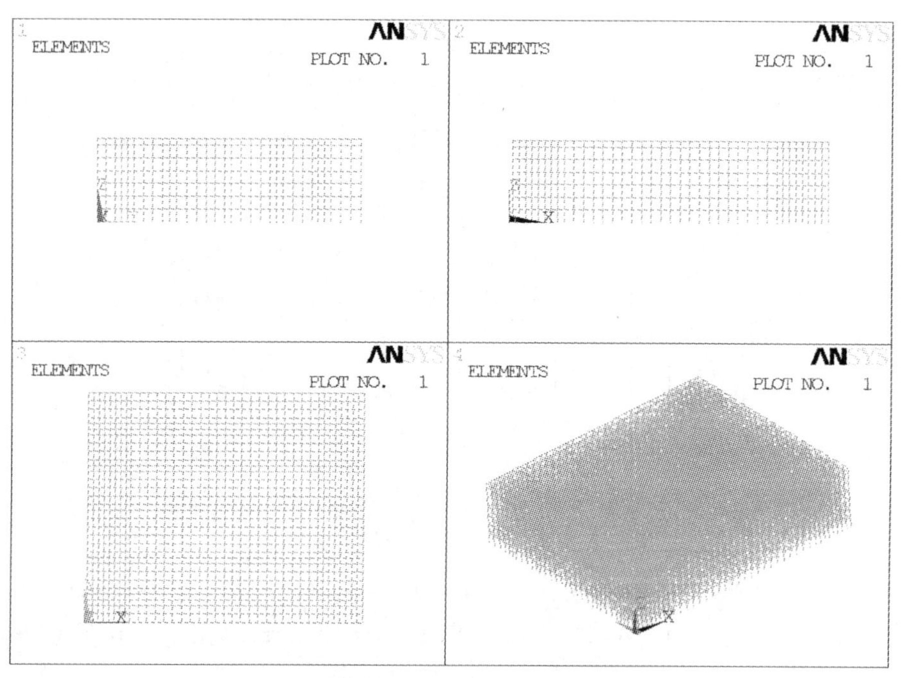

图 3　整跨碗扣式支架有限元计算模型

3.2.2　荷载计算

考虑结构自重,钢筋混凝土重度取 $26kN/m^3$,未计模板自重及施工荷载,但采取对箱梁自重取 1.3 倍的放大系数以估计模板及施工荷载。根据箱梁的截面尺寸,计算结构自重,横桥向采用四种变化的荷载分布形式，并在纵桥向分为三段进行加载。实际有限元计算时，设计荷载按线荷载施加在横桥向木楞上。

在桥墩 1.3m 范围内，为横梁实心段，荷载横桥向分布如图 4 所示。

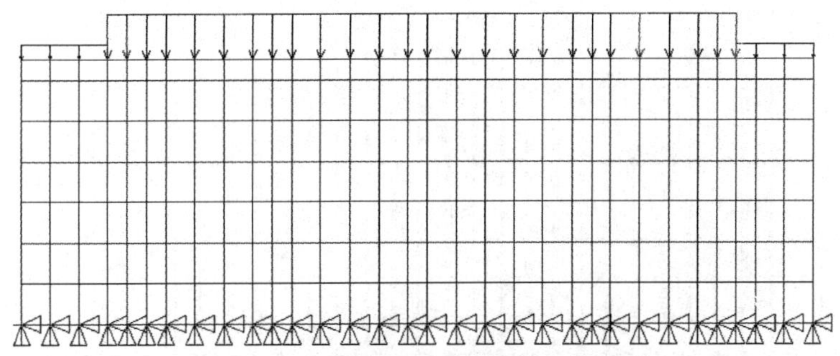

图 4　桥墩 1.3m 范围内荷载横桥向分布图示

在桥跨 1.3～5.3m 处为腹板加厚处，同时为碗扣式立杆加密区段，荷载横桥向分布如图 5 所示。

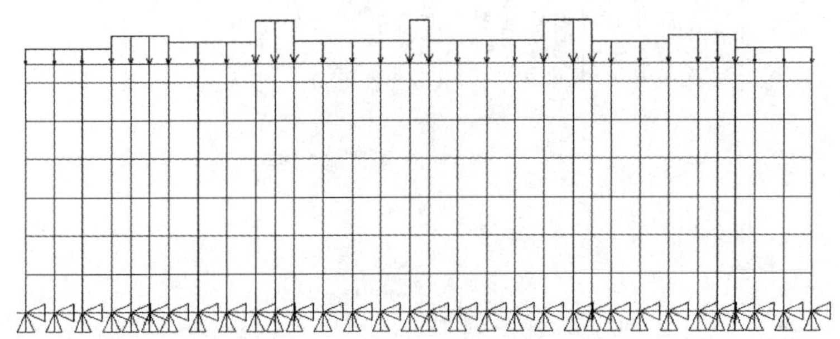

图 5　桥跨 1.3～5.3m 范围内荷载横桥向分布图示

桥跨 5.3m 至跨中区段荷载横桥向分布如图 6 所示。

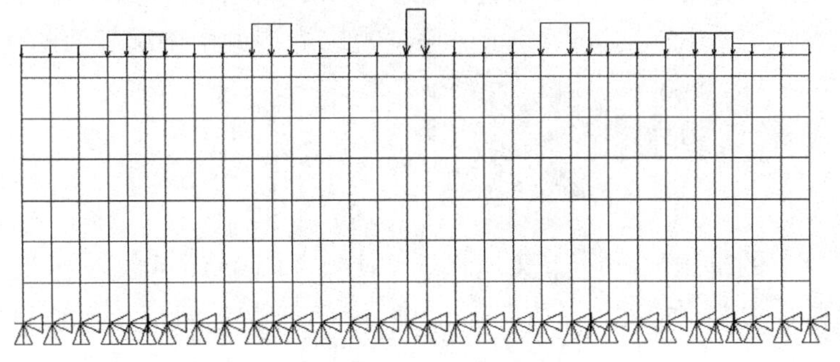

图 6　桥跨 5.3m 至跨中范围内荷载横桥向分布图示

3.2.3　强度计算

取横桥向一排支架结构，得到各构件的正应力。经计算，箱梁腹板下方钢管的应力比其他位置的大，最大轴向压应力为 72.3MPa，同时得到该位置立柱的柱底最大反力为 34.09kN。碗扣式支架在梁端部及腹板处变形较大，最大变形为 0.002 6m，满足刚度要求。

3.2.4　稳定计算

结构的一阶整体失稳模态如图7所示，失稳发生在靠近立柱底部位置处，这个结构发生了侧倾，对应的一阶失稳系数$\lambda_1=3.53$。

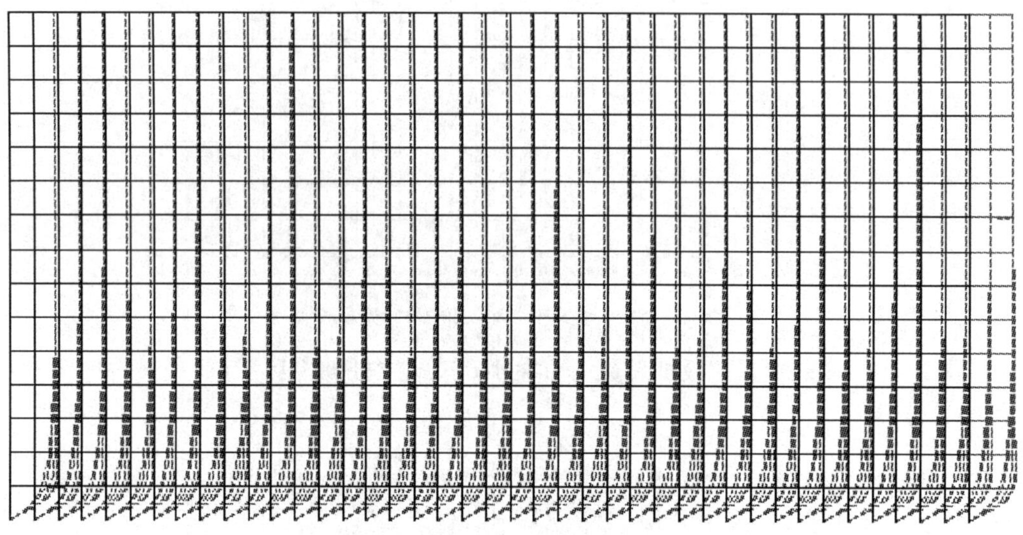

图7　结构的一阶失稳模态图

3.3　碗扣式支架地基承载力验算

碗扣式支架地基处理采用20cm厚C20混凝土层加80cm厚灰土拌和层，灰土层以下仍有厚度不等的素填土层。下面分别就混凝土层、灰土层及素填土层进行地基承载力验算。

3.3.1　混凝土层承载力验算

1)荷载计算

由3.2.3中碗扣式支架强度ANSYS计算结果可知，单个碗扣式支架的最大荷载为$F=34.09\text{kN}$，以此作为立柱作用在10cm×10cm底座范围内混凝土垫层表面的荷载。

2)承载力验算

混凝土垫层表面压应力为：

$$\sigma=\frac{34.09}{0.1\times0.1}=3.409\text{MPa}$$

小于C20混凝土的抗压强度设计值$f_{cd}=9.2\text{MPa}$，满足抗压承载力要求。

3)抗冲切验算

$F=34.2\text{kN}<f_t\times u_m\times h=1.06\text{MPa}=0.8\text{m}\times0.2\text{m}=169.6\text{kN}$，满足要求。其中，$f_t=1.06\text{MPa}$为C20混凝土抗拉强度设计值；$u_m=0.8\text{m}$为抗冲切混凝土层中面周长，$h=0.2\text{m}$为混凝土层厚。

3.3.2　灰土层承载力验算

单个碗扣式支架的最大荷载为$F=34.09\text{kN}$，混凝土内应力按45°扩散，灰土层顶面的压应力为：

$$\sigma=\frac{F+25\times0.5\times0.5\times0.2}{0.5\times0.5}$$
$$=175.45\text{kPa}$$

所以地基处理后的灰土承载能力要达到175.45kPa以上才能满足地基承载力的要求。

3.3.3　软弱下卧层承载力验算

1)荷载计算

单个碗扣式支架的荷载经立柱底座下20cm混凝土刚性角扩散，再经过80cm灰土按照35°内摩擦角扩散后，压应力相互重叠，故可按平均应力计算。

梁体、支架自重总荷载为：

$$G_{自重}=20\,728\text{kN}$$

支架作用在25m×30m×0.2m素混凝土及25m×30m×0.8m灰土垫层上，再考虑垫层自重，所以基底压力为：

$$P=G_{自重}+G_{垫层}=20\,728+25\times30\times(0.2\times25+0.8\times23)=38\,278\text{kN}$$

2)承载力验算

考虑1.2的安全系数，灰土层顶土的压应力为：

$$\sigma=\frac{38\,278\times1.2}{26\times31}=57\text{kPa}$$

所以灰土下卧层的承载能力要达到57kPa以上才能满足地基承载力的要求。

4　支架预压

支架预压就是在混凝土浇筑前，以一定的荷载对支架提前施加压力。参照《钢管满堂支架预压技术规程》(JGJ/T 194—2009)实施支架预压。

4.1　支架预压的目的

消除支架和基础非弹性变形对箱梁施工的影响，并验证支架结构的变形值与设置的预拱度是否合理。

4.2　支架预压加载原则

(1)预压荷载按照现浇箱梁钢筋混凝土自重的120%预压。

(2)尽量模拟现浇箱梁的荷载分布按预压单元分级加载预压。

(3)分层施加荷载，分期观测。

4.3　预压方法

采用砂袋预压。按箱梁自重的80%、100%、120%逐级加载。

(1)支架搭设完且顶托上的分配梁搭设完毕后，直接将袋装砂吊装到支架上按照荷载要求摆放。

(2)根据连续梁梁体分段混凝土质量计算，各梁段上需要模拟加载的砂为分段质量的120%。

(3)加载顺序：预压时分层增加砂袋，并对称加载，防止支架失稳。

(4)支架预压观测点的布设及测量。预压前，每跨支架分别选取5个断面(墩柱位置、1/4

跨位置、跨中位置)作为沉降观测断面。在每个观测断面处,设置5个沉降观测点,在观测点位用红色油漆做好点位的标记,由于预压砂袋累计高度较高,测量人员不方便在上面进行测量操作,可事先在沉降观测点位置安装刻度尺,以便预压期间的沉降观测。沉降观测点的横断面布置图如图8所示。

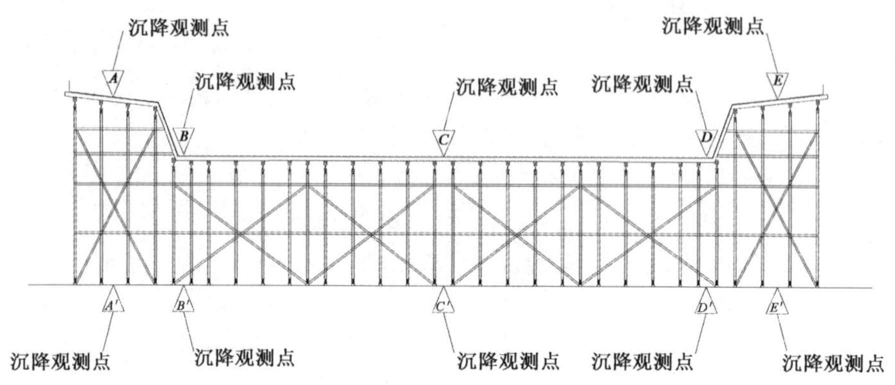

图8　沉降观测点横断面布置图

4.4　预压加载和卸载

(1)加载:每孔预压加载时,纵向从跨中开始向支点处进行对称布载,横向从混凝土结构中心线向两侧进行对称布载。

每一级加载完成后,每间隔12h对支架沉降量进行一次监测,当监测点12h的沉降量平均值小于2mm时,可进行下一级加载。

(2)卸载:支架预压可一次性卸载,卸载时应对称、均衡、同步。

当满足下列条件之一时,判定支架预压合格,即可卸载:各监测点最初24h的沉降量平均值小于1mm;各监测点最初72h的沉降量平均值小于5mm。

(3)加载卸载注意事项。

①在预压过程中,如遇雷雨天气,必须准备好彩条布或苫布将砂袋盖好,防止雨水进入砂袋增加荷载导致事故发生。

②夜间作业必须设置好照明设备,保证现场的光线充足。

③吊装作业时必须安排专人指挥吊车,上下协调一致。

4.5　观测步骤

首先在预压前,测量并记录每个断面上A、B、C、D、E五个观测点的高程,如图8所示。然后在荷载全部加载完后连续,及时分析沉降观测数据。当各监测点最初24h的沉降量平均值小于1mm或各监测点最初72h的沉降量平均值小于5mm后开始卸载。

卸载结束后再次测量各点高程,最后确定支架的弹性及非弹性变形值。

另外,在支架预压期间,需由专人对支架进行观察,严格按照《建筑施工碗扣式钢管脚手架安全技术规范》(JGJ 166—2008)相关要求设置剪刀撑,除观测支架高程及位移变化情况外,还需要对支架的杆件连接是否紧密、有无压弯及变形、预制块有无压裂等进行全面的观察。

5 结语

通过采用以上技术方案及施工监控，有效地解决了湖底不良地基支架基础沉降过大的问题，确保了整个支架体系的安全，箱梁的线形和高程得到了有效控制，全桥13联箱梁的施工于2011年2月全部完成，大桥已于2011年8月建成通车，在竣工验收检查中被评定为优良工程。

参考文献

[1] 周水兴，何兆益，邹毅松，等. 路桥施工计算手册[M]. 北京：人民交通出版社，2001.

[2] 中华人民共和国行业标准. JTG D60—2004 公路桥涵设计通用规范[S]. 北京：人民交通出版社，2004.

[3] 中华人民共和国行业标准. DB33/1035—2006 建筑施工扣件式钢管模板支架技术规程[S]. 浙江省建设厅，2006.

[4] 中华人民共和国行业标准. JGJ/T 194—2009 钢管满堂支架预压技术规程[S]. 北京：中国建筑工业出版社，2009.

[5] 中华人民共和国行业标准. JGJ 166—2008 建筑施工碗扣式钢管脚手架安全技术规范[S]. 北京：中国建筑工业出版社，2009.

[6] 王景元. 软土地基现浇连续箱梁支架设计与施工技术[J]. 中外公路，2008，4.

简支梁桥现浇盖梁施工支架体系优选

刘静礼

（中交三公局第二工程有限公司艾溪湖项目）

摘　要：结合工程实际应用介绍简支梁桥现浇盖梁施工不同支架体系的选择、设计及施工注意事项，优选出施工支架体系。

关键词：现浇盖梁　支架体系　抱箍法　工程应用　改进方法

高速公路桥梁的下部结构多采用简单的刚架结构，即桥梁的下部基础为两根或多根桩基础，墩身为两根圆柱墩或独墩，桩间系梁连接（或不设系梁），墩顶盖梁连接。例如，已经建成的安徽沿江高速公路黄溢河特大桥、安庆长江大桥引桥、合淮阜高速寿阳特大桥、润扬大桥南北引桥等均是采用这种结构。在这些桥梁的盖梁施工中，采用了柱中预留牛腿埋设托架式、满堂支架法、抱箍法等施工支撑体系，有成功经验也有失败的教训。支架体系的选择，应考虑现场施工条件与盖梁的高度，还应考虑经济成本，尽量就地取材。由于关系到现浇盖梁的施工质量、操作安全和经济性，因此正确选择支架体系，成为简支梁桥施工过程中的一项重要任务。

1　柱中预留孔设置牛腿法

在墩柱顶部设置预留水平孔，待墩柱拆模具有一定强度后穿入钢棒设牛腿，横向设置型钢或贝雷片并锁定，搭设纵、横梁，铺设模板，由型钢支撑临时荷载、模板及盖梁的重力。

这种支架体系的优点是，支架、模板及整个盖梁的重力通过型钢传至墩柱，由墩柱承受，传力途径简单明确，不存在支架下沉的问题。但其缺点也明显：在墩柱内埋设留预孔，影响墩柱的外观质量，其处理费工费时且难以令人满意；流水作业的连续性不强；这种体系一般不易取得监理、设计部门及业主的认同。因此，这种体系现已较少采用。

2　满堂支架法

采用支架法施工，这是目前用得较多的一种方法。支架可用万能杆件也可采用钢管支架搭设。盖梁施工的所有临时设施重力及盖梁重力均由支架承受，直接传到地面。这种支撑方法有以下优点：一、支架的形式及高低可根据墩周围的地形和墩柱的高度等随机变化，方法灵活；二、不用在墩柱上设置预埋件，不会对墩柱外观造成影响。其缺点：一、施工对地基的承载力要求比较高，一般均要求对地基进行处理，如果对地基的处理稍有不慎，即可造成支架整体下沉，严重影响盖梁的施工质量；二、墩柱较高时，必须对支架进行预压以消除非弹性变形，这需要消耗大量人力物力；三、由于墩柱高度的变化而调整底模高度；对于钢管支架，从经济上讲都是不合算的，而且还要大量不必要的人力；四、墩柱较高时，支架庞大，需要巨额投入而且安装支架费时耗力，生产周期长，安全性差；五、水中施工无系梁桥墩时，支架法很难应用。由此可知，支架法施工虽然方便灵活，但该法有其自身固有的缺点，在施工时尤需注意支架的稳定性、非弹性变形及地基沉降等方面的问题。

3 抱箍法

其力学原理是利用在墩柱上的适当部位安装抱箍并使之与墩柱夹紧产生最大静摩擦力，来克服临时设施及盖梁的重力。桥梁无支架施工在当前工程建设中越来越显示其优越性。抱箍法即是无支架施工的一种新方法。

抱箍法的关键是要确保抱箍与墩柱间有足够的摩擦力，以安全地传递荷载。

抱箍的结构形式涉及箍身的结构形式(图 1)和连接板上螺栓的排列。

3.1 箍身的结构形式

抱箍安装在墩柱上时必须与墩柱密贴，这是基本要求。由于墩柱截面不可能绝对圆，各墩柱的圆度是不同的，即使同一墩柱的不同截面其圆度也千差万别。因此，为适应各种圆度的墩身，抱箍的箍身宜采用不设环向加劲的柔性箍身，即用不设加劲板的钢板作箍身。这样，在施加预拉力时，由于箍身是柔性的，容易与墩柱密贴。

3.2 连接板上螺栓的排列

抱箍上的连接螺栓，其预拉力必须能够保证抱箍与墩柱间的摩擦力能可靠地传递荷载。因此，要有足够数量的螺栓来保证预拉力。如果单从连接板和箍身的受力来考虑，连接板上的螺栓在竖向上最好布置成一排。但这样一来，箍身高度势必较大。尤其是当盖梁荷载很大时，需要的螺栓较多，抱箍的高度将很大，将加大抱箍的投入，且过高的抱箍也会给施工带来不便。因此，只要采用厚度足够的连接板并为其设置必要的加劲板，一般均将连接板上的螺栓在竖向上布置成两排，如图 1 所示的结构形式。这样做在技术上是可行的。

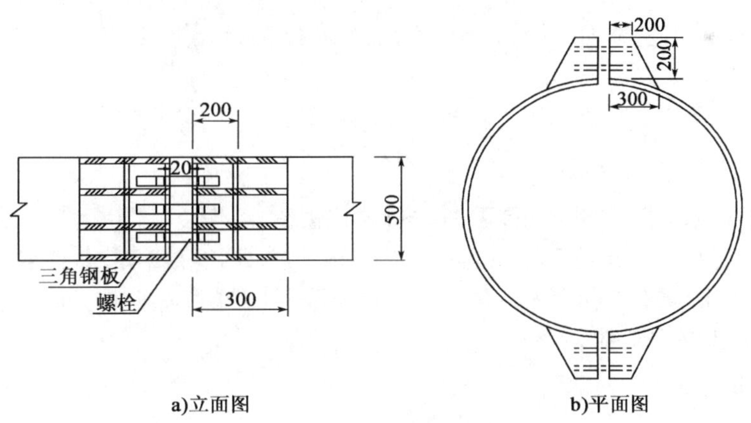

图 1 抱箍结构示意图(尺寸单位：mm)

抱箍与墩柱间的最大静摩擦力等于正压力与摩擦系数的乘积，即：

$$F = f \times N \tag{1}$$

式中：F——抱箍与墩柱间的最大静摩擦力；

N——抱箍与墩柱间的正压力；

f——抱箍与墩柱间的静摩擦因数。

而正压力 N 与螺栓的预紧力是对平衡力，根据抱箍的结构形式，假定每排螺栓个数为 n，则螺栓总数为 $4n$，若每个螺栓预紧力为 F_1，则抱箍与墩柱间的总正压力为：

$$N = 4 \times n \times F_1 \tag{2}$$

对于抱箍这样的结构，为减少螺栓个数，可采用材质为 45 号钢，直径 30mm 的大直径螺栓或 M27 高强度螺栓。但采用 M27 高强度螺栓有两个缺点：一是高强度螺栓经过一次加力松弛循环后一般不能再用，这与抱箍需多次重复使用的要求不相符；再次安装抱箍时需更换新螺栓，加大了投入；二是市场上 M27 高强度螺栓必须到专门的厂家购买，不能满足随时更换的要求。因此，一般均采用材质 45 号钢的 M30 大直径螺栓。

每个螺栓的允许拉力为：

$$[F] = A_s \times [\sigma] \tag{3}$$

式中：A_s——螺栓的横截面面积，$A_s = \pi d^2/4$；

$[\sigma]$——钢材允许应力。

对于 45 号钢，$[\sigma]=200\text{MPa}$。

故 $[F]=[\sigma]\pi d^2/4=200\times 3.14\times 3^2/4=141.3\text{kN}$。

钢材与混凝土间的摩擦因数为 0.3～0.4，取 $f=0.3$，抱箍与墩柱间的最大静摩擦力为：

$$F = f \times N = f \times 4 \times n \times F_1 = 0.3 \times 4 \times n \times 14 = 169.6n$$

若临时设施及盖梁重力为 G，则每个抱箍承受的荷载为 $Q=G/2$。

取安全系数为 $\lambda=2$，则有 $Q=F/\lambda$，即 $G/2=16.8n/2$；$n=0.006\times G$，故可取 n 为整数。

可见，抱箍法从理论上是完全可行的。

4 抱箍的设计及受力验算

抱箍设计主要包括三方面内容：钢带与墩柱的摩擦设计计算、钢带与外伸牛腿的焊接设计及横担工字钢应力计算。

以沿江高速黄溢河特大桥盖梁为例进行受力验算。

4.1 荷载集度 q 的确定

普通混凝土重度取 25kN/m^3，黄溢河大桥盖梁混凝土体积为 29.7m^3，则混凝土总重力为 742.5kN，盖梁长 l 为 13.5m，宽 1.7m，两条工字钢共同承受荷载，底模自重 14kN，侧模自重 26kN，横梁自重 17kN，施工荷载 25kN。总计 $G=824.5\text{kN}$。对其中一条工字钢进行验算即可，按常规取 1.2 的安全系数。

因此荷载集度为：

$$q = \frac{1.2g}{\frac{l}{2}} = 37.5\text{kN/m} \tag{4}$$

4.2 抱箍尺寸验算

4.2.1 抱箍钢板高度

螺栓中心间距：

(1)最大允许距离 $12d$，经计算得 $12\times 30=360\text{mm}$。

(2)最小允许距离 $3d$，经计算得 $3\times 30=90\text{mm}$。

取螺栓中心间距为[100mm]。

螺栓中心至边缘距离：

(1)最大允许距离 $4d=4\times30=120$mm。

(2)最小允许距离 $1.5d=1.5\times30=45$mm。

取螺栓中心至边缘距离为[100mm]。

按照 $n=4$ 计算，抱箍钢板高度为[500cm]，抱箍钢板高度取 50cm。

4.2.2　抱箍钢板厚度

根据抱箍钢板的抗弯、抗剪强度反算钢板厚度，拟取 3 号钢板。

取钢板高度为 50cm 进行验算，其抗剪强度设计值$[f_v]=106$MPa，其抗弯强度设计值$[\sigma]=175$MPa，螺栓最大设计拉力 $F'=537$kN(试验提供)。螺栓产生的应力为：

$$\sigma \leqslant [\sigma] = 175\text{MPa}$$

则钢板厚度 $t\geqslant17.5$mm。

最大剪力 q_2 产生的应力为：

$$f_v \leqslant [f_v] = 106\text{MPa}$$

则钢板厚度 $t\geqslant5.1$mm。

现取钢板厚度 $t=18$mm。

4.3　钢带与墩柱的摩擦计算

(1)钢带对墩柱的压应力 σ_1 公式：

$$2\mu\sigma_1 B\pi D = KG \tag{5}$$

式中：μ——摩擦因数，取 0.35；

B——钢带宽度，取 500mm；

D——墩柱直径，本例取 1 500mm；

K——荷载安全系数，取 1.2；

G——传于牛腿上的上部荷载，本例为 $G=824.5$kN。

$[\sigma_c]$混凝土墩柱抗压强度容许值，其值不大于 $0.8R_{ab}$。

本例为 C30 混凝土，$0.8R_{ab}=0.8\times21.0\text{MPa}=16.8$MPa，代入相关量值得：

$\sigma_1=0.60\text{MPa}<[\sigma_c]=16.8\text{MPa}$，可行。

(2)钢带内应力 σ_2 的合成见图 2。

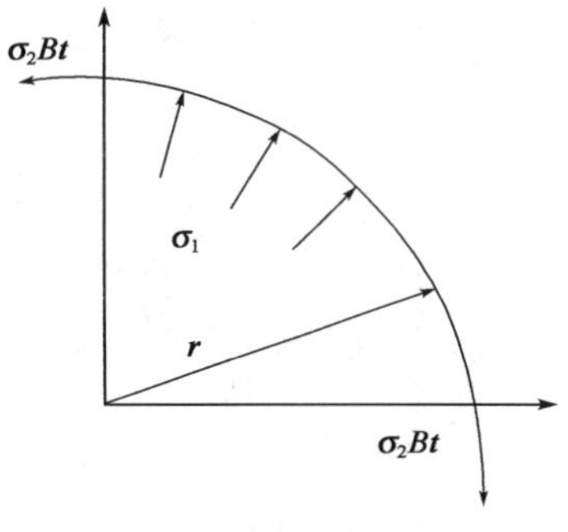

图 2　钢带内应力合成图

由图可得：

$$\sigma_2 = \frac{\sigma_1 r}{t} \tag{6}$$

式中：t——钢带厚度，本例取 18mm。

代入相关量值得：

$$\sigma_2=25\text{MPa}<[f_v]=106\text{MPa}$$

(3)在 $\sigma_2=25$MPa 下，半个钢带伸长量 ΔL：

$$\Delta L=\frac{\sigma_2}{E}\pi r \tag{7}$$

钢带加工长度 L(半个):

$$L=\pi r-\Delta L=\left(1-\frac{\sigma_2}{E}\right)\pi r \tag{8}$$

式中:E——钢材的弹性模量,为 2.06×10^5MPa。

代入相关量值得:

$$L=\left(1-\frac{25}{2.06\times10^5}\right)\times3.14\times0.75\times1\,000=2\,326\text{mm}$$

两半抱箍接头间隙取 20mm,则 $L=2\,306$mm,牛腿腹板采用六根 4.6 级螺栓,分两排布置,螺栓直径取 30mm。

螺栓布置如图 3 所示。

钢带所受拉力 P:

$$P=\sigma_2 A=25\times18\times500/1\,000=225\text{kN}$$

螺栓设计拉力 N_t:

$$N_t=A_e\times f_{tb}\times n=561\times175\times6/1\,000=589\text{kN}$$

式中:A——钢带横截面面积;

A_e——螺栓有效截面面积;

f_{tb}——4.6 级螺抗拉强度设计值,为 175MPa;

n——螺栓个数,本例为 6 个。

4.4 牛腿焊缝设计

焊条采用 E50 型,手工焊,钢材为 Q235 钢,焊缝形式为角焊缝。

将 $G/4$ 等效为剪力与弯矩 M 的合成:

$$V=G/4=824.5/4=206\text{kN},M=G/4\times e=206\times0.1=20.6\text{kN}\cdot\text{m}$$

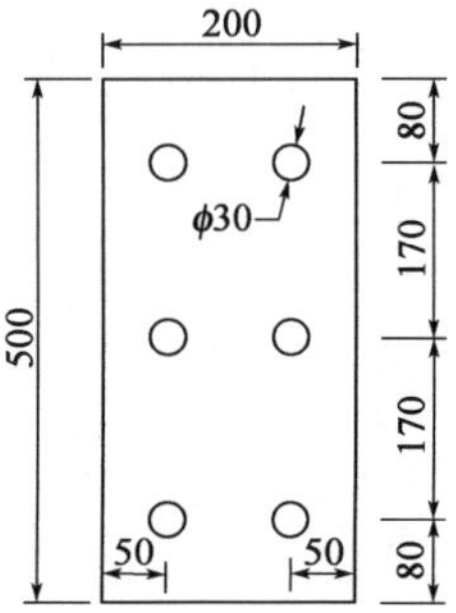

图 3 螺栓布置图(尺寸单位:mm)

翼缘焊缝所承受的水平力:

$$H=\frac{M}{h}=\frac{20.6}{0.29}=71\text{kN}$$

式中:h——牛腿翼缘中线间距离,本例为 0.29m。

4.4.1 在水平力 H 作用下

翼缘焊缝强度:

$$\sigma_{f1}=\frac{H}{h_e l_w}=71\times1\,000/(0.7\times8\times200)=63.46\text{MPa}$$

式中:h_e——焊缝有效宽度,取为 $0.7h_f$;

h_f——焊缝焊角尺寸,本例为 8mm;

l_w——焊缝长度。

4.4.2 在剪力 V 作用下

腹板侧焊缝剪应力 τ_f:

$$\tau_f=\frac{V}{(2h_e l_w)}=\frac{206}{(2\times0.7\times8\times280)}=65.7\text{MPa}$$

4.4.3 在螺栓压力 P 作用下

螺栓压力 P 由翼焊缝及腹板焊缝共同承担。

$$\sigma_{\mathrm{p}}=\frac{P}{(\sum h_{\mathrm{e}}\times l_{\mathrm{w}})}=\frac{225\times1\,000}{[0.7\times8\times(190+190+270)]}=61.8\mathrm{MPa}$$

翼缘焊缝强度 $\sigma_{翼}$：

$$\sigma_{翼}=\sqrt{\sigma_{\mathrm{f1}}^2+\sigma_{\mathrm{p}}^2}=\sqrt{(63.46^2+61.8^2)}=88.58\mathrm{MPa}<\beta_{\mathrm{f}}$$

$$f_{\mathrm{fw}}=195.2\mathrm{MPa}$$

腹板焊缝强度 $\sigma_{腹}$：

$$\sigma_{腹}=\sqrt{[(\sigma_{\mathrm{p}}/\beta_{\mathrm{f}})^2+\tau_{\mathrm{f}}^2]}=\sqrt{[(61.8/1.22)^2+65.7^2]}=82.96\mathrm{MPa}<f_{\mathrm{fw}}=160\mathrm{MPa}$$

式中：β_{f}——正面焊缝强度增大系数，取为1.22；

f_{fw}——角焊缝抗拉、压、剪的强度设计值，为160MPa。

经过以上计算可知，抱箍尺寸安全可行。

注：抱箍钢板为A3钢，钢带宽500mm，厚18mm，法兰板及4块三角钢板厚度为20mm，6根螺栓直径为30mm，为普通4.6级。

由计算可见，盖梁采用抱箍支架时，支架的稳定性主要由摩擦力控制，而不是由牛腿焊缝的抗剪强度来控制。

4.5 应力验算

拟取I40a工字钢，则 $E=2.1\times10^5\mathrm{MPa}$，$I_x=21\,714\mathrm{cm}^4$，$w=1\,085.7\mathrm{cm}^3$，施工过程中最不利荷载时假设：以普通盖梁立柱形式为例，立柱间距为6.6m。

4.5.1 工字钢应力验算

$$\sigma=\frac{M}{w}\leqslant[\sigma]$$

式中：M——受力弯矩，取最大弯矩 $M_{\max}$；

w——截面抵抗矩；

$[\sigma]$——容许应力，查规范得210MPa。

4.5.2 挠度验算

施工过程中，挠度最大会发生跨中。按下式计算复核。

$$f_{\max}=5\frac{ql^4}{384EI}\leqslant[f]$$

式中：q——均布荷载；

l——计算跨径；

E——弹性模量；

I——惯性矩；

$[f]$——容许挠度，查规范得：$[f]=33\mathrm{mm}$。

4.6 抱箍法施工的注意事项

4.6.1 抱箍结构上应注意的问题

(1)箍身应有适当强度和刚度，以传递拉力、摩擦力并支承上部结构重力，可采用厚度为10～20mm的钢板。

(2)由于抱箍连接板是直接承受螺栓拉力的构件,要有足够的强度和刚度,根据理论计算及实践经验,以采用厚度为24～30mm的钢板为宜。

(3)由于抱箍连接板上螺栓按双排布置,外排螺栓施压时对箍身产生较大的偏心力矩,对箍身传力有不利影响,因此,螺栓布置应尽可能紧凑,以刚好能满足施工及传力要求为宜。

(4)为加强抱箍连接板的刚度并可靠地传递螺栓拉力,在竖直方向上,每隔2～3排螺栓应在连接板上设置一加劲板。

4.6.2 施工中应注意的问题

(1)抱箍与墩柱间的正压力是由连接螺栓施加的,螺栓应首先进行预紧,然后再用经校验过的带响扳手进行终拧。预紧及终拧顺序均为先内排后外排,以使各螺栓均匀受力并确保螺栓的拉力值。

(2)浇筑盖梁混凝土时,由于抱箍受力后产生变形,螺栓的拉力值会发生变化。因此,在浇筑盖梁的全过程中应反复对螺栓进行复拧,即每浇筑一层混凝土均应对螺栓复拧一次。

综上所述,只要采取适当措施,抱箍法是完全可行的。

5 工程应用

安徽沿江高速公路3期11标及合淮阜高速公路路基11标,墩柱直径1.4m,中心距7.2m;盖梁长12.0m,宽1.7m,高1.6m,墩柱平均高8.0m;跨度30m,最大纵坡2%。部分线路跨越国道、省道和河道,桥梁下部地形横向、纵向起伏较大,自落地支架安装极不方便。为方便支架搭设,施工时部分圆墩柱盖梁采用抱箍挑架支架。

在上述工程的施工过程中,经过分析计算,所有盖梁施工支架采用的抱箍式和预留孔设牛腿托架式支架都取得了成功。其所采用的抱箍式支架即是按照本文计算公式及方法设计和施工的。在施工过程中,没有发生质量及安全事故。

据工程实例可见:满堂支架结构简单,但在荷载作用下支架变形较大,耗用材料较多,文明施工管理工作量较大;采用抱箍挑架与埋设牛腿托架式,在盖梁施工过程中,下部可通行,不占用地面,易于文明施工管理,但抱箍与墩柱之间的摩擦因数的取值难以掌握,依墩柱表面的平整度或粗糙度而异,施工时易于发生抱箍滑脱等事故;预留孔设置牛腿托架能承受的荷载较大,支架在荷载作用下变形较小,但埋设钢棒和施工荷载时,需要墩柱混凝土具备一定的强度,施工后在柱中留下小孔,影响外观且需处理。

6 结语

通过上面的分析可知,抱箍法具有施工简单,适应性强,节省投资,施工周期短等优点。由于其他支撑体系的优点抱箍法都有,而其他支撑体系的缺点抱箍法几乎都没有,因此,抱箍法是值得大力推广的盖梁施工支撑体系。

参 考 文 献

[1] 周水兴,何兆益,邹毅松,等.路桥施工计算手册[M].北京:人民交通出版社,2001.
[2] 交通部第一公路工程总公司.公路施工手册 桥涵[M].北京:人民交通出版社,1999.

八盘峡黄河特大桥钢吊箱承台施工工艺

喻　佳

（中交三公局第二工程有限公司兰新项目）

摘　要：钢吊箱作为水下施工的临时性挡水结构，其作用是通过吊箱围堰侧板和底板上的封底混凝土为承台提供干燥的施工环境。八盘峡黄河特大桥主桥9号墩、10号墩基础采用钢吊箱围堰施工。本文介绍钢吊箱承台施工工艺，包括钢吊箱的加工、安装，封底混凝土浇筑，承台混凝土施工等内容。

关键词：水中承台　钢吊箱　施工工艺

1　工程概况

八盘峡黄河特大桥从八盘峡库区通过，距八盘峡水电站5.5km，距既有兰青线新建黄河特大桥约1.49km，上游距焦家川黄河公路大桥1.85km，桥位处黄河两岸地形分布有阶地，大多为果树林，阶地之外为低山。桥址河段地形平坦开阔，水流较缓，水面开阔，河宽约284m，主河槽最大水深13m，流速0.5m/s。黄河通航等级为Ⅴ级，最高通航水位为水库正常蓄水水位1 577.16m，最低通航水位为1 574.86m。桥址处地质结构主要为：填土、粉砂、粉土、细砂、黏质黄土、砂质黄土、砾石土、卵石土、全风化岩泥岩、强风化泥岩、弱风化泥岩等。

主桥的起止桩号为：DK37＋542.972（7号墩）～DK37＋882.472（11号墩），桥型布置为（70＋100＋100＋70）m的预应力混凝土连续刚构桥，按照设计要求采用挂篮悬臂灌注施工。连续刚构主墩基础采用ϕ1.80m、ϕ1.50m群桩承台，边墩基础采用ϕ1.25m群桩承台；墩身为矩形墩，三个主墩：8号墩高22.5m，9号墩高25.0m，10号墩高24.0m；两个边墩：7号墩高18m，11号墩高25.5m。其中，9号、10号墩是水中墩，设计水位为1 578.01m，9号墩承台顶高程1 577.569m，10号墩承台顶高程1 577.569m，10号墩在北岸边浅滩处。

2　钢吊箱原理及施工流程

2.1　钢吊箱原理

钢吊箱底板设计采用钢结构，并分块制作，运至现场后拼装。首先在钢护筒上焊接牛腿，在其上分别拼装主梁、次梁，再在上面铺设底板，其次在底板上拼装钢吊箱侧板，最后通过在护筒上设置的悬吊系统将整个吊箱转换到悬吊系统上，并利用精轧螺纹钢作为吊杆将吊箱整体下放到位。钢吊箱下放到设计高程后首先浇筑70cm水下封底混凝土，等强抽水，然后进行体系转换将吊点转换至底板上，浇筑最后30cm封底找平混凝土。

2.2　钢吊箱施工流程图

钢吊箱施工流程见图1。

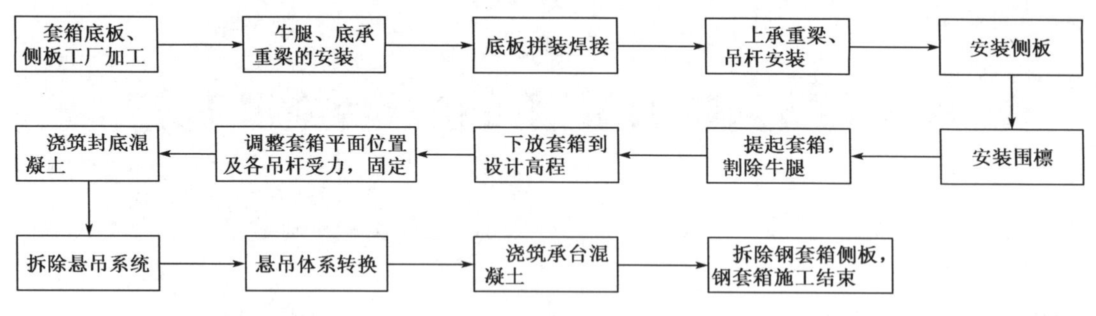

图1　钢吊箱施工流程图

3　钢吊箱施工工艺

3.1　钢吊箱加工制作

钢吊箱的加工主要为底模及侧模，该工作由专业队伍进行加工，而上横梁、下托梁及吊杆等多以标准的型钢或构件为主，在现场由加工班自行加工制作，标准构件购买成品。

3.2　钢吊箱的拼装

桩基施工完成后，拆除钻孔平台及中间妨碍钢吊箱安装及下沉的钢管桩及其之间的平联斜撑。测量放样好承台底面、吊箱底面、承台顶面、吊箱顶面等高程及中线。钢吊箱在水上施工平台进行拼装，人工配合履带吊拼装各构件。先在钢护筒上焊接牛腿，铺下托承重梁。然后拼装底模、立侧模，再拼装上横梁及吊杆，吊杆与底板承重梁连接，最后对钢吊箱进行整体加固。吊箱围堰组装好后进行平面尺寸、高度、倾斜、轴线偏位、对角线等的尺寸检查。重点再检查15个开洞处的位置偏差情况及与钢护筒实际偏差情况是否一致。

模板在设计时就应该有足够的强度、刚度，在组装成整体后要确保其稳定性。结构表面外露的模板，挠度为模板构件跨度的1/400，结构表面隐蔽的模板，挠度为模板构件跨度的1/250，钢模板的面板变形最大不超过1.5mm，钢模板的风棱、柱箍允许变形为3.0mm。钢套箱拼装成整体后的允许误差见表1，分块加工的允许误差见表2。

钢套箱拼装成整体后的允许误差　　表1

检查项目		允许误差	检查方法
整体套箱尺寸	长(mm)	±10(要求长、宽方向的两条边误差方向相同)	用钢尺直接丈量
	宽(mm)	±10	
	高(mm)	±50	
	对角线(mm)	±10	
侧板平整度(mm)		2	2m靠尺量测
接缝(mm)		2	塞尺量测

分块加工的允许误差　　表2

检查项目		允许误差	检查方法
分块套箱尺寸	长(mm)	±2(要求长、宽方向的两条边误差方向相同)	用钢尺直接丈量
	宽(mm)	±2	
	高(mm)	±2	
	对角线(mm)	±3	
侧板平整度(mm)		2	2m靠尺量测

3.3　钢吊箱的体系转换

3.3.1　钢吊箱下沉

在护筒上架起横梁,按吊点安放精轧螺纹钢,提起钢吊箱,割掉底板牛腿,将整个钢吊箱下放到设计高程位置,旋转精轧螺纹钢的螺母,保持各吊点平稳均衡地下沉。

在钢吊箱沉入水中的过程中,严格控制其倾斜、扭转、偏移。技术人员注意使用全站仪和水准仪进行监控,严格控制钢吊箱的垂直度。

吊箱围堰下沉安装后的允许偏差为:

(1)高程:±15mm。

(2)模板内部尺寸:±30mm,两对角线的差异±1%。

(3)轴线偏位:±15mm。

(4)倾斜度:0.3%H且不大于20mm(H为承台高度,即5.0m)。

3.3.2　钢吊箱的堵漏

管桩与钢吊箱底模之间存在较大的空隙,采用紧固于管桩上的封板抱箍进行堵漏。每个管桩孔洞堵漏板由3块弧形钢板用螺栓拼成一个环形板,下沉钢吊箱前,将封板安设在底模管桩洞口周围,此时封板的内径应大于底模洞口直径以利于钢吊箱下沉。待钢吊箱就位固定后,将堵漏封板紧固到管桩上,并用型钢在桩间加设支撑连接。钢吊箱底模、侧模之间的拼装接缝处夹橡胶止浆带,确保吊箱不漏水。

3.4　钢吊箱围堰封底混凝土的灌注

封底混凝土的作用:一是减小水浮力对悬吊系统拉压杆件的轴向压力;二是防水渗漏;三是抵抗水浮力在吊箱底部形成的弯曲应力;四是作为承台的承重底模。封底混凝土灌注是吊箱围堰施工成败的一大关键。主要难点是水下混凝土灌注面积大,而且水位不稳定。为了保证混凝土质量,在施工中采取以下措施:吊箱定位后至水封前,每天测量其平面位置,观察吊箱是否稳定;水封前潜水员逐一对15根护筒四周进行认真检查,以确保封底时围堰底板不漏混凝土。

当围堰内封底混凝土强度达到设计强度的80%后,用水泵将吊箱内的水抽排干净,随着水面下落,对钢吊箱内部加内支护,清除杂物。检查封底混凝土的密封性,若出现渗水,必须塞堵严密。封底混凝土的顶面采用C30混凝土进行找平或凿除凸出部位,使其高差满足0～0.1m的要求。

3.4.1　灌注方法

分两次浇筑封底混凝土,第一次封底混凝土0.7m,抽完水,悬吊体系转换后,浇筑第二次混凝土0.3m。水下混凝土浇筑均匀分布灌注点，防止偏心浮力。混凝土配合比设计时需考虑加入微膨胀剂，加强混凝土与吊箱和钢护筒的密贴效果。

3.4.2 导管布置

封底混凝土施工是钢吊箱围堰施工的关键环节，能否一次封住，直接决定了钢吊箱围堰的成败。按照灌注水下混凝土的方法用多根导管施工，导管选用直径为300mm的标准刚性导管，导管底口距底板25cm，导管长度按8m考虑，灌注半径约为3m。

3.4.3 封底混凝土灌注

封底混凝土灌注遵循逐根筑堆、及时补料的原则，首灌封底采用拔塞工艺。灌注顺序先周围导管，再中部导管。混凝土由混凝土运输车供应，输送泵送入储料斗。封底混凝土厚1m，顶面高程按设计承台底0.3m控制，允许偏差0～+20cm。施工时，按1.5m×1.5m方格布置多个测点，当导管下口混凝土顶面接近控制高程时，加大测量频率，特别是对相邻导管的交界面、管桩四周、围堰内侧等位置，根据所测结果有针对性地进行各导管混凝土灌注，力求混凝土顶面均匀平整。当一测点达到规定高程后，终止该处混凝土灌注，上拔导管冲洗收集。

3.4.4 体系转换

先浇筑0.7m混凝土进行封底，抽水完毕，在每个护筒横向焊接型钢；在已焊接完成型钢两端与钢护筒连接处再垂直焊接型钢，型钢顶住0.7m封底混凝土，防止吊箱内水分抽完后吊箱的上浮；然后浇筑剩余0.3m封底混凝土，将型钢埋入0.3m混凝土中；拆除护筒上悬吊系统，将护筒割除，完成最终体系转换。

3.5 承台施工

3.5.1 承台混凝土的生产与运输

承台混凝土在搅拌站集中拌制供应，输送泵泵送入模。混凝土严格按试验室提供的配合比配料，并要求和易性、泵送性达到施工要求，坍落度12～16cm，初凝时间7～8h。

3.5.2 承台钢筋的制作与安装

承台钢筋在预制场Ⅱ区的加工场集中下料、弯制成型，运至墩位，在钢吊箱围堰内按常规方法绑扎、焊接成型，做好预制桥墩连接钢筋。

3.5.3 承台混凝土的浇筑与养护

承台混凝土一次浇筑。考虑到钢吊箱的受力，浇筑时从中间开始，往四周扩散，然后再从四周向中间浇筑，力求钢吊箱受力均匀。浇筑方式为25～30cm水平分层，插入式振动器呈梅花形振捣密实，土工布覆盖、洒水养护。

3.6 钢吊箱的拆除

在承台混凝土强度达到设计要求的强度后方可拆除钢吊箱围堰，拆除上横梁及侧模，底模废弃不拆。

4 钢吊箱设计简述

水中9号、10号墩承台尺寸为21.8m×12.4m×4m，共有15个钻孔桩，桩中心间距横向4.7m，纵向4.7m，桩径1.8m，钢吊箱拼装位置见图2，钢吊箱吊挂系统布置见图3。

八盘峡库区水流平稳，风浪较小，钢吊箱围堰是为承台施工而设计的临时阻水结构，作用是通过吊箱围堰侧板和封底混凝土封水，为承台施工提供无水干燥的施工环境，同时侧板作为浇筑封底混凝土和承台混凝土的侧模。考虑到加工尺寸误差及受力变形等因素影响结构尺寸，围堰平面尺寸较承台尺寸外扩 5cm，为 21.9m×12.5m。

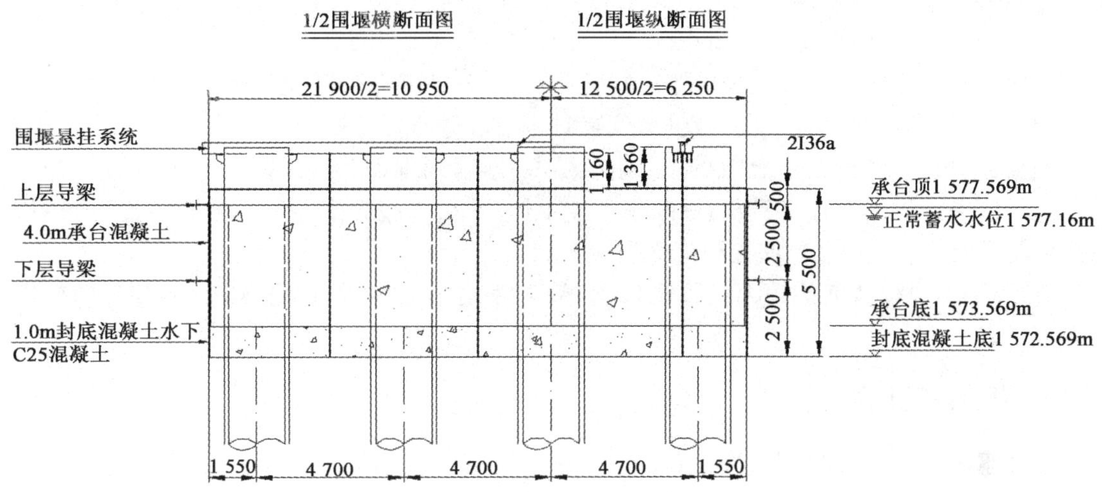

图 2 钢吊箱拼装位置(尺寸单位:mm)

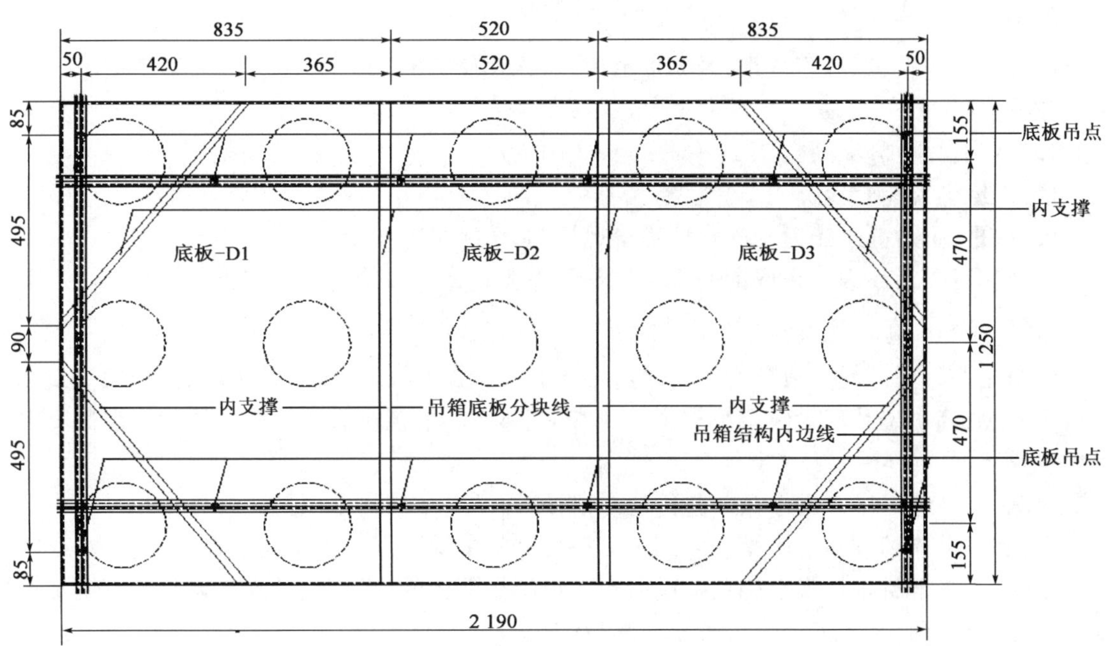

图 3 钢吊箱吊挂系统布置图(尺寸单位:cm)

钢吊箱围堰由工字钢上横梁、精轧螺纹钢吊杆、钢侧模、钢底模、工字钢下托梁组成。为便于拆除，侧模分块制作，螺栓连接；侧模支撑在底模上，接缝垫加止水条。

侧板：按照水位高度与承台关系并加上一定的预留量进行设计，钢套箱侧模分三种，面板高度均为 5 706mm。侧板单独加工，在施工现场进行组装。制造时注意分块顺序及对称关系；

一套吊箱围堰侧模总质量为65.9t;单块侧板最大质量10.3t。

面板:钢套箱侧板的面板采用6mm钢板。

横肋:侧板横向小肋采用∠75mm×45mm×5mm不等边角钢,间距为40(50)cm,导梁采用I40a工字钢,至吊箱顶部往下0.5m、3.0m各一道。

竖肋:上侧板竖向小肋采用300mm×200mmT钢,间距为65cm。

侧板之间及侧板和底板采用栓接形式:以S8.8级M20高强螺栓连接。

内支撑:钢套箱共设置1层内支撑,位置对应上层导梁位置处。

底板:底板分3块,底分配梁在底承重梁处断开,运到现场后组拼焊接后进行安装;块与块间分配梁均采用焊接形式,底板面板间采用连续焊,面板与底分配梁每10cm焊接2cm。底板与护筒间预留5cm空隙,单块底板最大质量11.6t。

悬吊系统:由横桥向护筒上设置2组2I36a工字钢吊点横梁、12根ϕ32mm高强精轧螺纹钢吊杆组成。

5 钢吊箱受力分析

设计水位:百年一遇桥址水位为1 578.01m,正常蓄水位为1 577.16m,承台顶高程为1 577.569m。

水流流速:v=0.5m/s(表面平静)。

5.1 设计荷载

设计荷载包括:钢吊箱自重、内支撑重量、静水压力、流水压力、浮力。各类荷载组成及分项系数取值如下:

(1)结构自重:分项系数1.1。

(2)水压力:分项系数1.0。

(3)水平荷载:静水压力+流水压力+风压力。

(4)竖向荷载:浮力+封底混凝土自重+内支撑自重+吊箱自重+浮力+其他。

5.2 钢吊箱工况分析及组合

钢吊箱的计算工况一般分为钢吊箱起吊下放工况、钢吊箱下沉到位工况、钢吊箱浇筑封底混凝土工况、高水位及低水位钢吊箱内抽水工况、体系转换工况和浇筑第一层承台混凝土工况六个主要工况。

工况一(整体起吊):钢吊箱在整体起吊阶段,所承受结构自重以及风荷载作用。

工况二(下放到位):钢吊箱下放到位工况受到的主要荷载有钢吊箱自重及水流力等荷载。

工况三(水下封底混凝土浇筑):进行水下封底混凝土的浇筑,次阶段主要荷载有钢吊箱自重、水流力、水下混凝土施工时对底板和侧板的压力。

工况四(钢吊箱抽水阶段):封底混凝土浇筑完成后,当其达到一定强度后,开始抽水。此阶段主要荷载有钢吊箱结构(含封底混凝土)自重、水流力、静水压力、浮力等。

工况五(体系转换阶段):将上吊点转换至封底混凝土处,由型钢顶住吊箱封底混凝土,进行体系转换,此阶段主要荷载有钢吊箱结构(含封底混凝土)自重、水流力、静水压力、浮力等。

工况六(承台浇筑):此阶段钢吊箱所受的主要荷载有钢吊箱结构(含封底混凝土)自重、钢筋及承台混凝土自重、水流力、静水压力、浮力等。初始浇筑时，浮力＞钢吊箱结构（含封底混凝土）自重＋钢筋及承台混凝土自重。当浇筑到一定阶段，浮力＝钢吊箱结构（含封底混凝土）自重＋钢筋及承台混凝土自重，而后，浮力＜钢吊箱结构（含封底混凝土）自重＋钢筋及承台混凝土自重。

6 钢吊箱施工关键技术及注意点

钢吊箱施工主要作业内容包括：钢护筒上牛腿焊接、支撑结构拼装、底板及侧板拼装、内支撑安装、悬吊系统安装、吊箱下放、封底混凝土浇筑及等强抽水、体系转换。

（1）钢吊箱加工制作必须按有关规范、工艺要求进行钢板与钢板间、钢板与型钢间的焊接，防止焊接变形过大使局部和整体尺寸超过图纸允许要求。

（2）在拼装平台上放出钢吊箱周边线，利用吊车分块吊装钢吊箱侧板，侧板所有的螺栓必须全部上紧。

（3）按照图纸进行各分块侧板拼装，拼装时注意分块侧板的位置。

（4）钢吊箱分块拼装定位，现场测量定位精度直接决定了钢吊箱组拼结束后结构尺寸的精度和下沉到位的偏位及倾斜情况。采用全站仪测量控制。

（5）底板开孔前，必须复测钢护筒对应底板的位置及钢护筒的垂直度并留好开孔的预留量，否则钢吊箱很难下放到位。

（6）由于钢吊箱下放时设置多个吊点，并通过精轧螺纹钢进行。因此要非常精确的控制吊点的同步性，保证各吊点的受力均匀性，防止钢吊箱下放时出现倾斜的危险状况。

（7）钢吊箱下放到位后，潜水工必须对底板与护筒间隙处进行堵漏，在钢护筒一周抛砂袋，确保堵漏严实后方可浇筑封底混凝土。

（8）抽水时，通过用型钢顶住底板的形式平衡浮力和钢吊箱结构（含封底混凝土）自重，使吊箱不致被浮力顶起。

（9）封底混凝土浇筑要注意留出一侧低点，这样可以预留出抽水后放水泵的位置。

（10）水抽干后，若发现小的渗漏，可以通过在渗漏处引管减压并进行堵漏。切忌重新将水抽入吊箱内进行二次封堵，这样压力差会使已浇筑封底混凝土与侧板出现微小分离，致使漏水情况加重。

（11）本承台体系转换采用将型钢焊接在护筒并连接上吊点的方式进行体系转换，切忌精轧螺纹钢用电焊及气割进行截断。

7 无底钢吊箱简述及施工中的注意事项

7.1 无底钢吊箱简述

9 号墩承台由于位于黄河主河道，因此，9 号墩承台采用有底钢吊箱施作。但 10 号墩位于黄河河道边缘，离岸边滩涂地较近，淤积层较深，由于当地拉森钢板桩没有供应，因此，采用钢吊箱施工。为了减少吊箱下放阻力，最终采用无底吊箱的施工方案进行下放。无底吊箱施工前首先应对吊箱下放位置附近的水深进行探测，对承台位置附近水下情况要明确，无底吊箱依然按照有底吊箱的拼装方法进行拼装，设计在吊箱侧板下安装钢刃脚，以有利于吊箱下放过程中穿过淤积层。下放至临界淤积层顶高程停止下放，采用桩基气举反循环钻孔灌注桩清孔施工工艺对吊箱位置处的淤积层进行清理，边下放边清理直至设计高程，此办法能够对粒径较大的颗粒进行清理以减少吊箱下放的阻力。吊箱下放至高程位置，用挖掘机对吊箱中央的淤积层进行清理。为了避免浇筑封底混凝土时混凝土的冲击力与底部淤积层中的淤泥混合而影响混凝土质量，特对吊箱中央进行铺卵石处理。因此清理吊箱中央的淤积层时特别要控制好高程，留出铺底的空间及封底混凝土的空间，避免封底混凝土厚度不足引起漏水。而后封底混凝土浇筑、拆除悬吊系统等工序均与有底吊箱相同。

7.2 施工中的注意事项

(1)无底钢吊箱下放前要对水位及淤积层位置进行摸底，避免吊箱下放一侧嵌入不进土层，这样会造成混凝土外流导致封底失败。

(2)无底吊箱下放前要对吊箱位置处的淤积层进行清理，边下放边清理，对粒径较大的颗粒进行清理以减少吊箱下放的阻力。如果粒径过大，则需要用挖掘机进行清理，否则影响吊箱下放。

(3)铺底层材料的选择。由于工地附近卵石较多，因此项目部采用卵石进行铺底。但封底结束后部分底板出现细微漏水现象，经分析原因是卵石粒径较大，层叠后密实度不足，水通过这些缝隙借助其较大的水压力将封底较薄的地方顶开从而出现漏水现象。建议采用粒径级配较好的碎石进行铺底。

8 结语

钢吊箱作为一种有效的水下施工方式得到了广泛的应用，通过在现场的实际施工，我们在钢吊箱的加工及拼装过程中进行了大量的工艺革新。八盘峡黄河特大桥 9 号、10 号承台已于 2011 年 7 月 30 日完成全部浇筑，从钢吊箱的施工至最后混凝土的浇筑，广大施工技术人员在实践中获得到了一些经验和教训。

参考文献

[1] 中华人民共和国国家标准. GB 50017—2003 钢结构设计规范[S]. 北京：中国计划出版社，2003.

[2] 周水兴，何兆益，邹毅松，等. 路桥施工计算手册[M]. 北京：人民交通出版社，2001.

[3] 中华人民共和国国家标准. GB 50010—2010 混凝土结构设计规范[S]. 北京：中国建筑工业出版社，2010.

上行式移动模架造桥机在兰新铁路第二双线现浇箱梁工程中的应用

李国栋

（中交三公局第二工程有限公司兰新项目）

摘　要：在新建兰新铁路第二双线八盘峡黄河特大桥工程中，采用上行式移动模架造桥机原位现浇预应力混凝土箱梁。针对移动模架造桥机施工特点和难点，重点介绍了移动模架造桥机吊装安装、过孔移位、拆卸等施工工艺。同时阐述移动模架造桥机原位现浇箱梁质量保证措施和高空作业安全保证措施，进行绿色环保施工，达到安全生产、改善工程质量、加快施工进度、降低施工成本的目的。

关键词：兰新铁路　第二双线　移动模架　现浇箱梁　绿色施工　工艺标准

1　工程概况

八盘峡黄河特大桥中心里程为DK37＋974.322，桥全长1 332.1m，其中，无砟轨道后张法预应力混凝土简支箱梁（双线）总计30孔，施工中采用郑州新大方集团生产的DSZ32/900上行式自行式移动模架，进行逐跨整孔原位现浇箱梁。施工高度5～25m。移动模架工法具有作业程序清晰、结构受力明确、模架强度高的特点，满足施工各种作业工况的要求，不受桥下地质条件的限制，便于开展平行流水作业。

预应力混凝土箱梁为单箱单室等高度简支箱梁，梁高3.05m，梁顶宽12.2m，底板宽5.74m，梁端顶板、底板及腹板局部向内侧加厚。跨度为32.60m，箱梁质量810t。

DSZ32/900型上行式移动模架造桥机施工预应力混凝土简支箱梁是新工艺，低碳经济，绿色施工，进度快，质量好，但属高空作业，对安全生产管理提出了更严格的要求。为此项目部针对移动模架安装、过孔移位、拆卸等不同施工工艺，制订专项安全技术措施，从而确保移动模架施工顺利进行，达到保证质量、安全可靠的目标。

2　移动模架造桥机

2.1　主要结构

DSZ32/900型上行式移动模架造桥机针对铁路客运专线双线整孔桥梁施工而设计，为上行式结构，能够自行倒装主支腿。主要由主框架、后行走机构、后支撑、中主支腿、前支腿、起吊小车、吊挂外肋、外模和底模系统、端模系统、外肋及横移机构、吊挂外肋横向锁定机构、拆装式内模系统、电气液压系统及辅助设施等部分组成。

上行式移动模架的主要特点为：承重的主梁系统位于桥面上方，外模系统吊挂在承重主梁上，主梁系统通过支腿支撑在梁端或墩顶上。过孔时外模系统横向开启（或打开）以避开桥墩，外模系统随主梁系统一起纵移。支腿可自行向前倒装。上行式移动模架桥下占用净空小，对低矮桥墩具有很强的适用性，且施工首跨、末跨或跨连续梁施工更方便(不需拆除主梁)，能满足通过高压线等障碍物的净空要求。

DSZ32/900 型上行式移动模架造桥机主要参数如表 1 所示。

DSZ32/900 型上行式移动模架造桥机主要参数 表 1

序 号	项 目	技术规格及特性
1	施工工法	逐跨段原位现浇
2	施工梁跨	32.7m
3	混凝土梁跨质量	≤900t
4	适应纵坡	≤2.0%
5	适应曲线半径	≥2 000m
6	适应最低墩高	1.65m
7	后支承最大反力	300t
8	中支承最大反力	370t
9	后行走最大轮压	40t
10	前支腿托辊最大轮压	40t
11	起吊小车走行速度	3m/min
12	3t 电动葫芦起升速度	8m/min、0.8m/min
13	总电容量	约 80kW
14	最大件尺寸及质量	13.1m×1.6m×2.9m，质量不大于 22t
15	风力条件	移位时风压小于 150N/m^2
16	主梁挠度比	小于 $L/700$
17	模架移位速度	1.5m/min
18	前移过孔稳定系数	$K>1.5$
19	工作效率	13d/单孔(按每天工作 24h 计)
20	液压系统压力	31.5MPa/16MPa
21	整机质量	约 530t
22	动力条件	4AC、380V、50Hz
23	自动化方式	竖向顶落用大吨位分离式千斤顶实现，纵向移位用电机驱动完成，模架横向开、合采用液压油缸完成

2.2 工作原理

DSZ32/900 型上行式移动模架造桥机是一种自带模板，利用一组钢箱梁作为主梁与前后支腿支承模板及模架体系，对混凝土箱梁进行逐孔原位浇筑的设备。移动模架造桥机利用桥梁端部和桥墩安装支腿，支腿支撑主梁系统，外模及模架吊挂在主梁系统上，形成一个可以纵向移动的桥梁制造平台，完成桥梁的施工。移动模架下落脱模，横向开启使其能够通过桥墩，纵向前移过孔到达下一施工位，横向合龙再次形成施工平台，完成下一孔施工。

3 移动模架造桥机安装

3.1 移送模架造桥机安装工艺流程

(1)目测检查所有待拼零件是否异常，润滑脂是否加注，毛刺等异物是否清除，安全措施是否齐备。

(2)安装临时支腿，拼装临时支墩，每个临时支墩承载力要求为500kN，安装后走行机构和后支承机构。

(3)安装各节主梁与连接系。

(4)注意：各横梁顶面高程(共8点)允许误差±10mm。

(5)安装中主支腿。

(6)各支腿支撑，拆除临时支墩，拼完后校正两根主梁的平行度，定位尺寸合格后，锁定两根主梁。注意防撞，防旁弯。

(7)在主梁上拼装挑梁，分段吊装吊挂外肋和外模系统。

(8)与此同时，安装电气、液压泵站并驱动调试液压缸。

(9)安装走道、栏杆、梯子、防位移支撑等。

(10)全面检查、检测模板及主框架安装质量，并作记录。

高空安装移动模架造桥机难度在于安装构件较多，安装精度要求较高，高空安装作业危险性高，主梁吨位大，前导梁与主梁空中对接难度大。以下着重介绍主要部位安装及安全技术措施。

3.2 临时支腿安装

八盘峡黄河特大桥移动模架拼装选择在34号桥台与33号桥墩进行，首跨施工后要完成首跨简支梁的张拉作业，34号桥台施工完毕则简支梁张拉空间不满足要求，项目根据现场实际情况，将桥台台背浇筑至与桥台垫石同等高度，在桥台台背已浇筑混凝土内预埋两块钢板，临时支腿坐落在台背上并与两块钢板焊接牢固，具体如图1所示。

3.3 临时支墩的组装

将未拼接的前导梁放置与34号桥台已施工支撑垫石上，然后在前导梁上放置预制块状混凝土和型钢作为临时支墩，具体如图2所示。

图1 临时支腿安装

图2 临时支墩的组装

33号墩身的临时支墩由3节未拼装的前导梁叠放而成，然后由型钢适当调整保证主梁拼装的高度和平整度要求。为了保证33号临时支墩的稳定及安全可靠，在33号桥墩托盘顶帽支撑垫石两侧预埋钢板，将3节前导梁上下连接稳固后与墩顶预埋钢板焊接牢固，保证临时支墩的稳定可靠，如图3所示。

3.4 主梁安装

主梁系统由并列的2组纵梁＋连接梁、挑梁组成，总质量226t。每组纵梁由3节承重钢箱梁(11.8m＋13.1m＋12m)＋3节导梁(3×11m)组成，全长69.9m，相邻两组纵梁中心距为6m。钢箱梁高2.9m，翼缘板宽1.6m，腹板中心距1.5m。钢箱梁接头采用螺栓节点板连接。每节钢箱梁质量小于21.5t。

单侧纵梁先在地面拼装完毕后由吊车吊装至临时支墩。纵梁拼装前先对地面进行修整找平，然后由吊车配合将3节承重主梁栓接在一起，单侧纵梁拼装完毕后用1台200t和1台70t汽车吊吊装至临时支墩上预订位置，并栓接相对应的主梁连接系及挑梁，然后用相同的办法进行另一侧纵梁的拼装作业。纵梁的地面组装见图4，纵梁的吊装见图5，主梁连接系及挑梁的安装见图6。两侧主梁全部拼装完毕后安装全部的主梁连接系和挑梁，最后进行模板吊挂系统的安装。吊装时注意两台吊车同时起吊，同步缓慢吊装确保吊装安全。

图3 临时支墩拼装示意图

图4 纵梁的地面组装

图5 纵梁的吊装

图6 主梁连接系及挑梁的安装

3.5 中支腿与后支腿的安装

后支腿先固定在34号桥台的临时支腿上，主梁吊装完毕，调整后支腿油缸，使主梁和后支腿螺栓连接。两侧主梁拼装完毕后进行中支腿的安装。先将中支腿与主梁螺栓连接，收油缸，此时中支腿高出支撑垫石一定距离，便与对垫石及两侧进行找平：在垫石两侧外围放置型钢，离垫石边 4～5cm，型钢与垫石存在细微高差，用混合砂浆进行找平，找平后在砂浆上铺设 5mm 厚钢板。再调整油缸使中支腿支撑在钢板上（此时槽钢与垫石同高，同等受力），最后拆掉临时支墩。中支腿安装见图 7。

3.6 吊挂系统和模板的安装

支腿安装完毕，临时支墩拆除后进行吊挂系统安装，吊挂系统每节段先在地面拼装完成，再用吊车使其与主梁进行组装。吊挂系统安装完毕再进行模板系统的安装，模板利用吊车从主梁之间缝隙放入。先安装底模（图 8），底模安装完成再进行侧模和翼缘板的安装。侧模的安装见图 9。

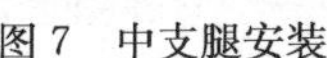

图 7 中支腿安装

图 8 底模安装

3.7 移动模架造桥机试验程序

3.7.1 空载试验

（1）拉线测量两根主梁轨底相对高差；操作两主梁竖直油缸，使整个模床基本同步顶升 120mm。停 15min，观察垂直油缸的保压性能。

（2）顶升模床到浇筑位置。

（3）在以上动作中，要同步检查电、液、机部分是否正常。记录油压表的读数。

3.7.2 加载试验

（1）垂直油缸机械锁锁紧，同时锁定一切安全装置。

（2）按混凝土梁重分布，模拟浇筑混凝土过程进行加载试验。在加载过程中时刻注意各处支承、各处连接及变形情况。

（3）在加载前根据加载观测方案，现场布设观测点并测量记录主梁及底模的实际高程。

（4）当加载到 60%梁重时，测量记录主梁挠度值、模板底面的下沉量。

（5）当加载到 100%梁重时，测量记录主梁挠度值、模板底面的下沉量。

（6）当加载到 120%梁重时，记录主梁挠度值、模板底面的下沉量。三级加载每级加载持荷时间分别不少于 2h、2h、8h。

（7）卸载，测定主梁及底模高程。综合考虑移动模架弹性、非弹性形变，张拉产生的拱度设置移动模架浇筑前的线性坐标。

移动模架加载试验见图 10。

图9　侧模的安装

图10　移动模架加载试验

3.7.3　导梁与主梁空中对接

移动模架试验程序完毕，进行简支箱梁钢筋的绑扎和混凝土的浇筑，浇筑完成后进行前导梁的拼装。

导梁拼装采用200t汽车吊在空中与主梁逐段对接安装。安装时，导梁与主梁对接平稳，拧紧连接螺栓，拼接板与钢箱梁间的接触面密贴。

4　移动模架造桥机安装安全技术措施

通过对安装过程中的危险源进行分析研究，制订移动模架安全技术施工工艺标准，如表2所示，并严格按标准进行监控，确保移动模架造桥机安装过程安全可控。

移动模架造桥机安装标准　　表2

序号	项　目	项目内容	验收标准	风险等级
1	前支腿	油缸顶升高度	按设计值设置	一
		支腿水平	两侧支点位置高差小于2cm	一
		支腿高程	±3cm	一
		支腿平面位置	允许偏离桥墩中心2cm	二
		螺栓连接情况	符合设计要求	一
2	后支腿	油缸顶升高度	按设计值设置	一
		支腿水平	两侧支点位置高差小于2cm	一
		支腿高程	±3cm	一
		支腿平面位置	允许偏离桥墩中心2cm	
		首跨下部支撑	符合设计要求	一
3	主梁	主梁两侧高差	≤3mm	二
		接头螺栓情况	符合设计要求	一
4	吊挂系统和模板系统	部件连接情况	符合设计要求	一
		部件之间销轴连接情况	开口销安装到位，强度符合设计要求	一
		撑杆调整情况	撑杆安装到位，丝杆调整长度210～220mm	二
5	液压部分	泵站、油缸油表等	安装到位，标志明确，符合标准	一
6	电气部分	开关、线路、保护系统、电动葫芦等	安装到位，接线准确，保护系统有效，符合电气规范要求	一

5 移动模架造桥机过孔移位

简支箱梁浇筑完毕以后，满足过孔条件时，移动模架进行过孔，进入下一跨施工。

移动模架造桥机过孔移位分四个步骤进行。同步操控难度在于移动模架整体同步脱模、两侧模同步开启、整机纵移过孔、模架闭合同步操作。各工序操作时，控制油缸必须同步操作，对操作员要求严格，以保证移动模架稳定，防止出现倾斜现象。

步骤1：混凝土浇筑完毕并达到张拉强度后，拆除内模撑杆，张拉，桥面铺设轨道，拆除吊杆，拆除底模、外肋中缝处的对接螺栓。中、后支腿垂直支承油缸回收使模架整体下落约10cm脱模，后主支腿作用在轨道上，前辅助支腿托辊与轨道接触(此时中、后支腿垂直支承油缸仍然支承)；操作泵站横移油缸顶推外肋，外模系统横移开启。八盘峡黄河特大桥首跨简支箱梁浇筑完成时，后支腿支撑于临时支腿上，移动模架行走机构位于后支腿后部，处于悬空状态，无法完成行走作业。根据现场实际情况将行走机构转移至距后支腿1/4孔跨处栓接并铺设轨道，然后进行步骤2的操作。

步骤2：拆除中支腿连接系；操作泵站使中、后支腿垂直支承油缸脱空；驱动后支腿下走行机构使模架前移，模架前移至后支腿与走行机构全部位于首跨箱梁时，中主支腿悬空，将后支腿垂直支撑油缸重新支撑于箱梁顶面，转移走形机构至后支腿后部，并重新铺设轨道，后支腿垂直支撑油缸再次脱空，驱动走形机构继续前移至下一跨；此时前、中支腿位于同一桥墩上。

步骤3：中、后支腿横向调整，垂直支承油缸、锁定；起吊小车将前辅助支腿吊挂前移一孔，并在墩顶就位；操作泵站使横移油缸循环回收，外模系统横向合龙就位。

步骤4：各支腿系统竖向高程调整、锁定；外模系统横向调整、锁定；穿吊杆，移动模架进入下一孔施工。

6 移动模架造桥机过孔移位安全技术措施

通过对移动模架造桥机过孔移位过程中的危险源进行分析研究，制订移动模架过孔移位安全技术施工工艺标准，进行严格控制，确保移动模架造桥机过孔移位安全、顺利完成。

6.1 开模检查

(1)模板模架螺栓及吊杆拆除情况：相对运行面有无连接，风险等级一级。

(2)开模油缸滚轮运行轨道：检查滑道有无异物、运行有无阻碍，风险等级一级；液压系统是否正常，操控是否正常，风险等级一级。

(3)支腿情况：顶升油缸下降15cm，风险等级二级。

(4)开模过程中横向对称度：是否符合实际要求，风险等级二级。

6.2 过孔检查

(1)主梁角钢及方钢轨道清理状况接头高差小于3mm且整根轨道平整无异物，风险等级二级。

(2)支腿吊挂前移支腿通过吊挂小车前移，吊挂小车上电动葫芦是否完好，行走装置有无故障，行走过程中是否安稳，有无安全隐患，风险等级一级；整机纵移顶推油缸左右偏差小于2cm，主梁方钢轨道落放于托辊轮槽内风险等级一级。

(3)电线线路检查，线路走行正确电力线长度充足配有保险装置，风险等级二级。

(4)支腿到位情况支腿安放到位,斜拉索安装紧固、螺栓与墩顶预埋件连接紧固牢固风险等级一级。

6.3　模检查

(1)合模油缸滚轮运行轨道检查滑道无异物、运行无阻碍,风险等级一级。

(2)液压系统正常,操控正常,风险等级一级。

(3)对拉螺栓及吊杆检查模板及模架连接螺栓安装紧固到位,吊杆安装到位,风险等级一级。

7　移动模架拆卸

(1)移动模架最后一跨施工完毕,拆除吊杆及模板之间的连接螺栓,然后拆除开模油缸及其泵站。

(2)分别在吊臂上挂上10t的手拉葫芦,7m节模板用4个10t手拉葫芦,将各大块之间的走道和连接撑杆拆除,保证几个7m节均能独立落下,从前到后依次将侧模架与吊臂的连接脱开。实施过程中,考虑到高空作业危险大,底模及侧模分开拆除。高空作业工序多,拆卸时采用两台75t起重机主吊,两台25t起重机配合,将底模及侧模分块整体拆除,减少了高空作业危险。

(3)拆除过程中,根据现场实际条件对移动模架造桥机拆除方案进行优化:先将底模及侧模整体分段拆除,然后拆除吊架,再在主梁下用预制块及木方将主梁垫实,分段拆除前导梁、前支腿,然后分段将主梁拆除。造桥机在拆除过程中不进行移动,减少拆除过程中移位及高空作业工序,确保拆卸安全,加快拆卸进度。移动模架造桥机高空拆除方案经优化改进后,拆除时大大减少了高空作业时间,将大多数高空作业转为地面作业,拆除工效提高50%以上。

(4)移动模架造桥机拆卸安全技术标准。

①主梁接头螺栓和其他部件之间连接螺栓有无锈蚀生锈,若生锈应提前涂除锈剂,拆除过程应用扳手,禁止用气割拆卸,风险等级一级;部件之间销轴是否锈蚀,生锈提前除锈,禁止用气割拆卸,风险等级一级。

②主梁、挑梁、吊臂、吊杆、底模架等连接螺栓、丝杠各起吊点焊缝是否牢固,有无脱焊、开裂,达不到要求应补焊加强,以防起吊时脱落,风险等级一级。

③平台栏杆、走道、爬梯及上方防护设施吊车钢丝绳连接牢固后方可拆除各连接件间螺栓,风险等级一级。

④电气部分检查各电缆线连接情况,电缆连接应符合标准,焊机接线应符合要求,禁止超负荷连接,风险等级一级。

⑤底模、底模架、侧模、侧模架整体拆卸检查模板模架螺栓及吊杆拆除时,相对拆卸面无任何连接,风险等级一级;开模油缸销轴拆卸完毕且油缸收回,风险等级一级;开模管路拆卸完毕,液压系统无连接漏油,风险等级一级;底模架、侧模架吊点无开裂脱焊,否则应补焊,风险等级二级;各连接销轴、丝杠锈蚀应提前除锈、各丝杠脱焊应先补焊,风险等级一级。

⑥挑梁、吊臂、吊杆拆卸时,各部件起吊点要牢固、无脱焊、锈蚀等情况,风险等级二级;丝杠、销轴无锈蚀脱焊等情况,脱焊先补焊、锈蚀提前除锈,起重机钢丝绳没连接牢固禁止拆卸丝杠、销轴等固定连接,风险等级一级。

⑦前导梁、主梁及前后支腿的拆卸检查各起吊点钢丝绳连接情况，吊车起重负荷是否超标，吊车在未达负荷前禁止拆卸螺栓，风险等级一级；主梁及前导梁连接螺栓及托辊轮箱检查时，螺栓禁止用气割拆卸，如生锈应提前几天除锈，托辊应转动灵活，风险等级一级。

8 结语

(1)DSZ32/900 型上行式移动模架造桥机适合客运专线 32.6m、24.6m 整孔简支箱梁原位现浇。本工程使用 1 套 DSZ32/900 型上行式移动模架造桥机施工，取得很好的效果。该机械技术先进、安全可靠、质量优良。一孔箱梁平均工期由 15d 缩短至 12d，施工进度加快，与同类工程相比，达到国内领先水平。

(2)施工中，实行施工工艺标准化施工管理，安全生产得到有效控制，做到安全生产零事故。构件几何尺寸准确，梁体线形控制精度高，内实外光，外观效果较好。

(3)采用移动模架造桥机原位现浇预应力混凝土箱梁施工技术，实现绿色施工，节能减排，保护自然生态环境，环保效益好。

参考文献

[1] 中华人民共和国行业标准. TZ 323—2010 铁路移动模架制梁施工技术指南. 北京：中国铁道出版社，2010.

[2] 中华人民共和国行业标准. 铁建设〔2010〕241 号 高速铁路桥涵工程施工技术指南. 北京：中国铁道出版社，2011.

[3] 刘建波，沙友德，廖满平. 上行式移动模架造桥机在沪杭铁路客运专线现浇箱梁工程中的应用[J]. 施工技术，2011，40(6)：78-82.

[4] 郑州新大方重工科技有限公司. 时速 250km 客运专线铁路 DSZ32m/900t 型上行自行式移动模架使用说明书，2011.

软土地基现浇箱梁支架PHC管桩基础设计与施工

张立鹏　刘静礼　陈　辉

（中交三公局第二工程有限公司艾溪湖项目）

摘　要：通过沪宁城际高速铁路上海段某桥采用PHC管桩加固处理深厚软土地基作为现浇箱梁支架基础的实践，提供了较完整的PHC管桩设计、施工及技术经济分析等资料，可供类似工程参考。

关键词：PHC管桩　软土地基　支架基础　设计　施工

沪宁城际高速铁路某桥位于上海市嘉定区境内，墩身平均高度13.5m，最高达20m。现浇连续梁结构为3～31.5m多箱并置简支箱梁＋6×32m道岔变宽连续梁，桥面宽度从22.7m渐变至12.6m，梁体平均高度为2.6m。土质条件为粉质黏土、淤泥质粉质土、粉土、淤泥质粉质黏土。

1　支架体系设计

沪宁城际高速铁路采用无砟轨道，对梁体挠度要求高，因而在软土地基上现浇混凝土箱梁支架设计应采用适当跨径的桩基排架支架，以减少地基沉降对现浇混凝土箱梁挠度的影响。根据上部荷载大小、地基土分布及特性、现场施工条件等因素，采用具有施工质量容易控制、施工速度快、造价低等优点的PHC管桩基础。用PHC管桩加固地基，钢管立柱固定其上，钢管立柱上设分配横梁，搭设贝雷纵梁，在其上搭设碗扣式支架以方便调整梁底模板高程，支架布置体系一般构造如图1所示。

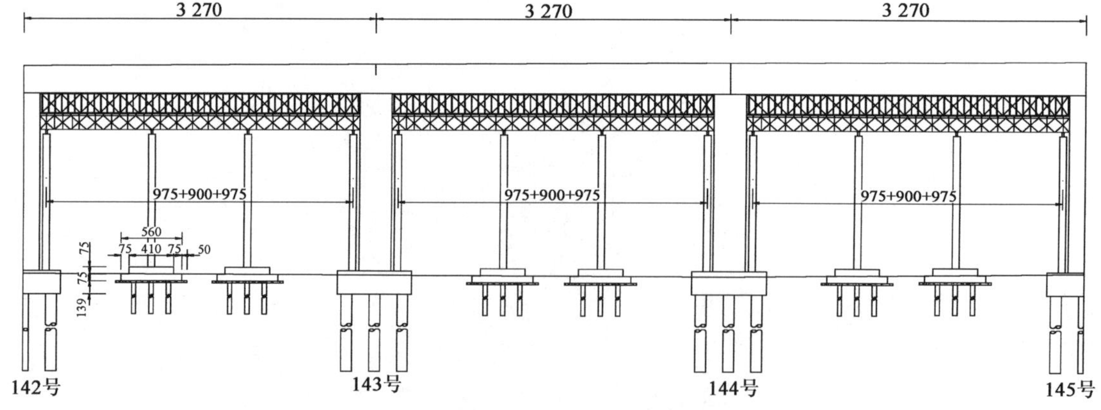

图1　支架布置体系示意图（尺寸单位：cm）

2 PHC管桩基础设计

2.1 PHC管桩地基加固原理

PHC管桩属刚性桩，作为软弱地基处理时以沉降变形控制为原则，属桩土复合地基。刚性桩复合地基可较好地发挥桩体和桩间土的效用，有效降低造价，具有较好的经济效益，近年来得到应用推广。选择桩长时，应根据地基土层的组成，按尽可能穿过压缩性最高的土层，桩端持力层压缩性相对较低的原则，并要求在承台产生允许沉降情况下，桩仍可充分发挥并能继续保持其全部极限承载力。选择桩身截面时，应使按桩身结构强度确定的单桩容许承载力与地基土对桩的极限承载力二者相匹配，以充分发挥桩身材料的承载力。

本工程PHC管桩设计桩长穿过粉质黏土、淤泥质粉质黏土、粉质黏土，用粉性土做桩基持力层，以提高单桩竖向承载力，有效控制桩基用桩总量。

2.2 桩型的选择

根据《先张法预应力混凝土管桩》(GB 13476—2009)的分类规定，PHC管桩按桩身抗裂弯矩的大小分为A型、AB型、B型和C型。A型的有效预应力为4.0MPa，AB型为6.0MPa，B型为8.0MPa，C型为10.0MPa。高预应力管桩主要用于抗弯要求较高的工程，一般管桩有4～5MPa的有效预应力，打桩时桩身混凝土可有效地抵抗打桩拉应力。

根据现场的施工条件及现有桩基种类，选用PHC A400 80管桩。

2.3 单桩竖向承载力验算

根据承台顶荷载计算，荷载最大的一个排架承台顶施工荷载与PHC管桩自重：

$$F_d + G_d = 10\,510.5\text{kN}$$

根据上海市《岩土工程勘察规范》(DGJ 08-37—2002)，预制PHC管桩的单桩竖向承载力设计值的计算可按下式进行：

$$R_d = \frac{U_p \sum f_{si} l_i}{\gamma_s} + \frac{f_p A_p}{\gamma_p}$$

式中：U_p——桩身截面周长；

f_{si}——桩侧第i层土的极限摩阻力标准值；

l_i——第i层土的厚度；

γ_s——总侧摩阻力的分项系数；

f_p——桩端处土的极限端阻力标准值。

143号墩排架基础设20根PHC管桩。

PHC A400管桩，直径ϕ0.4m×桩长32m，桩周长为1.256m，截面面积为0.125 6m^2。

单桩竖向承载力计算值：

桩侧总极限摩阻力标准值：

$$R_{sk} = U_p \sum f_{si} l_i = 1\,297.48\text{kN}$$

桩端极限阻力标准值：

$$R_{pk} = f_p A_p = 251.33\text{kN}$$

单桩极限承载力标准值：

$$R=R_{sk}+R_{pk}=1\ 548.77\text{kN}$$

则桩端阻比：

$$\rho_p=\frac{R_{pk}}{R_{sk}+R_{pk}}=0.162\ 3$$

由端阻比按上海市《岩土工程勘察规范》(DGJ 08-37—2002)表 6.4.2-2 插值得分项系数：$\gamma_s=1.759\ 8$，$\gamma_p=1.089\ 8$。

故单桩竖向承载力设计值：

$$R_d=\frac{R_{sk}}{\gamma_s}+\frac{R_{pk}}{\gamma_p}=967.89\text{kN}$$

根据上海市《岩土工程勘察规范》(DGJ 08-37—2002)6.2.1条，单桩竖向承载力：

$$Q_d=\frac{F_d+G_d}{n}=\frac{10\ 510.5}{20}=525.5\text{kN}\leqslant R_d=950\text{kN}$$

故 PHC 管桩竖向承载力满足。

2.4 布桩

据地形，基础设计为承台埋深 0.5m，地下水位－0.5m；桩长为 32m，桩截面边长（桩径）为 0.4m，根据《建筑桩基技术规范》(JGJ 94—2008)3.2.3 条规定，桩的中心距要求：挤土预制桩最小中心距不小于 3.5 倍直径，总桩数为 20 根，承台 PHC 管桩布置如图 2 所示。

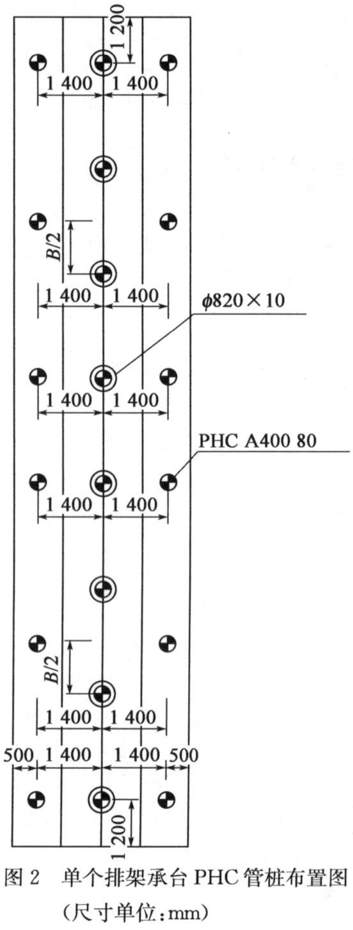

图 2 单个排架承台 PHC 管桩布置图（尺寸单位：mm）

在 PHC 管桩顶上设承台，为防止承台上浮、移位，并保证承台和桩基的整体协同工作，将 PHC 桩伸入承台 10cm。PHC 管桩顶部的 110cm 高度内填灌入 C30 填芯混凝土，并微掺 UEA 膨胀剂，沿桩内壁周边设置 6 根 ϕ18mm 锚筋，伸入承台内。

PHC 管桩与承台连接如图 3 所示。

2.5 钢管立柱基础设计

在 PHC 管桩基础的承台顶上，设预埋件与 ϕ820mm×10mm 钢管柱连接。支架通过钢立柱将上部荷载传至基础。钢管立柱与承台连接示意图如图 4 所示。

2.6 PHC 管桩最终沉降量分析

单桩沉降计算取长期效应作用下的单桩平均附加荷载，考虑桩侧摩阻力为线性增加(Geddes 积分解)模式，按 Mindlin 解，PHC 管桩最终沉降 $\Delta h=4.2$cm。根据上述桩顶荷载设计值及对应的桩基承载力设计值之间的关系可知，按照本方案进行桩基设计，桩基承载力可以满足上部荷载的要求，还有一定的安全储备。另外现浇支架浇筑混凝土到张拉历时约 10d，桩基沉降远未达到最终沉降值，根据类似工程桩基沉降随时间变化关系，本工程支架顶连续梁浇筑完毕，桩基沉降量可能只占总沉降量的 10%，因此桩基在支架施工过程中将最大产生不足5mm的沉降。

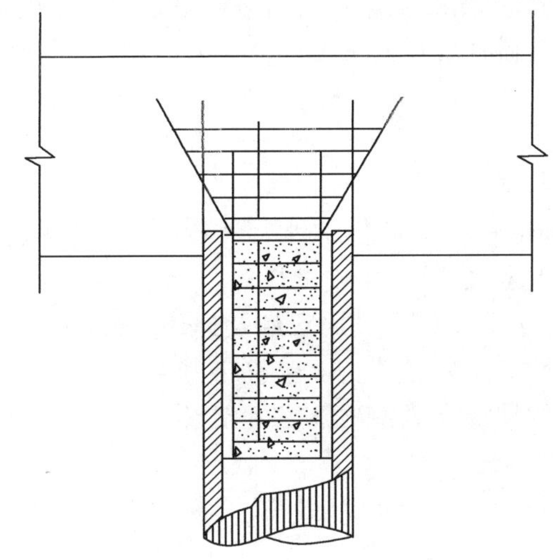

图3 管桩与承台连接示意图

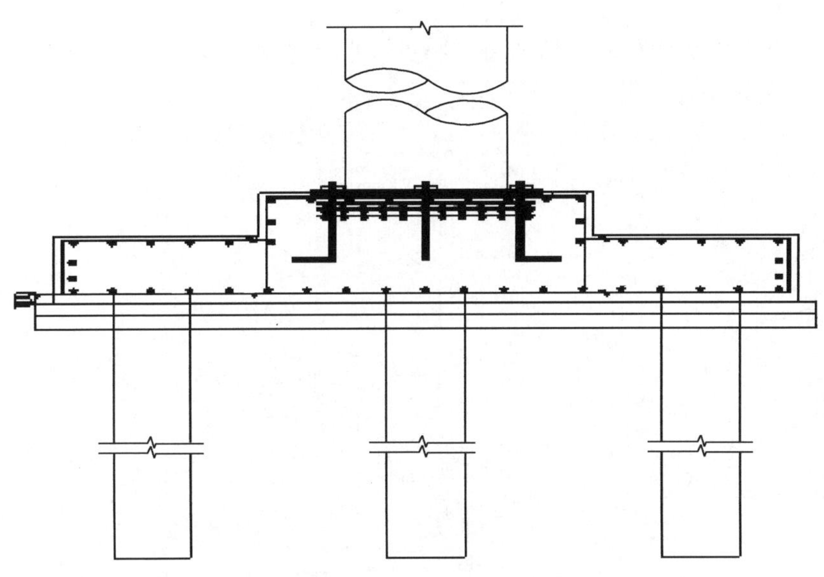

图4 钢管立柱与承台连接示意图

3 工程技术经济分析

与其他桩型作为基桩相比，PHC管桩在本工程应用具有以下优点：

(1)质量稳定可靠，施工速度快，工期短。本工程使用管桩，与钻孔灌桩或预制方桩等工艺相比，直接缩短地基处理工期约2个月，产生直接经济效益约160万余元；在一定的条件下，如本工程桥下净空低，比钢管桩成本低。

(2)单桩承载力高,造价低。桩身混凝土强度等级为C80,桩身强度高,且其抗弯性能良好,能适应复杂的地质条件;其单位承载力的造价比预制混凝土方桩和钻孔灌注桩低。

(3)施工现场文明。因在厂内制作,对施工现场基本无污染,尤其适用于施工场地狭窄、文明施工程度要求高的工程。

4 结语

利用PHC群桩加固地基和钢管柱整体稳定性好的特点,有效解决了现浇梁施工时支架高、工期紧迫、地质条件差等施工困难,降低了安全风险,加快了施工进度,取得了显著的经济效益和社会效益。主要缺点是PHC管桩有其局限性及适用条件,要有较好的桩端持力层,对素填土、冲填土、杂填土和湿陷性黄土需经载荷试验确定其可靠性后,方可采用。该方法的成功应用可为软土地区支架较高的现场浇筑桥梁施工所借鉴。

参考文献

[1] 徐至钧,李智宇.预应力混凝土管桩基础设计与施工[M].北京:机械工业出版社,2005.

[2] 中华人民共和国国家标准.GB 13467—2009 先张法预应力混凝土管桩[S].北京:中国标准出版社,2009.

[3] 上海岩土工程勘察设计研究院有限公司.DGJ 08-37—2002 岩土工程勘察规范[S].上海:上海岩土工程勘察设计研究院,2002.

[4] 中华人民共和国国家标准.GB 50007—2011 建筑地基基础设计规范[S].北京:中国计划出版社,2011.

八盘峡黄河特大桥深水桩基泥岩层施工工艺

陈慧伟

（中交三公局第二工程有限公司兰新铁路项目）

摘　要：本文介绍了八盘峡黄河特大桥主墩桩基深水泥岩层施工工艺，包括护筒下沉、钻机型号选择、泥浆制备、钻进方式及控制、清空、钢筋笼的制备及吊装、混凝土的灌注等相关内容。

关键词：深水桩基　泥岩红砂岩成孔　泥浆测定　施工工艺

1　工程概况

八盘峡黄河特大桥是一座横跨黄河的4跨连续刚构铁路桥，桥址区域为陇西黄土高原区，区内黄土广布，沟壑交织，黄河各级阶地发育，又可分为黄河河谷、黄土塬墚峁和低中山等次一级地貌单元。拟建黄河特大桥位于黄河峡谷阶地区，黄河南北岸阶地较为平缓，桥址区位于黄河一、二级阶地及黄河高阶前缘陡坎一带。一、二级阶地相对较平缓，后缘高阶地斜坡较陡，地形起伏较大。

跨黄河主桥墩中，位于黄河深水处的墩分别为9号、10号墩。

9号墩桩基15根，直径1.8m，桩长55m。主墩顶部层为松散状粉砂、粉土，为饱和液化土层，工程性能极差；其下为强风化～弱风化泥岩，岩质极软且差异风化较严重，工程性能较差，可作为明挖扩大基础持力层；下部为微风化泥岩及砂岩，工程性能较好，是拟建桥梁较好的基础持力层。

10号墩桩基15根，直径1.8m，桩长52m。主墩顶部层为松散状粉砂、粉土、细砂，为饱和液化土层，工程性能极差；其下层为厚不到1m的粗圆砾土；其下强风化～弱风化泥岩，岩质极软且差异风化较严重，工程性能较差，可作为明挖扩大基础持力层；下部微风化泥岩，工程性能较好，是拟建桥梁较好的基础持力层。

2　钻机选择

依据地质情况本桥可采用冲击钻，冲击反循环钻、自行式履带旋挖钻。本桥工期紧张，为满足工期要求，采用旋挖钻钻孔施工工法。水中平台动荷载要求为≥500kN（履带吊）＋300kN（钢筋笼自重）＋200kN（25％动荷载安全系数）＝1 000kN。满足旋挖钻（800kN）稳定承载力工作要求。

（1）钻杆扭矩大，当钻具钻进一定深度后，可依靠钻具提排弃渣于孔外，钻进和提钻排渣形成往返作业，成孔速度快。钻渣利于集中堆垛运输，对黄河水域污染小。

（2）钻孔的角度由操作面板指令桅杆的倾斜来进行调整。钻孔轴心和钻机（工作半径）之间的距离通过大臂油缸进行调节，这样一旦钻孔轴心垂直度调整成功，钻进轴线就永不错位。

同时因钻孔速度快,成孔垂直精度高,孔壁经钻具在钻进中的挤压,孔壁较为密实,防止了孔壁局部坍塌,钻具标准、扩孔系数小,成孔质量高。

(3)不需要辅助作业,一机完成整个钻孔作业过程,自行移动。

(4)作业环境好,操作系统全部由操作室电脑面板控制,易于操作,劳动强度低。噪声小,污染小,在市政工程建设中尤显特殊的功用,是一种环保型钻孔设备。稳定性好,操作安全。

(5)该钻机工作性能按欧洲标准 EN791 进行设计和计算,每一个作业工序均有限值,超过限值时,该机均有警示。并设有紧急停机按钮、医药箱,供驾驶员遇到危险时使用。

该机成孔优先选择干孔环境钻进,利于防止泥岩遇水打滑,钻进速度较快。在极不稳定地质条件下可采用泥浆护壁。在护筒下沉封流沙不严密时采用配备泥浆水下成孔。

(6)该机对施工环境有一定的要求,由于机身较重、桅杆长,钻机移位时,施工便道坡度必须小于 15°,钻机就位平台必须平整。承载力必须符合要求。

3 钻机开钻之前需配备的仪器及必做试验

3.1 泥浆各种性能指标检测及所需仪器设备

(1)相对密度 ρ_x:可用泥浆相对密度计测定。将要量测的泥浆装满泥浆杯,加盖并洗净从小孔溢出的泥浆,然后置于支架上,移动游码,使杠杆呈水平状态(即气泡处于中央),读出游码左侧所示刻度,即为泥浆的相对密度。

(2)黏度 η(s):工地用标准漏斗黏度计测定,黏度计如图 1 所示。

用两端开口量杯分别量取 200mL 和 500mL 泥浆,通过滤网滤去大砂粒后,将泥浆 700mL 均注入漏斗,然后使泥浆从漏斗流出,流满 500mL 量杯所需时间(s),即为所测泥浆的黏度。校正方法:漏斗中注入 700mL 清水,流出 500mL,所需时间应是 15s,如偏差超过±1s,则量测泥浆黏度时应校正。

(3)含砂率(%):工地用含砂率计(图 2)测定。量测时,把调制好的泥浆 50mL 倒进含砂

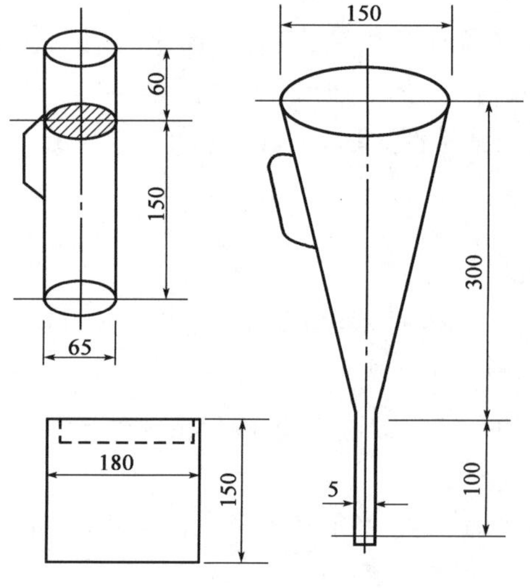

图 1 黏度计示意图(尺寸单位:mm)

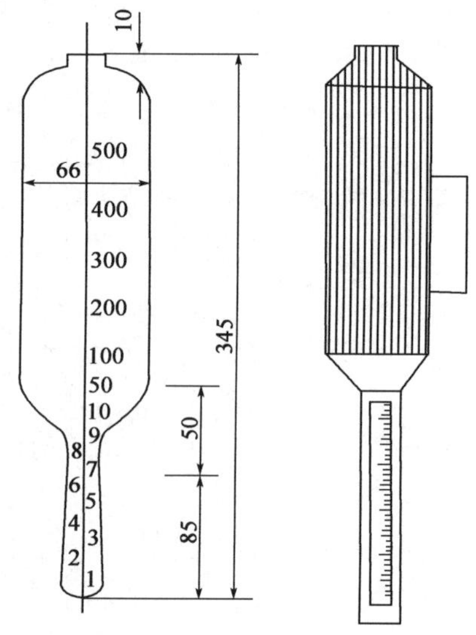

图 2 含砂率计(尺寸单位:mm)

率计，然后再倒450mL清水，将仪器口塞紧，摇动1min，使泥浆与水混合均匀，再将仪器竖直静放3min，仪器下端沉淀物的体积（由仪器上刻度读出）乘2就是含砂率（%）（有一种大型的含砂率计，容积1 000mL，从刻度读出的数即为含砂率）。

（4）胶体率（%）：亦称稳定率，它是泥浆中土粒保持悬浮状态的性能。测定方法：可将100mL的泥浆放入干净量杯中，用玻璃板盖上，静置24h后，量杯上部的泥浆可能澄清为透明的水，量杯底部可能有沉淀物。以100减去（水+沉淀物）体积即等于胶体率。

（5）测绳：用于测量桩基孔深。

3.2 导管

导管使用前应进行水密承压和接头抗拉试验，严禁用压气试压。进行水密试验的水压不应小于孔内水深1.3倍的压力，也不应小于导管壁和焊缝可能承受灌注混凝土时最大内压力P的1.3倍，P可按下式计算：

$$P=\gamma_c h_c-\gamma_w H_w$$

式中：P——导管可能受到的最大内压力（kPa）；

γ_c——混凝土拌和物的重度（取24kN/m^3）；

h_c——导管内混凝土柱最大高度（m），以导管全长或预计的最大高度计；

γ_w——井孔内水或泥浆的重度（kN/m^3）；

H_w——井孔内水或泥浆的深度（m）。

本项目成孔深度取62.5m，水位深度取至黄河水面最不利因素，为58m。

经计算导管内压强为：

$$P=1.3\times(24\times62.5-1\times58)=1\,875\text{kPa}$$

3.3 料斗

料斗的存储方量最小应满足首批混凝土量减去导管总体积，使首批混凝土导管埋深满足大于1m的要求。本项目主桥桩径D为1.8m，导管内径d为0.3m。H_1取0.3m，H_2取1m，经计算：

$$V\geqslant\frac{3.14\times1.8\times1.8\times(0.3+1)}{4}=3.3\text{m}^3$$

3.4 钻机

钻机需有合格证，钻机钻头直径需符合桩基直径。

4 钻孔

4.1 平台搭设要求

搭设平台时已经将所有护筒按设计桩中心位置沉设就位并加固完毕，同时通过钢护筒可以确定钢筋笼的安装位置。

4.2 护筒的埋设要求

护筒采用10mm的钢护筒。水中护筒设置，应严格注意平面位置、竖向倾斜和两节护筒的连接质量均需符合上述要求。沉入时可采用振动、锤击并辅以筒内旋挖钻除土的方法。将护筒锤入河床稳定层（泥岩层）不小于0.5m处。护筒连接处要求筒内无突出物，应耐拉压不漏水。护筒高出水面1.5m以上。

4.3 泥浆的制备

常规施工需要制备泥浆护壁。依据地质情况，护筒锤入泥岩稳定层，基岩极其稳定，无需泥浆护壁可直接钻进。

4.4 钻机钻进

钻孔：旋挖钻钻孔过程中根据桩位处详细地质情况采用不同钻头钻进。

黏土、砂黏土覆盖层采用淘沙钻和普通泥钻进行钻取，护壁完全依靠钢护筒。受钻机扭矩及功率的限制，强风化、中风化泥岩采用 $D \leqslant 0.9$m 钻径斗齿钻无水环境干钻，进行岩芯释压，因在黄河深水中钻进，防止泥岩遇水打滑，快速进尺防止泥岩浸泡过久而膨胀，难以钻进。后用 $D=1.8$m 的筒钻对释压后的弱岩进行扩孔，再采用淘渣钻捞取钻渣清孔。

弱风化泥岩、红砂岩及青石强度极大，首先采用 $D=0.6$m 的岩心钻通过环切去芯法将岩层钻透，浸水后的底层泥岩遇水膨胀，挤压上层砂岩及弱风化岩，释压及受膨胀的弱风化泥岩、红砂岩及青石强度变弱，再用 $D=0.9$m、1.5m、1.8m 岩芯钻扩孔至符合设计桩径。

在钻进过程中，钻孔连续作业，不得中途停顿，若因故障停钻时，钻头提出孔外，孔口加盖防护。

当钻头尺寸磨损至小于设计桩径或刃脚磨钝时，及时补焊，以免造成缩径或卡钻。

4.5 检孔

成孔后用检孔器检孔，保证桩孔直径和垂直度。检孔器直径为1.8m，长度为孔径的6倍。桩孔检测完时，若发现有缩孔、弯孔、斜孔等现象，及时用钻头刷孔处理。

4.6 终孔检查

当钻进至孔底达到设计高程后，停止钻进，提出钻头，进行成孔检查，符合检验标准后进行清孔。

4.7 清孔

钻孔达到设计高程，经终孔检查合格后，立即清孔。

5 钢筋笼安装及定位

本桥主墩钢筋笼设计为双臂通常钢筋笼，主筋为 $D=32$mm 二级螺纹钢筋，自重300kN。采用螺旋套筒连接。

5.1 现场吊装施工

钢筋笼自重300kN，分六节加工，现场安装5处接头，接头口错开三层，能够确保同一截面接头数小于35%。声测管与钢筋笼同节分配。50t履带吊配合安装作业。

5.2 现场连接施工

标准型接头：先将套筒全部拧入接头口上部一钢筋的长螺纹内，而后反拧套筒到预定位置。

正反丝接头：在钢筋两端均不能转动时，将两钢筋端部相互对接，然后拧动套筒，在钢筋不转动的情况下实现钢筋的连接接长，此种接头在主筋与主筋之间的连接。钢筋对接见图3。

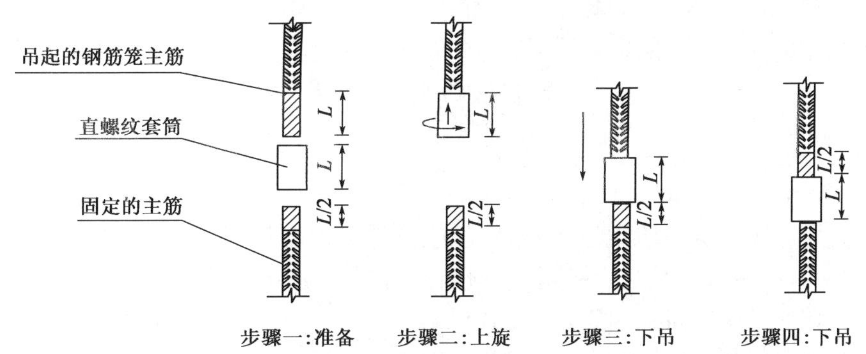

图3　钢筋对接示意图

合格标准为,连接钢筋时,钢筋规格和套筒的规格必须一致,钢筋和套筒的丝扣应干净、完好无损。直螺纹接头的连接,应用管钳和力矩扳手进行施工。接头拧紧后的直螺纹接头做出标记,并完整丝扣外露。

5.3　钢筋笼连接安装顺序

下底笼钢筋笼→将接头处螺旋筋套在上笼底口→吊第二节钢筋笼→对正钢筋→用直螺纹连接钢筋→将螺旋钢筋平均定位并焊接保护层钢筋及钢板→如此重复直至最后一节钢筋笼→焊接钢筋笼吊筋→钢筋笼对中后及固定在钢护筒上。

5.4　施工注意事项

(1)本工程施工场地狭窄,制作好的钢筋半成品堆放场地有限。为了避免混乱,在每批每个规格钢筋加工后,立即在钢筋上缠上标牌,标牌上标明钢筋使用部位、数量、规格及责任人等。钢筋绑扎前应先熟悉施工图纸,核对钢筋配料单和钢筋上的标牌,核实无误后方可加工。如发生错漏及时增补。

(2)保护层(耳朵)钢筋要准确以免过小,达不到保护层厚度,过大钢筋笼下孔困难。

(3)钢筋笼的吊装采用两点起吊。钢筋笼第一节安装,用吊车两点起吊,第一点用吊车的主钩起吊设在钢筋笼顶部扁担梁处,第二点用吊车的副钩起吊,设在钢筋笼长度的三分之一处。吊车先用主钩提起第一点,使骨架稍提起,吊车同时用副钩起吊第二点,待钢筋笼离开地面后,移动至孔口,同时慢慢放松第二吊点,直到骨架垂直,然后将其稳住徐徐放入孔内,第一节钢筋笼放到位后将其临时支承于孔口。按同样方法起吊第二节钢筋笼,使上下两段钢筋笼垂直顺接,再进行主筋连接。连接好后,报验合格,拍照,再套入螺旋筋绑扎。用同样的起吊和搭接方法,将钢筋笼安装完毕。至最后一节钢筋笼时根据高程和和中心位置,用井字架将钢筋笼吊筋固定在平台顶上。

6　导管安放

钢筋笼安装后,立即安放导管。下放导管时动作要快,下放的位置要居中,导管下口距孔底控制在25～40cm内。导管每节应编号标明长度,做好记录。安放时逐节拧紧,接头橡皮垫做到严密不漏水。

灌注水下混凝土前,通过上述试验仪器检查孔内泥浆性能指标和孔底沉淀厚度,如超过规定，进行第二次清孔，在保持孔内水头不变的情况下，以中速压入相对密度 1.03～1.10 的泥浆，把钻孔内悬浮渣较多的泥浆换出，直到符合规范及设计要求。清孔后的泥浆性能指标见表 1。

清孔后的泥浆性能指标 表 1

相对密度	黏度(s)	含砂率 N(%)
1.03～1.10	17～20	<2

黏土性能要求和数量参照规范《公路桥涵施工技术规范》(JTG/T F50—2011)执行。

清孔结束后对钻孔中的泥浆性能指标进行测试。

泥浆的相对密度用泥浆相对密度计测定。

泥浆的含砂率用含砂仪测定。

上述指标满足后进行混凝土的灌注。

7 水下混凝土灌注

7.1 混凝土机械设备及漏斗的安放

灌注前在导管内水面以上设置隔水球，导管吊装设备的吊装能力应满足施工的要求。

导管上方设置漏斗和储料斗。其容量应满足首批混凝土量，使首批混凝土导管埋深满足大于 1m 的要求，根据水压力、泥浆相对密度、导管长度、桩径计算出首批混凝土体积，计算图见图 4。

$$V \geqslant \frac{\pi \times D^2 \times (H_1 + H_2)}{4} + \frac{\pi \times d^2 \times h_1}{4}$$

依据本项目主桥桩径 D 为 1.8m，导管内径 d 为 0.3m，H_1 取 0.3m，H_2 取 1m，h_1 取 60m，经计算：

$$V \geqslant \frac{3.14 \times 1.8 \times 1.8 \times (0.3 + 1)}{4} + \frac{3.14 \times 0.3 \times 0.3 \times 6}{4} = 7\text{m}^3$$

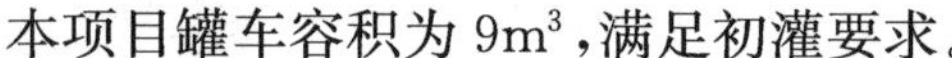

本项目罐车容积为 9m³，满足初灌要求。

7.2 拔球

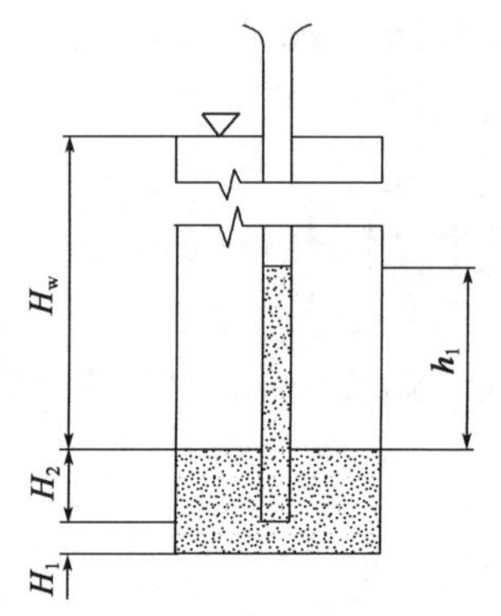

图 4 计算图

将混凝土泵送入储料斗，待备足了首批混凝土数量后，拔球。首批混凝土灌注到孔底后，立即用测绳测混凝土的高度，计算导管埋置深度。导管的埋置深度必须大于 1m，符合要求后方可继续灌注，并做好记录。混凝土灌注，应紧凑、连续进行，严禁中途无故停工。密切注意导管在混凝土面以下的埋置深度，将导管在混凝土中的埋置深度控制在 2～6m 之间，防止夹泥或断桩。当导管提升到接头螺口露出孔口以上有一定的高度时，可拆除一节导管，拆除的动作要快，拆除导管后余下的导管下口在混凝土中的埋深控制在 2～6m 范围内，在接桩顶部设计高程以上应加灌注 100cm 混凝土，将离析层混凝土推出桩基实体段位置。确保桩基的整体混凝土质量。

待混凝土初凝后，方可解除钢筋笼上的吊环。

8 问题及改进

在黄河桥桩基施工实践过程中，遇见众多困难，采用常规施工无法完成施工任务。为了完成工程实体，提高生产率及经济效益，改进了众多施工工艺及工法。

(1)在黄河桥施工初期，引桥黄河两岸采用旋挖钻制浆常规施工，但是地表卵石层个别厚度达8m深。地下水层浅，且地下水流动活跃。多次下护筒试钻。多次加大泥浆稠度，调整配比，但是都以地表塌陷告终。

改进方案，最初设想采用地下注浆后进行钻孔，但是地下水活跃，容易造成地下水污染，影响植被环境，最终采用加长护筒的方式，顺利解决浅埋卵石环境施工。

(2)在黄河桥主桥施工初期，采用冲击反循环钻机。黄河桥10号墩位于黄河岸边，黄河水流平缓，水位低，砂层深23m。主桥设计图纸护筒长度为18m。按设计要求下沉护筒，在施工中钻机到20m处开始不断返砂，无法继续钻进。

改进方案，采用旋挖钻机钻孔取岩芯，设计变更采用振动锤将护筒沉入水位23m，位于基岩内大于0.5m深处，采用旋挖钻钻进成孔。

(3)桩基10—15因护筒开裂，导致灌注混凝土之前沉渣迅速涌满30余米。采用真空抽砂法进行抽砂，采用12m^{2}空压机垂悬沉渣。经过多次尝试用半个月时间将沉渣清理干净。

改进方案，桩基9—3因旋挖钻机钻杆断裂，钻头掉入孔低。54m深，多次打捞无果，沉渣将钻头埋置较深，依靠潜水员无法进行挂置。因为时间紧任务重，采用抽砂泵清理时间较长，经过讨论，采用空压机气举法，在导管低放射空气炮，用空气上浮的推举力将沉渣从导管内随空气上浮并推出导管。此方法快速有效将孔内沉渣清理干净，潜水员下水将钻头挂起，此方法首次在工程中使用得到极好的效果。

9 结语

通过理论研究和实际不断摸索总结，八盘峡黄河特大桥水中30根桩基施工顺利完成，由前期的15d施工周期，最后控制到7d施工周期。在高强度基岩桩基施工中，大大提高桩基施工生产效率，为大桥后续施工及类似施工环境提供宝贵经验。

参考文献

[1] 中华人民共和国行业标准.铁建设〔2010〕241号 铁路混凝土工程施工技术指南[S].北京:中国铁道出版社,2011.

[2] 中华人民共和国行业标准.铁建设〔2010〕241号 高速铁路桥涵工程施工技术指南[S].北京:中国铁道出版社,2011.

[3] 中华人民共和国行业标准.TB 10038—2012 铁路工程特殊岩体勘察规程[S].北京:中国铁道出版社,2012.

[4] 中华人民共和国国家标准.GB 50017—2003 钢结构设计规范[S].北京:中国计划出版社,2003.

[5] 周水兴,何兆益.路桥施工计算手册[M].北京:人民交通出版社,2001.

浅谈钢筋径向挤压连接技术在施工中的应用

董永军

（中交三公局第二工程有限公司徐明高速13标项目）

摘　要：本文阐述了带肋钢筋径向挤压接头连接技术的施工工艺、适用范围及注意事项。

关键词：带肋钢筋　套筒　挤压连接　压痕

1　工程概况

徐州至明光高速公路安徽段13标段淮河特大桥，起讫桩号为：K116＋070.5～K119＋366.5，路线全长3.175km，共392根桩基，直径分别为1.2m、1.5m、2m、2.5m。桥基础均为钻孔桩形式，桩长在48～69m之间，桩基主筋为ϕ28mm，钢筋笼分别有40、48根主筋，钢筋笼分三段制作，墩柱主筋分别为ϕ28mm、ϕ32mm，墩柱主筋分别为108、158、188根，各段钢筋连接采用挤压连接。

2　施工方法

2.1　定义

带肋钢筋径向挤压连接是将两根需连接的钢筋插入钢套筒，利用压钳径向压缩钢套筒，使之产生塑性变形，靠变形后的钢套筒与被连接的钢筋紧密结合为整体的连接方法。

2.2　施工准备

2.2.1　作业条件

进行套筒挤压接头作业的人员必须进行技术培训，经考核合格后方可持证上岗操作。工程开工前，应由套筒挤压接头技术提供单位提交有效的型式检验报告。型式检验报告必须记载送检试件的各项参数。包括：套筒长度、外径、内径、挤压道次、挤压力、压痕处平均直径或挤压后套筒长度，以便对挤压接头的外观质量进行检查。套筒进场后应检查套筒的出厂合格证及材质证书，并对套筒的质量进行抽检，合格后做出标记。套筒应分规格堆放，不得混淆和锈蚀。钢筋挤压连接作业开始前，应对每批进场钢筋进行挤压接头工艺检验，以便检查接头技术提供单位所确定的工艺参数是否与本工程的钢筋相适应。工艺检验合格后，方可开始施工。检查挤压设备是否正常，并试压，符合要求后方可开始作业。做好技术交底工作。

2.2.2　材质要求

钢套筒应有产品出厂合格证，产品合格证包括型号、规格、连接接头的性能等级、产品批号、检验日期、质量合格签章、厂家名称、地址、电话，套筒出厂包装上应标明产品的名称、规格、型号、数量、制造日期、产品批号、生产厂家。套筒的力学性能必须符合规定。表面不得有裂纹、折叠等缺陷。套筒在运输、储存中，应按不同规格分别堆放，不得露天堆放，防止锈蚀和玷污。

钢筋必须符合国家标准及设计要求，还应有出厂材质证明及复试报告。

在工程中采用的主要工器具有：超高压泵站、油管、压钳、钢筋挤压压模、吊挂小车、平衡器、角向砂轮、画标志工具及检查压痕的卡板、卡尺等工具。

2.3 操作工艺

2.3.1 工艺流程

钢套筒、钢筋挤压部位检查、清理、矫正→检查钢筋端头压接标志→钢筋插入钢套筒→挤压（每侧挤压从接头中间压痕标志开始依次向端部进行）→检查验收。

2.3.2 操作工艺

首先清除钢筋端头的锈污、泥沙等杂物；钢筋端头呈马蹄形，有飞边、弯折或纵肋尺寸超大者，应先矫正或用砂轮修磨。在钢筋端头做定位标记和检查标记。

钢筋应按标记要求插入钢套筒内，钢筋端头离套筒长度中点不宜超过10mm。压模、套筒与钢筋应相互配套使用，压模上应有相对应的连接钢筋规格标记，当钢筋纵肋过高影响插入时，允许进行打磨，但钢筋横肋严禁打磨。被连接钢筋的轴心与钢套筒轴心应保持同一轴线，防止偏心和弯折。宜先挤压一端套筒，插入待接钢筋后再挤压另一端套筒（图1），采用必要措施确保钢筋与套筒的同轴、顺直。

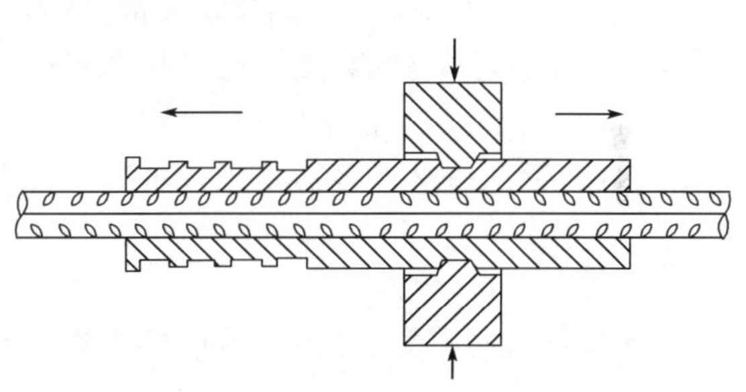

图1 钢筋与套筒的同轴、顺直

在连接接头处挂好平衡器与压钳，接好进、回油油管，启动超高压泵，调节好接力所需的油压力，然后将下压模卡板打开，取出下模，把挤压机机架的开口插入被挤压的带肋钢筋的连接套中，插回下模，缩紧卡板，压钳在平衡器的平衡力作用下，对准钢套筒所需压接的标记处，控制挤压机换向阀进行挤压。压接结束后将紧锁的卡板打开，取出下模，退出挤压机，则完成挤压施工。

挤压操作时，压钳的压接应对准套筒压痕标志，并垂直于被压钢筋的横肋。挤压应从套筒中央逐道向端部压接，不应由端部向中央或隔标记来回挤压。每次施压时要严格控制压力。认真检查压痕深度，深度不够的要补压，超深的要切除接头重新连接。采用的挤压力，压痕处外径或挤压后的套筒长度、挤压道次均应符合型式检验确定的技术参数。

为了加快施工进度，可先挤压一端套筒，再下钢筋笼时按工艺要求挤压另一端。

要注意钢筋插入套筒的长度，检查定位标记线，防止压空。注意套筒内不得有沙子等杂物。

3 质量检查

（1）钢筋：原材级别、规格必须符合设计要求，质量必须符合《钢筋混凝土用钢 第2部分：热轧带肋钢筋》（GB 1499.2—2007）、《钢筋混凝土用余热处理钢筋》（GB 13014—1991）的规定。

（2）工艺检验：钢筋套筒挤压连接作业开始前及施工过程中，必须对每批进场钢筋（进行挤压连接的各种规格钢筋)进行挤压连接工艺检验。质量必须符合《钢筋机械连接技术规程》(JGJ 107—2010)的要求。

每种规格的钢筋接头试件不应少于3根;在3个接头的母材上分别取一根母材进行抗拉强度试验(注意:母材与接头必须对应):3根接头试件的抗拉强度均应符合《钢筋机械连接技术规程》(JGJ 107—2010)中的强度要求;对于Ⅰ级接头,试件抗拉强度尚应不小于1.0倍钢筋母材的实际抗拉强度。

(3)现场检验:包括外观质量检查和单向拉伸试验。

外观质量检查应符合下列要求:接头的外观质量检验应按每一验收批中随机抽取10%接头。接头不得有肉眼可见裂纹、折叠、严重锈蚀或影响性能的压痕,不得有凹陷、劈裂,接头处弯折不得大于4°,钢筋插入钢套筒长度必须符合规定。压痕道数应符合型式检验确定的道数,压痕处的套筒外径应符合型式检验确定的外径范围。

挤压接头的单向拉伸试验按验收批进行:500个同等级、同规格接头为一批。每批接头,均按设计要求的接头性能等级,在成品中随机切取3个接头做单向拉伸试验。

(4)检验结果:本工程带肋钢筋径向挤压接头单向拉伸试验取样:ϕ28mm、ϕ32mm钢筋接头38组,按《钢筋机械连接技术规程》(JGJ 107—2010)要求,结果均达到Ⅰ级接头。

4 结语

操作简单,质量易于保证。挤压连接施工工艺简单,设备操作容易,工人以短时间培训即可操作。

接头检查方便,通过外观检查即可判断接头质量,且可靠性高,质量易于控制。

施工速度快,节约材料。在孔桩钢筋笼竖向连接过程中,连接一个接头只需4~5min。挤压连接每个接头只需一个套筒,节约钢筋和电焊条。操作不受环境和气候影响,安全性好。

节约能源。挤压设备每台功率仅为2.2kW,同电焊机相比,耗电小,节约能源。

因此,带肋钢筋径向挤压接头在工程建设中不但提高了工程的质量,而且节约了工期,是个很值得在施工中广泛推广的钢筋接头技术。

参考文献

[1] 中华人民共和国行业标准. JGJ 107—2010 钢筋机械连接技术规程[S]. 北京:中国计划出版社,2010.

[2] 中华人民共和国行业标准. YB 9250—1993 带肋钢筋挤压连接技术及验收规程[S]. 北京:中国计划出版社,1993.

艾溪湖大桥倾斜式钢箱叠拱拱肋施工

张立鹏

（中交三公局第二工程有限公司）

摘　要：本文对倾斜式钢箱叠拱的施工原理、施工特点、工艺流程、操作要点及整个安装工艺进行了阐述，并辅以照片，供大家参考。

关键词：倾斜式钢箱叠拱　安装

1　前言

随着设计、施工水平的逐步提高，桥梁的功能趋于多样化，已从单纯强调使用功能向多功能并重逐步转变，如今很多桥梁都具备使用功能及景观功能两种甚至多种功能。桥梁景观的建设作为一种反映城市特色、体现地域文化、展示时代风貌的精神文明建设活动倍受倡导与推崇，倾斜式钢箱拱肋式桥梁就是代表，其集使用功能和景观功能于一体，犹如蝴蝶湖面起舞，其特异美观的造型对施工提出了更高要求。在倾斜式钢箱拱肋安装施工中关键是制订最优的安装工艺、选用适宜的施工机具、设计便捷的安装辅助构件，以提高拱肋安装精度、控制安装线形及施工质量。本文对南昌市艾溪湖大桥（图1）的倾斜式钢箱拱肋安装施工工艺流程、施工方法进行了总结归纳。

图1　艾溪湖大桥

2　工程概况

艾溪湖大桥为三跨连续外倾式四索面下承式钢箱系杆拱桥，以对称倾斜拱结构与桥外伸出的半圆人行道等相对，全长168m，跨径为30m＋108m＋30m，桥面宽度为41～73m。拱肋竖向为叠拱形式，下层主拱肋为受力拱，上层副拱肋为装饰拱，两拱间以联系件连接。拱肋为矩形钢箱结构，拱平面向外倾斜比例1∶3，主拱圈在竖直平面内的投影高度为39m，装饰拱圈在最高点比主拱圈高7m，主拱肋及装饰拱肋横截面均为变截面。主拱肋宽自拱冠至拱底由1.5m至2.5m线性变化，截面高度自拱冠至拱底由1.3m至2.0m按拱轴线水平投影方向线形变化，截面四边壁厚相等，壁厚40mm。装饰拱平面倾斜同主拱圈，在竖向平面内的投影高度为46m，截面宽度同主拱宽度变化，截面高度均为1.2m，截面四边壁厚相等，壁厚14mm。

3　施工原理及施工特点

3.1　施工原理

采用拱肋支架及拱肋安装施工辅助构件拱托结构进行倾斜式钢箱拱肋安装施工，利用四点倾斜式吊装方法进行拱肋吊装，简化安装工艺，通过控制拱肋安装定位点的空间三维坐标、焊缝宽度及吊点位置控制拱肋空间姿态、安装精度和安装线形。

3.2 施工特点

(1)倾斜式钢箱拱肋安装采用分节吊装、组拼、焊接工艺。

(2)钢箱拱肋安装采用支架现场拼装。

(3)钢箱拱肋节段吊装采用四点吊倾斜式吊装方法。

(4)设计专用拱托结构辅助拱肋安装。

(5)钢箱拱肋安装采用跨中合龙技术。

(6)采用空间坐标测量、焊缝宽度及吊点位置控制三重手段进行安装精度及线形控制。

4 工艺流程及操作要点

4.1 工艺流程图

钢拱肋安装工艺流程见图2。

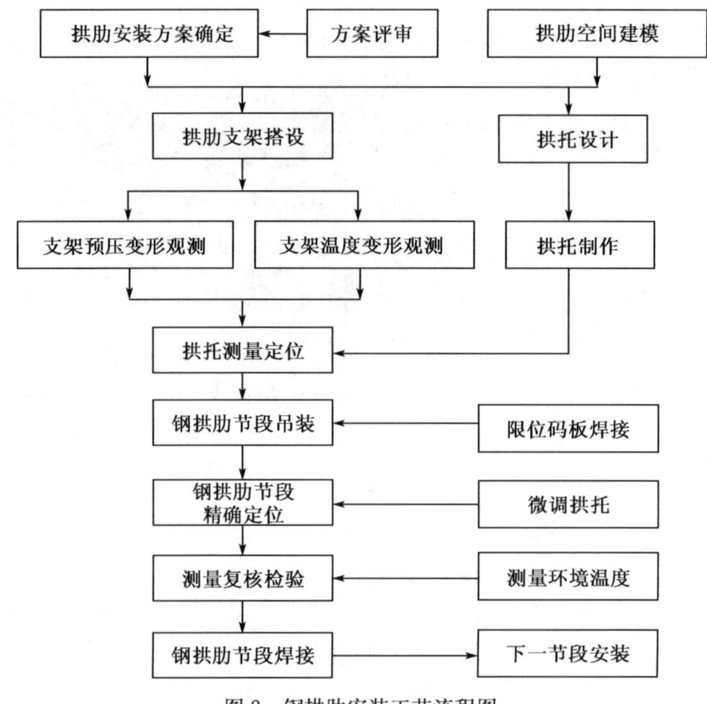

图2 钢拱肋安装工艺流程图

4.2 钢箱拱肋分节设置原则

在进行钢拱肋的分节加工制造时需考虑诸多方面因素的影响：考虑吊车的吊装能力；尽量减少焊接工作量；吊索的吊耳位置的布置；拱节板厚的变化及横隔板的位置等因素。钢箱拱肋分节的方法不但要满足吊车的吊装能力、做到环焊缝工作量最少，同时还要错开吊索的吊耳位置、横隔板的位置，而且将分节位置设在有板厚变化处，艾溪湖大桥分节见图3和表1。

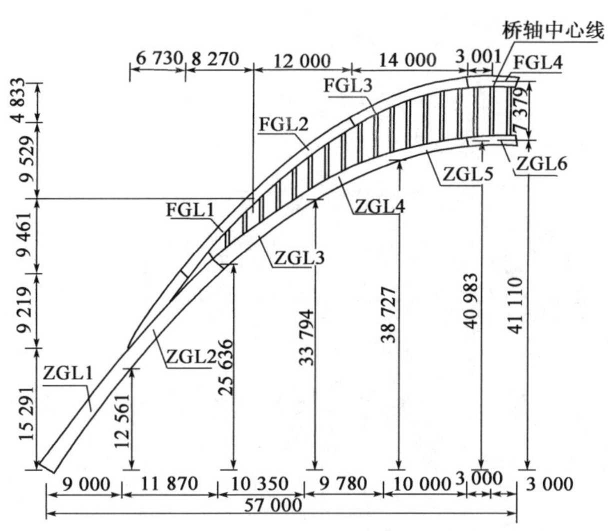

图 3　艾溪湖大桥钢拱分节图(尺寸单位:mm)

艾溪湖大桥主副拱肋节段参数表　　表 1

拱肋节段编号	ZGL1	ZGL2	ZGL3	ZGL4	ZGL5	ZGL6	FGL1	FGL2	FGL3	FGL4
节段长度(mm)	15 452.7	18 000	13 214.0	10 918.4	10 251.2	6 000.0	12 599.0	15 324.0	14 811.0	6 000.0
节段高度(mm)	2 000	1 870	1 760	1 543	1 441	1 380	1 200	1 200	1 200	1 200
节段宽度(mm)	2 500	2 345	2 180	1 926	1 745	1 587	1 800	1 751	1 643	1 554
壁板厚(mm)	40	40	40	40	40	40	14	14	14	14
壁板加劲肋(mm)	26	26	26	26	26	26	12	12	12	12
单幅桥梁段质量(t)	55	75	40	31	28	25	25	26	26	8

4.3　钢箱拱肋安装定位构造设计

4.3.1　支架结构

拱的支架结构由钢管支架、安装平台和顶部支撑组成。

1)顶部支撑——定位托

定位托是作为直接支撑拱肋的主要受力结构,通过定位托立板开口夹角可对拱肋的倾斜角度予以限制,保证拱肋外倾角度的准确,同时将拱肋向外翻倒的倾覆力转化对支架体系的竖直压力,使支架体系受力更加明确。定位托由钢板焊接而成;立板开有夹角,夹角根据拱托作用位置处拱节底角角度确定,且大于底角 2°,以满足拱节的倾斜角的调节。拱肋定位托示意图如图 4 所示。

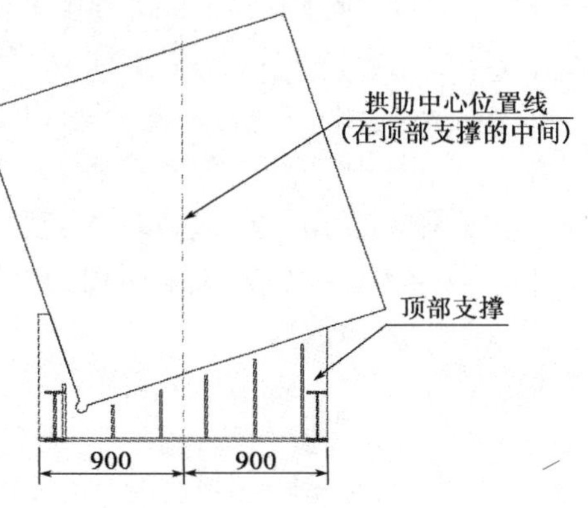

图 4　拱肋定位托示意图(尺寸单位:mm)

2)安装平台

拱肋安装平台见图 5。

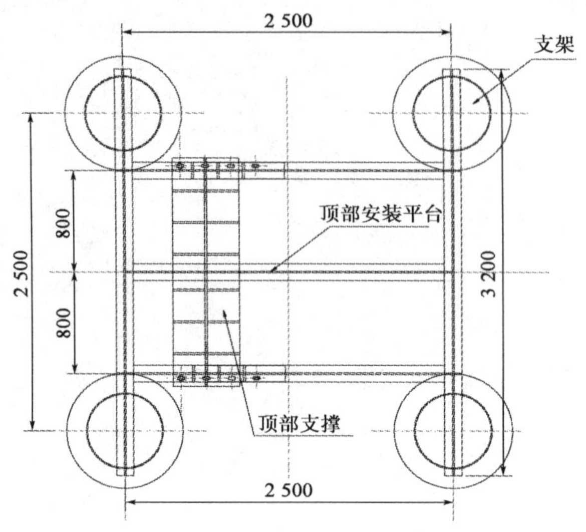

图 5 拱肋安装平台(尺寸单位:mm)

3)顶部支撑与安装平台的连接

支架顶部由 32a 工字钢互相连接作为顶部支撑的安装平台,顶部支撑是拱肋安装时的支撑装置,其与支架的顶部的工字钢通过 M24 螺栓连接,工字钢上翼缘设置横向长圆孔和顶部支撑的底座板设置纵向长圆孔,这样拱肋安装时可以进行 X 和 Y 坐标的微调,最大调整量为 30mm。

顶部支撑除了能够微调 X、Y 坐标的微调外,高度位置(Z 坐标),还可以通过其底部增加垫板的形式调节,调节范围视垫板的厚度而定。

顶部支撑的另外一个作用是在拱肋吊杆在张拉受力时,松开与工作平台工字钢之间连接的螺栓,使拱肋处于无约束状态,适应拱肋张拉产生位移的要求。

4.3.2 限位码板结构设计

拱肋接口限位码板结构主要作为拱肋安装定位装置,在拱节吊装时空间姿态与设计姿态存在偏差时,可通过限位码板的限制对拱节的空间姿态进行校正,保证钢拱接口处连接的顺畅,同时限位码板还可作为两节拱肋接口处临时连接的码板使用。限位码板的设置使拱肋安装工作在操作上可简化工艺程序,提高安装调节的方便性,确保安装的精度,加快施工的速度。

接口限位码板采用 20mm 厚钢板制成,布置在拱节上口底角的两侧面,与板面焊接长度为 40cm,焊口采用双面角焊形式、焊缝高度 8mm。限位码板探出接口 30cm,并刨切 5mm 的坡角。在两块限位码板伸出端头采用相同厚度的钢板加强。限位码板示意如图 6 所示。

4.3.3 吊点结构设计

钢箱拱肋吊装采用四点吊形式(图 7)。由于钢拱为空间矩形截面拱,为保证每节拱吊装时空间姿态的准确,在设计吊耳位置时,要综合考虑拱节的外倾角度、施工的方便性等各方面因素影响。首先要对拱箱重心点位置进行计算,重心位置确定后方可计算吊点位置。由于重心及吊点位置计算难度和工作量较大,因此采用空间制图形式进行模拟拱肋的空间姿态,从而确定重心和吊点位置。吊点结构采用开孔钢板制成(图 8),并配以加劲肋满足吊点结构受力要求。为保证拱箱吊装时空间姿态的准确,对于钢丝绳长度的计算尤为重要。针对每节拱和每个吊点均需进行钢丝绳长度计算。

图 6　限位码板示意图

图 7　四点吊吊装图

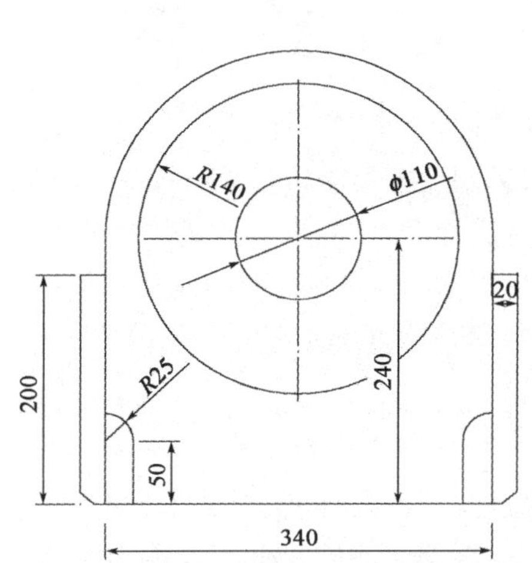

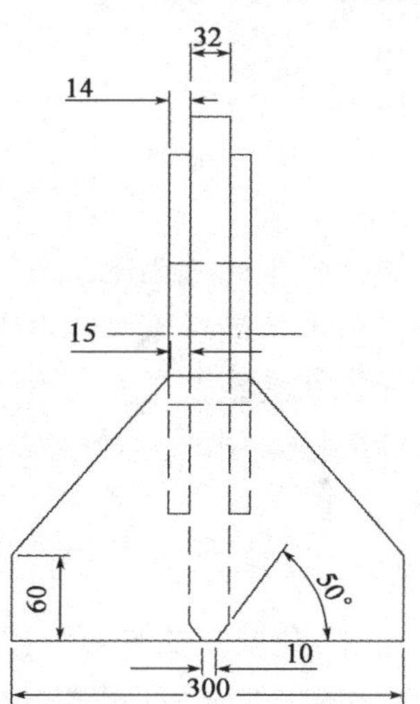

图 8　吊点结构构造图(尺寸单位:mm)

5　倾斜式钢箱拱肋安装步骤

5.1　施工准备

为了确保拱肋安装施工的顺利进行,在进行施工作业前需做如下准备工作。

(1)全部拱节在加工厂内完成后进行预拼装,在几何尺寸无误及线形符合要求后方可出厂。吊耳结构的焊接要在厂内完成,吊耳两层垫板同时送到施工现场。对吊耳的焊接质量进行探伤及 X 光射线检验,保证焊口质量的同时还要满足吊耳疲劳试验的要求。

(2)各节钢拱加工完成后,根据拱托设计位置在钢拱上画线或打孔,用于拱箱在相对的拱托上定位。钢拱吊装吊点按设计结构形式及位置在厂内事先制作、焊接完成。

(3)预先在加工厂内对每节拱上口四边点焊小块钢板,满足定位时保证接口焊缝宽度。拱节上口预先焊接接口限位码板。

(4)拱托在拱节运到施工现场之前按照设计位置提前安装于拱支架上,并与拱肋支架栓接成整体。

(5)为便于拱脚定位,首先将拱脚法兰钢板按预定位置定位于桥梁横隔梁上,并将拱脚螺栓拧紧,在法兰盘上画线标示出拱脚底口中心线及外框线。在底口外沿靠近边跨两角位置焊接两块限位板用于拱脚定位。

5.2 总体施工顺序安排

钢拱肋的吊装采用履带吊进行施工。钢拱肋安装示意图见图9。

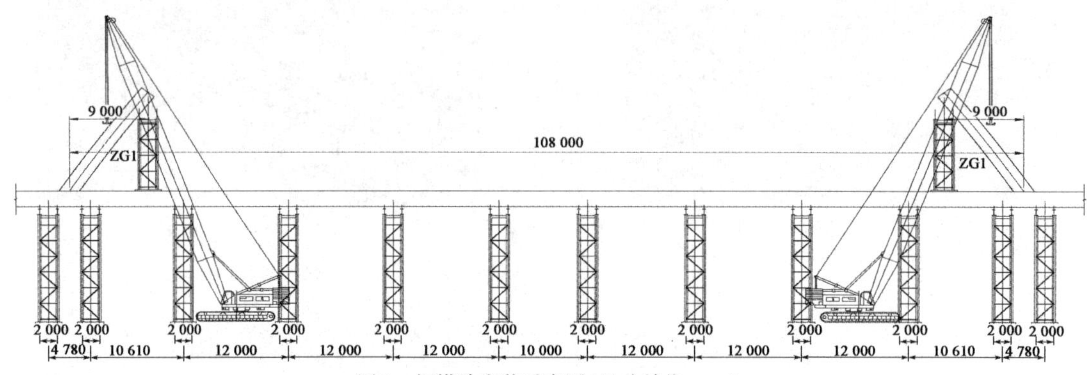

图9 钢拱肋安装示意图(尺寸单位:mm)

(1)钢箱拱肋由拖车运送至施工现场后,采用履带吊将拱放至待安装位置附近。

(2)将履带吊就位于最佳安装角度及作业半径后,以四点吊方式将拱节吊起进行拱节的吊装工作,将拱节放置在支架上。

(3)拱节吊装顺序采用两边对称安装中间合龙的方式,首先吊装拱脚节段,对称式吊装在中间节段处进行合龙。

5.3 拱肋安装施工

(1)拱脚段吊装:在拱托支撑架上按预设位置、高程由测量人员放出定位托的定位点,将定位托按照定位点位置安置定位后将定位托与支撑架之间的4个高强螺栓栓紧。由履带吊将拱节按安装到位时的方向、角度调离地面,通过测量上下口水平距离差及拱箱底角边与水平面的夹角,复测拱箱的空间姿态,在姿态不满足预定要求时,采取调换吊点及调节钢丝绳长度方向的措施调整拱箱空中姿态。拱节安装方向、角度正确无误后,将拱脚箱口放置于法兰盘上的定位线框内,拱脚外沿两角紧贴定位板。拱脚基本定位后吊车放松少量钢丝绳,将拱节上口沿拱托立板夹角开口缓慢落下,测量人员利用全站仪复测控制点三维坐标,并根据坐标情况进行微调,在拱节控制点坐标满足设计要求后,拱托与拱箱之间填塞钢板楔稳固拱箱,将拱脚与法兰钢板焊接并将全部高强螺栓拧紧和安装拱脚加劲肋板。钢拱拱脚段定位、焊接完成后准备进行下节拱的安装。拱脚安装如图10所示。

(2)标准段吊装:拱脚段安装焊接完成后,由测量人员对该段特征截面(吊点截面、拱托截面及上下口截面)的空间位置进行复测,根据复测结果分析拱肋空间位置情况,同时考虑预安装拱节位置的调整情况并计算出安装定位的空间坐标。根据坐标值按照上节拱段吊装方式由履带吊将拱肋吊起,调节方向、角度准确后,将拱节下口首先安置于已安装拱节上口限位码板内,然后将上部拱身放置于已定位拱托上。同时调整拱节的空间姿态,由测量复测空间坐标,根据实测坐标情况对拱节进行精确定位调解。拱节位置、方向、角度通过吊车卸力、填塞钢板块和移动拱托的方式调解,焊口通过安置T形板及码板采用千斤顶调解,在拱肋位置、方向、角度及焊口都无误后,将拱节的下端与已安装拱节上端通过码板连接后施焊。在全部码板焊接完成前,履带吊始终对该节拱处于保护状态。拱节吊装如图11所示。

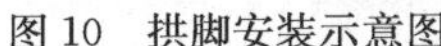

图10 拱脚安装示意图

图11 拱节安装示意图

(3)合龙段吊装:合龙段钢拱安装主要利用其两侧拱节接口限位码板作为支撑点,采取强制对中合龙的方式。合龙段安装温度为20℃,因气温影响造成拱节长度变化,因此在合龙段安装前针对气温变化观测并计算出合龙实际长度,长度确定后根据两侧拱箱接口形状对合龙段进行下料,以满足安装、焊接要求。在理想合龙温度下,合龙段钢拱安装准备工作就绪后开始吊装、定位、焊接。主副拱合龙段吊装均采用履带吊以四点吊方式进行,拱箱均向外侧倾斜一定角度可通过吊点设置位置进行调节。合龙段吊装姿态满足要求后,将其沿定位码板下落放置稳定后即初定位完成。精定位采用码板、L形板及千斤顶进行调节,保证接口平顺,调节到位后码板连接、施焊。合龙段安装及焊接必须迅速,确保钢拱合龙质量及线形顺畅。钢拱合龙示意图如图12所示。

(4)副拱及连接件安装:主拱全部安装完成后进行副拱安装,副拱安装方法同主拱,采用钢拱支架并对称安装,由于主副拱之间存在1∶3的斜差,安装副拱时可利用主拱所用支架,在原有支架上副拱投影位置增加支架用于副拱安装,主副拱安装完成后进行主副拱之间连接件的安装。副拱及连接件安装见图13。

图12 钢拱合龙示意图

图13 副拱及连接件安装示意图

6 施工材料与设备

6.1 主要施工材料

主要施工材料见表2。

主要材料表 表2

材料名称	材料用途	材料名称	材料用途
钢管立柱	搭设支架	型钢	支撑架制作
工字钢	支架支撑	钢丝绳	钢拱肋吊装
脚手管	马道及防护	卡环	钢拱肋吊装
钢板	支撑架制作	缆风绳	钢拱肋固定

6.2 主要施工设备

钢拱架安装主要设备见表3。

钢拱安装主要设备 表3

设备名称	规格	数量(台)	备注
履带吊	180t	1	
履带吊	150t	1	
汽车吊	25t	2	带副杆
登高车		2	

艾溪湖大桥拱肋日景和夜景分别如图14和图15所示。

图14 艾溪湖大桥拱肋日景

图15 艾溪湖大桥拱肋夜景

参考文献

[1] 中华人民共和国行业标准. TB 10212—2009 铁路钢桥制造规范[S]. 北京:中国铁道出版社,2009.

[2] 中华人民共和国国家标准. GB 50205—2001 钢结构工程施工质量验收规范[S]. 北京:中国计划出版社,2001.

[3] 中华人民共和国行业标准. JGJ 81—2002 建筑钢结构焊接技术规程[S]. 北京:中国建筑工业出版社,2002.

支座垫石施工及盆式支座安装

张立鹏　王　莹

（中交三公局第二工程有限公司艾溪湖项目）

摘　要：在桥梁结构中，支座是上、下部结构的连接点，其作用重大，支座安装的正确性直接影响到支座的寿命及桥梁上部结构安全。本文结合以往盆式支座安装的经验，对支座安装前的准备及安装过程进行探讨，以期对施工实践起到指导及借鉴作用。

关键词：支座垫石　支座　施工安装

1　工程概况

艾溪湖大桥是南昌市“三环十一射”的“十一射”之一，是南昌市城市主干道网中的一条及其重要的东西向主干道。大桥总体上分主桥、东引桥、西引桥三大部分。主桥为30m＋108m＋30m三跨连续外倾式四索面下承式钢箱系杆拱桥，以对称倾斜拱结构与桥外伸出的半圆人行道等相对，寓意“张开双臂、拥抱蓝天”，也预示南昌市美好的未来与日同辉。108m主跨的车行道与人行道之间设计宽7m的镂空段，既可为人、车之间分离提供安全保障，减小车辆对行人观景的影响，又可使游人通过镂空段观看到湖水水面。

2　支座安装前的准备

支座垫石是设置在墩（台）帽上的支座位置处的钢筋混凝土短柱，主要用来调整支座底面的高程和平整度。支座垫石的作用是将上部结构反力传递给下部结构，施工质量较差时，会使支座和梁体下降、错位，严重时使桥面下陷、开裂，加速支座及桥梁结构疲劳破坏，影响行车安全。另外，也有利于今后更换支座。

支座垫石位于墩台帽和梁板底板之间，起着承上启下的作用，所以说支座垫石的准确定位与高程控制及实体质量要求就非常高。在实际施工过程中一定要格外注意。

艾溪湖大桥在进行墩柱施工时，就对支座垫石的预埋钢筋定位进行准确放样，确保预埋钢筋的深度、质量满足设计要求。

2.1　锚栓孔的预留

盆式支座安装前通常要预留支座锚固螺栓孔，孔径不小于锚栓直径的2倍，深度略大于锚栓长度。艾溪湖大桥支座类型复杂，结构多样，所以在确定预埋螺栓孔时一定要对支座结构类型进行仔细核对，以免预留误差给后期施工带来很大困难。

施工中应精确放样，锚栓孔中心及对角线位置偏差不宜超过10mm。并保证用于成孔的PVC管或等直径木桩位置稳固。若出现预留孔位置不垂直导致支座地脚螺栓安装困难，此时修孔应采用人工凿孔，不得采用风镐破孔。

2.2 垫石区域凿毛

待墩台(盖梁)混凝土初凝后,及时对垫石区域混凝土表面进行凿毛,清除浮浆直至混凝土出露面集料均匀分布,浆体饱满基本无气泡。

2.3 立模、混凝土浇筑、养护

凿毛之后,应对支座垫石的位置及墩台(盖梁)顶高程进行重新放样复测。可放墩台(盖梁)的横纵轴线点,进而分出各支座垫石的中心点,也可直接放出各个垫石的角点。通过实测高程和设计高程进行比对,确定出支座垫石的立模高度并按照垫石设计尺寸关模并固定牢固。艾溪湖大桥在实际施工过程中,采取了两种方式相结合的方法进行,以便核对、校验,避免错误的发生,收到了很好的效果,全桥所有支座垫石施工没有一例因放样定位产生返工的现象。

垫石模板立好之后,应对垫石的中心及边线进行复核,满足规范要求后应在模板上测放浇筑控制高程点。

将模板内杂质清理干净并将接触面湿润后方可进行混凝土浇筑。垫石为C40混凝土,注意控制现场混凝土的和易性、坍落度,以确保混凝土的强度要求。工地试验室及现场技术员在进行每个支座垫石混凝土浇筑时,都对混凝土的坍落度进行检查,如不符合要求的,坚决退还并要求搅拌站重新拌制,从源头上控制施工产品的质量。另外混凝土要用振捣棒振捣密实。浇筑完成后,刮去表面浮浆并将表面收平。垫石高度应考虑支座安装、养护及检查的方便。安装支座前应对施工完的垫石采用锤击方法判断是否存在空隙,如存在空隙应人工凿除返工。平坡情况下,同一片梁两端支座垫石顶面应平整,四角高差不宜大于2mm。

混凝土浇筑完成后待初凝之后方可进行模板拆除,注意及时覆盖洒水养生,养护时间7d,以防混凝土表面开裂。

2.4 后期处理

待后期进行现浇梁板施工前,需测放垫石顶面高程,然后由人工用砂轮机配合水平尺将垫石顶磨光打平,以满足规范要求的四角高差。

在进行艾溪湖大桥项目的施工过程中发现:锚栓孔的预留问题可先可后。在墩台(盖梁)混凝土浇筑完成之后,可以通过预埋PVC管给后期支座安装留下位置。此过程注意预留孔位的准确性与预留孔的深度。另外也可以先浇筑墩台(盖梁)混凝土,当混凝土达到一定强度后,用钻机对锚栓孔进行钻取定位。在后期的支座安装中,对支座及锚固螺栓进行准确定位(高程定位与轴线定位)就显得尤为重要。在支座垫石预埋筋的区域内植入4根$\phi16$钢筋,并准确在预埋钢筋上定出支座底的高程。多余段用砂轮锯切除,注意切口要平整。将底层锚固螺栓上好到支座上,用吊车将支座吊起放置已经钻好或预留好的锚固孔内,落稳落实到预埋好的4根钢筋上。并对中支座与支座垫石的纵横轴线。对好之后就可以将调试好的环氧砂浆灌入到锚固孔内。这样就完成了盆式支座地脚螺栓的安装。

3 支座安装

支座运到工地后要妥善存放,应避免阳光直接照射、雨雪浸淋,并保持清洁;严禁与酸、碱、油类、有机溶剂等影响支座质量的物体接触,并距热源1m以上。盆式支座组成构件较多,安装前应注意了解各组成部件及装箱清单。支座安装前不得任意松动上、下支座板连接螺栓。

有的施工单位为安装方便，采取解体安装的方式，先吊装下底板，上紧地脚螺栓后再吊装上座板与梁体连接。这样的安装方式是不正确的，因支座在组装时为消除层间间隙采取一定的预压力，如果现场解体，则会消除其预压力，使支座恢复组装前状态。

支座安装时，保证平面两个方向的水平是很重要的，否则将影响支座的使用性能，其四角高差不得大于 2mm。支座顺桥向的中心线必须与主梁的中心线重合或平行，对于活动支座上、下座板横桥向的中心线，应根据安装时的温度计算其错开的距离，错开后，上、下座板的中心线应平行。

采用地脚螺栓连接进行安装的盆式支座，安装前先清除锚栓孔内的杂物，对于螺栓与螺母连接的盆式支座，要先在预留孔内注入环氧树脂砂浆，在初凝前，按中心线安放支座，支座四角相对高差应小于 2mm，然后从螺栓孔插入拧上螺母的地脚螺栓，砂浆完全凝固后拧紧螺母；对于套筒与螺栓连接的盆式支座，可先将地脚螺栓穿入底板并旋入套筒内，按设计位置将支座就位，然后从旁边开槽注入环氧树脂砂浆，直至灌满，同时对支座底板进行调平。

对于采用焊接连接进行安装的盆式支座，需在支座顶、底板相应位置预埋钢板，预埋钢板的厚度和平面尺寸，均应大于支座顶板或底板的厚度和平面尺寸，与混凝土接触的一面还应焊上锚固筋，以求一定的刚度，预埋钢板应钻适当数目的、孔径不大的排气孔。支座就位后进行焊接，不能连续施焊，要采用跳跃式断续的焊接方法，逐步焊满周边，以避免焊接时局部温度过高而使支座或预埋钢板变形。焊接时注意温度不宜太高，以防损坏四氟乙烯滑板或橡胶板，焊接后在焊接部位做好喷漆防锈处理。

梁体安装完毕后，或现浇混凝土形成整体并达到设计强度后，在张拉桥梁体预应力之前，拆除上、下支座连接板，以防止约束梁体正常转动。拆除上、下支座连接板后，检查或安装支座外防尘罩。

4 结语

桥梁支座是传递桥梁结构上部的荷载，同时满足桥梁结构位移和转动的需要的重要组成部件，所以支座安装方式及正确性是保证桥梁正常工作的重要措施。在实际施工过程当中，施工方一定要按照规范和操作程序进行施工。

参 考 文 献

[1] 中华人民共和国行业标准. JTG/T F50—2011 公路桥涵施工技术规范[S]. 北京：人民交通出版社，2011.

[2] 中华人民共和国行业标准. JT/T 391—2009 公路桥梁盆式橡胶支座[S]. 北京：人民交通出版社，2009.

现浇大体积混凝土承台混凝土配合比优化设计

张江宏　杨　盛　牛小云

(中交三公局第二工程有限公司三灵快速通道工程 TJ-5 标项目)

摘　要: 本人从原材料方面论述了大体积混凝土的配制原则,通过大量试验对比,配制出抗裂性能好,绝热温升低的大体积承台混凝土,本试验数据成果为 C30 弘农涧河特大桥主墩墩承台大体积混凝土温度应力计算提供了依据,也为大体积承台温控施工提供了有力保障。

关键词: 大体积混凝土承台　配合比　优化设计

1　概述

三灵快速通道工程为三门峡市市政府的城市建设重点工程,起点为三门峡市陕州大道,终点为灵宝市孟村连霍高速连接线,全长 17.076km,共分为 5 个施工标段,TJ-5 标段为中交三公局第二工程有限公司承建,本标段施工里程为 2.163km,主要工程是弘农涧河特大桥,全桥长为 1.172 4km,其中,主桥四跨上部结构为预应力混凝土变截面连续钢构,主桥墩为双薄壁箱形墩身,承台长 17.9m,宽 17.9m,高 4m,单个浇筑混凝土总量约为1 286m^3。属于大体积混凝土。大体积混凝土由于水化热的作用,混凝土浇筑后要经历升温期、降温期、稳定期三个阶段,在经过这些阶段时混凝土的体积也随之发生变化,若此时混凝土的体积变化受到约束就会产生温度应力,如温度应力超过此时混凝土的抗拉抗裂能力,混凝土就会产生开裂。为防止这种大体积混凝土承台施工产生温度裂缝,我项目部特成立了 QC 课题小组进行专项试验研究,经过课题组大量的试验研究发现,配合比设计优化是大体积混凝土温控的重要环节,大体积泵送混凝土应满足以下要求:水化热低,可泵性好,体积稳定性好,抗裂性能优良。

2　混凝土原材料及性能优选

2.1　水泥优选试验

大体积混凝土的重要指标是混凝土绝热温升值,因此必须通过原材料的优选,尤其是对水泥品种和水泥的优选,有利于降低混凝土水化热的温升,根据业主水泥的入围厂家名单及设计文件图纸要求结合本项目的实际地理位置,我项目部试验室经过对几个厂家的水泥取样进行试验对比,选择了质量和性价比好离项目部和拌和站较近的两个厂家,三门峡锦荣水泥厂和渑池仰韶水泥厂。并进行水泥各项性能指标和水化热比对试验。试验结果见表 1～表 3。

水泥水化热试验结果 表1

水泥品种及品牌	水化热(J·kg)		
	1d	3d	7d
P·O42.5 峭山(锦荣水泥厂)	205	272	305
P·O42.5 仰韶(渑池水泥厂)	189	245	282

普通硅酸盐水泥物理性能 表2

类型	水泥品种及品牌	比表面积	碱含量	凝结时间		安定性
				初凝	终凝	
国标	—	≥300m²/kg	—	≥45min	≤10h	—
实测值	P·O42.5 峭山	353	—	3h12min	4h5min	合格
实测值	P·O42.5 仰韶	350	—	4h25min	5h18min	合格

普通硅酸盐水泥力学性能 表3

类型	水泥品种及品牌	抗折强度(MPa)		抗压强度(MPa)	
		3d	28d	3d	28d
国标	—	≥3.5	≥6.5	≥17.0	≥42.5
实测值	P·O42.5 峭山	5.2	7.2	23.2	43.5
实测值	P·O42.5 仰韶	4.9	7.4	21.7	44.9

2.2 高效减水剂

选用山西康特尔精细化工有限责任公司生产的KTPCA聚羧酸高性能缓凝减水剂，其减水率为30%，坍落度保留值为165mm，压力泌水率比为23%，含气量为3.5%，Cl^-含量为0.097%，碱含量为3.09%。从图1可以看出，KTPCA聚羧酸高性能减水剂与胶凝材料的适应情况。

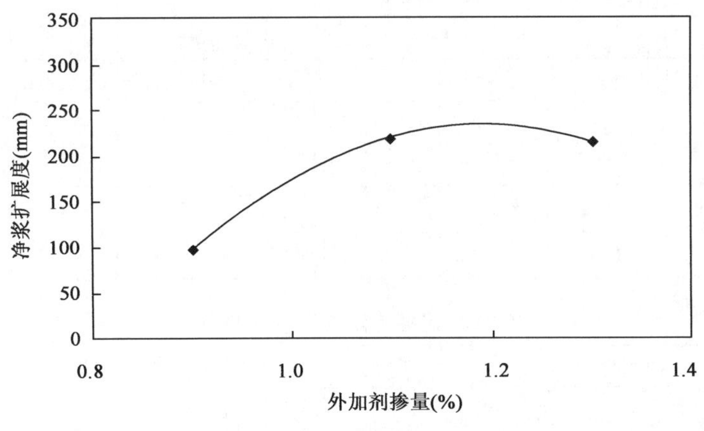

图1 外加剂掺量与净浆扩展度

2.3 粉煤灰

本试验所用粉煤灰为三门峡唐润资源综合利用有限公司产品，其细度为10.8%，需水比为93%，烧失量为1.15%，SO_3 含量为0.89%，含水率为0.56%，游离氧化钙含量为0.38%，CaO含量为3.32%，Cl^- 含量为0.0001%，碱含量为0.98%。此粉煤灰达到《用于水泥和混凝土中的粉煤灰》(GB/T 1596—2005)技术要求的Ⅰ级粉煤灰标准。

2.4 河沙

采用灵宝朱阳河沙，其细度模数为2.87，属于中砂，表观密度为2 643kg/m³，堆积密度为1 644kg/m³，空隙率为39%，SO_3 含量为0.03%，Cl^- 含量为0.01%，含泥量为1.5%。

2.5 碎石

石子采用陕县张茅乡草地石料碎石，为4.75～31.5mm连续级配，有利于大体积混凝土施工。其表观密度为2 676kg/m³，堆积密度为1 549kg/m³，空隙率为43%，SO_3 含量为0.03%，含泥量为0.2%，泥块含量为0.0%，针片状含量为7.6%，压碎值为8.7%。

2.6 拌和水

采用拌和站旁边的地下井水，经外委检测各项指标符合饮用水标准。

3 混凝土配合比优化设计及其性能

3.1 混凝土配合比

大体积混凝土配合比优化设计主要是调整有关参数，如胶凝材料用量、粉煤灰掺量、外加剂掺量、砂率及砂浆体积等参数，选择热性能、物理性能、施工性能及耐久性最佳的配合比。本次试验中主要考虑粉煤灰掺量、水泥品种及掺量、用水量对混凝土的影响，根据原材料情况和以往的实际经验，按等强度原则设计了十几种配合比，经大量试验，得到了符合要求的两个配合比(编号1试验采用的崤山水泥，编号2试验采用的仰韶水泥)，见表4。这两个配合比粉煤灰掺量为15%。经过多次试验对配比进行了再次优化，将每立方混凝土水泥用量减少到300kg，所减少的水泥用粉煤灰等量代替具体数据见表5，混凝土的性状良好，工作性和强度均满足设计要求，使混凝土降低成本取得了显著经济效益。

混凝土配合比设计参数 表4

编号	设计参数				混凝土材料用量(kg/m³)					
	水胶比	砂率	粉煤灰掺量	KTPCA掺量	水泥	粉煤灰	砂	碎石	水	外加剂
1	0.41	0.39	15%	1.1%	360	55	708	1 107	170	4.56
2	0.41	0.39	15%	1.2%	360	55	708	1 107	170	4.98

优化后混凝土配合比设计参数 表5

编号	设计参数				混凝土材料用量(kg/m³)					
	水胶比	砂率	粉煤灰掺量	KTPCA掺量	水泥	粉煤灰	砂	碎石	水	外加剂
1	0.41	0.39	38%	1.1%	300	115	708	1 107	170	4.56
2	0.41	0.39	38%	1.2%	300	115	708	1 107	170	4.98

3.2 优化后混凝土拌和物性能

混凝土拌和物性能试验参照《普通混凝土拌合物性能试验方法标准》(GB/T 50080—2002)进行。表6是新拌混凝土的试验结果,从表6中可看出,两个配合的混凝土的坍落度均满足施工要求;用粉煤灰取代部分水泥和细集料拌制的混凝土初期压力泌水率较慢,其初期相对压力泌水率为29%～30%,比不掺粉煤灰的普通混凝土小,改善了混凝土拌和物的和易性,提高了混凝土的可泵性。经试泵,配置的混凝土可泵性能良好。掺粉煤灰的混凝土初凝时间为18h12min～26h20min。

优化后混凝土拌和物和易性 表6

编号	试拌时室温(℃)	初凝时间	含气量(%)	坍落度(cm)	10s时的泌水量 V_{10}(mL)
1	22.8	18h26min	0.6	170	6
2	21.6	19h32min	0.6	175	7

3.3 混凝土力学性能

混凝土的力学性能试验按照《公路工程水泥及水泥混凝土试验规程》(JTG E30—2005)进行,试验结果见表7。从表7中可以看出,掺粉煤灰混凝土的力学性能均达到C30的设计要求。

混凝土力学性能 表7

编号	原配比立方体抗压强度(MPa)		优化配比后立方体抗压强度(MPa)	
	7d	28d	7d	28d
1	35.6	42.9	30.6	38.4
2	35.9	43.3	30.1	39.8

3.4 优化后混凝土绝热升温

混凝土绝热温升试验有助于了解混凝土的放热历程,从而为混凝土不同时间的温控提供参考。混凝土温升数据自加水时起开始测量,其中编号1和编号2的初始温度分别为7.6℃、9.5℃,历时28d,试验结果见图2。

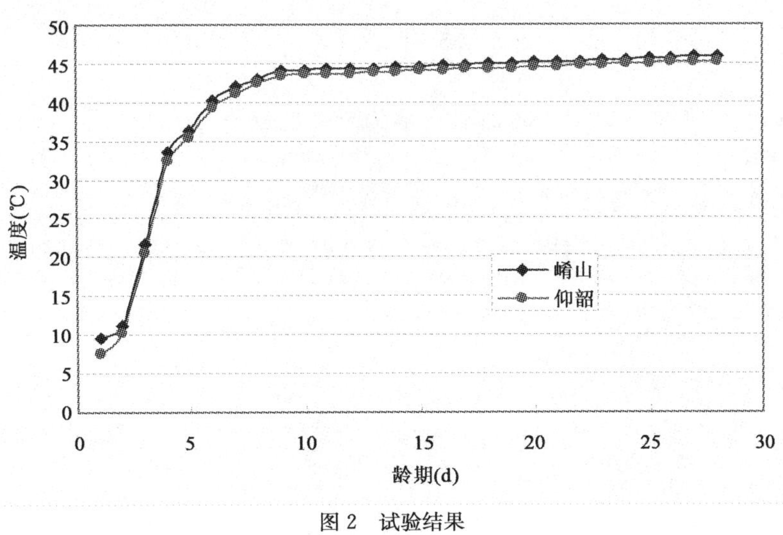

图2 试验结果

根据试验结果拟定的双曲线表达式。

编号 1 混凝土：

$$Y=\frac{51.78t}{3.02+t}\quad 相关系数\ r=0.9710$$

编号 2 混凝土：

$$Y=\frac{55.60t}{4.01+t}\quad 相关系数\ r=0.9550$$

混凝土的绝热温升是由水泥的水化过程放热所致，因为水泥品种和用量不同，绝热温升也不同。混凝土的绝热温升随水泥用量增加而上升。另外，混凝土浇筑温度(初始温度)对混凝土的绝热温升增长速率也有影响，初始温度越高，混凝土早期温升速率越快。

从图 2 可以看出，混凝土绝热温升增长最快的时期是 5d，5d 后混凝土的温升速率减慢。试验结果表明，在控制入摸温度的情况下，C30 混凝土最终绝热温升可控制在 45℃左右。

4 工程实际情况

项目部根据现场实际情况和材料供应情况，最终选用了配合比 1 和 2。实际施工时采用的是优化后的配比，2011 年 10 月 18 日开始浇筑，次日完成。同时对承台大体积混凝土进行了温度监控，测得最高温峰值为 50.7℃，时间为 2011 年 10 月 21 日 15 时，外界气温为 19℃；通过对承台表面较长时间观测，未发现任何裂纹，承台质量优良，达到了与前期试验相同的结果。

5 结语

中交三公局第二工程有限公司三灵项目部试验室对 C30 主桥墩承台进行了大量的试验研究，通过原材料的优选及配合比调整，配制出抗裂性能好、绝热温升低的大体积混凝土。本试验研究了 C30 主桥墩承台大体积混凝土温度应力计算提供了依据，也为大体积混凝土施工温控施工提供了有力的保障。

参 考 文 献

[1] 朱伯芳，王同生，丁宝瑛，等. 水工混凝土结构的温度应力与温度控制[M]. 北京：水力电力出版社，1976.
[2] 冯万谦. 实用混凝土大全[M]. 北京：科学出版社，2001.
[3] 水利水电科学研究，结构材料研究所. 大体积混凝土[M]. 北京：水利电力出版社，1996.
[4] 朱平华，陈华健，等. 大体积混凝土优化设计的四功能准则[J]. 混凝土，2004.

浅谈混凝土配合比优化

刘恩献　王星磊

（中交三公局第二工程有限公司淮固土建二标）

摘　要：近年来，随着生产技术的不断改进，混凝土的性能不断提高，混凝土的配合比也随之不断的调整。项目部实验室根据实际情况优化工程配合比、提高工程耐久性、节约工程投资和减少混凝土外观质量缺陷。利用现有原材料和硬件设施进行混凝土配合比优化，进而改善混凝土工作性、提高混凝土耐久性并达到减少外观质量缺陷的目的。

关键词：混凝土　配合比　优化　过程

1　优化前混凝土存在问题

通过对该项目及淮固高速相邻标段前期施工混凝土构件进行调查发现，各标段施工的混凝土构件存在诸多质量缺陷，包括外观质量缺陷（水纹、色差、锈迹、砂线、灰斑、烂根等）、涵身以及梁体表面存在微纹等，见图1～图6。

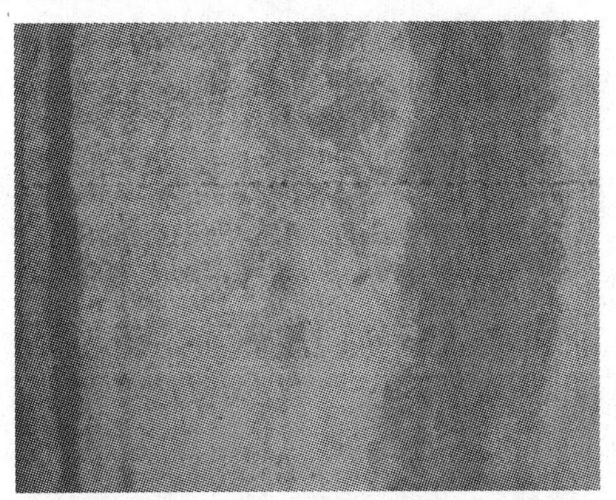

图1　锈迹

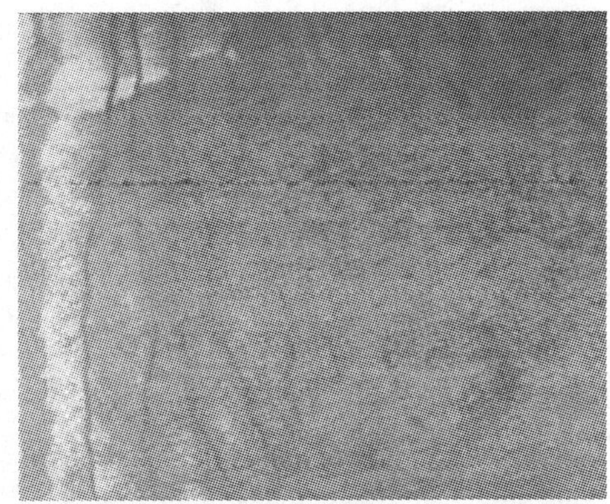

图2　起粉

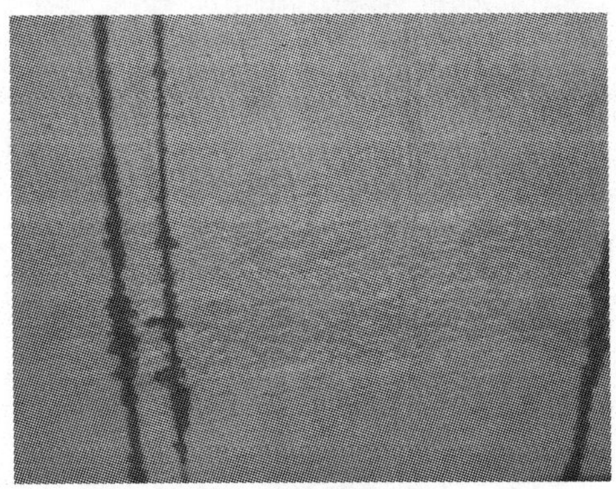

图3　梁体腹板水纹

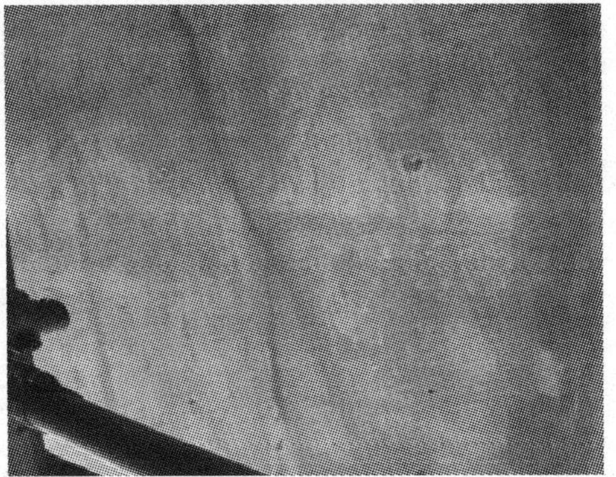

图4　涵身裂纹

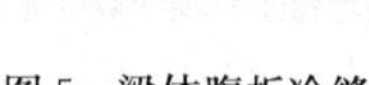

图5 梁体腹板冷缝

图6 梁体裂纹

根据调研发现的问题，我项目部进行了分析讨论，认为：

(1)混凝土表面锈迹主要因为模板未彻底清理干净就进行施工或模板处理完后遭遇阴雨天，在开始施工前，没有对模板进行再次打磨清理，使模板上的锈迹黏附到混凝土表面。

(2)混凝土表面起粉，主要与混凝土配合比、原材料、养护、模板打磨以及脱模剂有关。原材料含泥量过大，混凝土泌水、养护不及时以及模板打磨不够等都容易导致混凝土表面起粉。

(3)梁体腹板水纹。梁体腹板水纹是普遍存在的梁体质量通病，水纹产生的原因可能是由于混凝土过振或混凝土泌水造成的。

(4)涵身裂缝主要是由于混凝土中水泥水化引起内部温度变化引起的温度裂缝，通过优化混凝土配合比，加强养护，可以避免裂缝的产生。

(5)梁体冷缝由于腹板混凝土在浇筑过程中采用分层分段的顺序浇筑，混凝土的凝结时间和分层分段浇筑时间不匹配，上一层混凝土浇筑时，先浇混凝土表面已经初凝，而振捣时又未插入到前一层的下面，就会在表面留下痕迹。

同时，结合现有原材料分析，认为目前施工中使用的混凝土配合比泌水严重和易性及耐久性较差且不经济，通过优化混凝土配合比，可一定程度上降低混凝土工程投资成本，提高混凝土的工作性能。本文主要选取预制梁板C50混凝土配合优化过程进行阐述。

2 原材料分析

试验用到的主要原材料包括霍邱中天碎石(5～10mm、10～20mm、10～30mm)、商城王店河沙(Ⅱ区中砂)、信阳华新P・O42.5水泥、信阳华豫电厂Ⅰ级粉煤灰、地下水以及邓州四通聚羧酸高性能减水剂，其外观特性见图7～图12。

原材料的主要性能指标见表1，经过检测的原材料符合要求。

3 配合比调整

根据对混凝土原材料分析的结果，在原有配合比的基础上进行了大幅度的调整。配合比调整的主要过程如下。

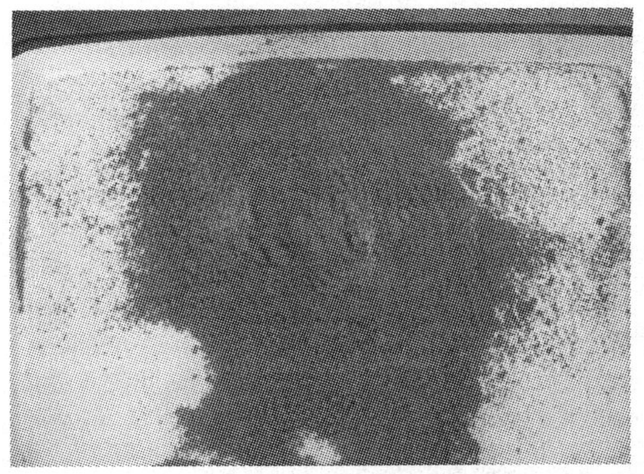

图7　水泥

图8　粉煤灰

图9　细集料

图10　粗集料(小石)

图11　粗集料(大石)

图12　外加剂

原材料的主要性能指标表　　表1

华新P·O42.5水泥				信阳华豫电厂Ⅰ级粉煤灰			
序号	项目	单位	检测结果	序号	项目	单位	检测结果
1	比表面积	m^2/kg	320	1	密度	g/cm^3	—
2	烧失量	%	3.14	2	细度(0.045mm筛余)	%	9.8

续上表

华新P·O42.5水泥				信阳华豫电厂Ⅰ级粉煤灰			
序号	项目	单位	检测结果	序号	项目	单位	检测结果
3	标准稠度用水量	%	26.8	3	比表面积	m^2/kg	—
4	安定性	—	1.0	4	碱含量	%	1.38
5	碱含量	%	0.48	5	SO_3 含量	%	0.45
6	氯离子含量	%	0.014	6	活性指数	%	78
7	SO_3 含量	%	1.88	7	氯离子含量	%	0.004
8	CaO含量	%	58.95	8	游离氧化钙	%	0
9	MgO含量	%	3.21	9	烧失量	%	3.02
10	初凝时间	h∶min	3∶02	10	需水量比	%	88
11	终凝时间	h∶min	3∶55				
12	抗压强度3d	MPa	27.4				
13	抗压强度28d	MPa	48.7				
14	抗折强度3d	MPa	6.3				
15	抗折强度28d	MPa	9.8				
商城王店河沙性能指标				霍邱中天碎石性能指标			
序号	项目	单位	检测结果	序号	项目	单位	检测结果
1	细度模数	—	2.68	1	表观密度	kg/m^3	2 608
2	颗粒级配	—	2区	2	堆积密度	kg/m^3	1 530
3	表观密度	kg/m^3	2 680	3	含泥量	%	0.5
4	堆积密度	kg/m^3	1 570	4	泥块含量	%	0.1
5	含泥量	%	1.2	5	针片状含量	%	2.2
6	泥块含量	%	0.1	6	有机物含量	—	颜色浅于标准色
7	轻物质含量	%	0.1	7	硫化物及硫酸盐含量	%	0.08
8	有机物含量	—	颜色浅于标准色	8	氯离子含量	%	0.001
9	硫化物及硫酸盐含量	%	0.02	9	坚固性	%	2
10	氯离子含量	%	0.001				
11	坚固性	%	5				

3.1 集料级配的优化

集料是混凝土中的重要组成部分，其体积占硬化混凝土体积的50%以上，采用优质集料可以大幅度提高混凝土的性能，节约水泥用量，获得较好的经济效益。同时，减少水泥用量可以降低混凝土的水化热，从而减小混凝土的收缩，有效的减少裂纹。

传统混凝土的配制主要通过砂率来调整粗细集料间的比例，从而获得较好的工作性。随着混凝土技术的发展，粗集料逐渐采用多级配集料组合而成。公路工程预制梁体一般采用大石子10～20mm和小石子5～10mm进行复合制得满足标准要求的粗集料。在混凝土配制过程中，根据实际情况调整混凝土砂率，以获得较好的工作性。

3.2 单掺粉煤灰

粉煤灰在混凝土中的应用已经有几十年的历史，随着混凝土技术的发展，粉煤灰逐渐成为高性能混凝土不可或缺的一部分。用粉煤灰取代一部分水泥，可以节约成本，提高混凝土性能。粉煤灰在混凝土中的作用包括：

(1)火山灰效应：粉煤灰属于火山灰质掺合料，其中含有一定量的活性组分(SiO_2 和 Al_2O_3 等)，这些活性组分可以与水泥水化后生成的 $Ca(OH)_2$ 反应，生成水化硅酸钙和水化铝酸钙等反应产物，有助于混凝土后期强度增长。

(2)润滑效应：粉煤灰是在高温燃烧过程上形成的颗粒，显微镜下观察，大多数颗粒表面光滑，呈圆形，类似于一个个玻璃球，这样的“玻璃球”分散到水泥体系中，起到了一个滚珠轴承的作用，增加了混凝土的流动性。

(3)填充效应：粉煤灰的比表面积较水泥大，颗粒较小。一部分未水化的细微颗粒会填充在水泥水化产物的空隙中，起到“填隙作用”。使硬化后的混凝土更密实。

(4)抑制碱集料反应：粉煤灰取代一部分水泥，降低了混凝土中的可溶性碱含量。同时粉煤灰与水泥水化产物氢氧化钙反应，消耗了氢氧根离子，降低了溶液的碱性，因此有利于抑制碱集料反应。美国联邦公路局一项研究表明，采用粉煤灰取代水泥是抑制混凝土碱集料反应最经济、最有效的办法。

在本项目优化过程中，采用粉煤灰取代水泥，最大量达30%左右，预制梁体混凝土的粉煤灰取代量达20%左右。实践表明，用粉煤灰取代水泥，混凝土工作性大大改善，成本大幅度下降。

3.3 采用较低水胶比

低水胶比技术是高性能混凝土的特点之一。高性能混凝土采用低水灰比以保证混凝土的耐久性。低水胶比是高性能混凝土的配制特点之一，配制高性能混凝土的水灰比一般不宜大于0.40。采用较低的水胶比配制混凝土，可以降低混凝土的拌和用水量，提高混凝土材料的密实性和抗裂性能，减少孔隙率，改善集料与水泥浆体之间的界面性能，阻挡和延缓水分、气体及 Cl^-、SO_4^{2-} 等各种有害物质侵入混凝土内部，达到提高混凝土耐久性的目的。

在本项目优化过程中，预制梁体C50混凝土配合比水胶比为0.29左右，配合聚羧酸高性能减水剂，混凝土工作性好。

3.4 配合比优化结果

混凝土配合比优化情况见表2。

混凝土配合比优化情况 表2

编号	强度等级	使用部位	每立方混凝土中材料用量(kg/m³)					
			水泥P·O42.5	粉煤灰	砂	石	外加剂	用量
P-1	C25	水下桩	368	0	824	1 007	脂肪族	6.26
G-1	C25	水下桩	300	70	836	1 038	羧酸	4.44

续上表

编号	强度等级	使用部位	每立方混凝土中材料用量(kg/m³)					
			水泥P·O42.5	粉煤灰	砂	石	外加剂	用量
P-2	C25	墙身	343	0	716	1 168	脂肪族	5.49
G-2	C25	墙身	280	70	752	1 127	羧酸	3.50
P-3	C30	立柱	369	0	798	1 057	脂肪族	5.9
G-3	C30	立柱	312	78	732	1 098	羧酸	3.90
P-4	C40	梁体	417	0	707	1 105	脂肪族	6.46
G-4	C40	梁体	376	94	729	1 140	羧酸	5.64
P-5	C50	梁体	461	0	653	1 111	脂肪族	7.10
G-5	C50	梁体	420	80	627	1 173	羧酸	6.12

4 结果分析

4.1 力学性能

混凝土抗压强度是混凝土最常用、最基本的力学性能指标，本项目对混凝土配合比进行优化后，首先研究混凝土的抗压强度变化情况。优化前后混凝土强度见表3。从表3中可以看出，用粉煤灰取代一部分水泥后，混凝土的强度基本不变，满足施工需要。

主要配合比抗压强度(单位:MPa) 表3

编号	强度等级	标准养护		回弹强度	
		7d	28d	7d	28d
P-1	C25水下	28.6	35.4	—	—
G-1	C25水下	28.2	36.7	—	—
P-2	C25	27.6	35.8	27.5	31.7
G-2	C25	39.5	36.4	30.2	34.1
P-3	C30	35.6	43.3	33.9	40.8
G-3	C30	33.8	41.4	35.0	39.6
P-4	C40	44.7	51.8	40.6	44.1
G-4	C40	43.4	50.2	39.8	46.5
P-5	C50	53.5	65.7	51.6	>60
G-5	C50	55.7	66.0	53.3	>60

对于预制梁体混凝土，力学性能除了混凝土抗强强度以后，弹性模量也是一个较为重要的指标。弹性模量是指材料在外力作用下产生单位弹性变形所需要的应力，是衡量材料产生弹性变形难易程度的指标，其值越大，使材料发生一定弹性变形的应力也越大，即材料刚度越大，也就是在一定应力作用下，发生弹性变形越小。通过采用日本最新研制的实体弹性模量测定仪现场测定预制梁体的弹性模量，结果表明优化后混凝土的弹性模量没有大的改变。2-3号梁体采用优化前配合比浇筑，48d时测得弹性模量为33.3GPa，4-4号梁体采用P·O42.5水

泥优化的配合比进行浇筑，24d 时测得的弹性模量为 35.0GPa。

4.2 经济性

通过配合比优化，混凝土工作性有了较大的提高，而且降低了成本，不同强度等级配合比成本变化情况如图 13 所示。

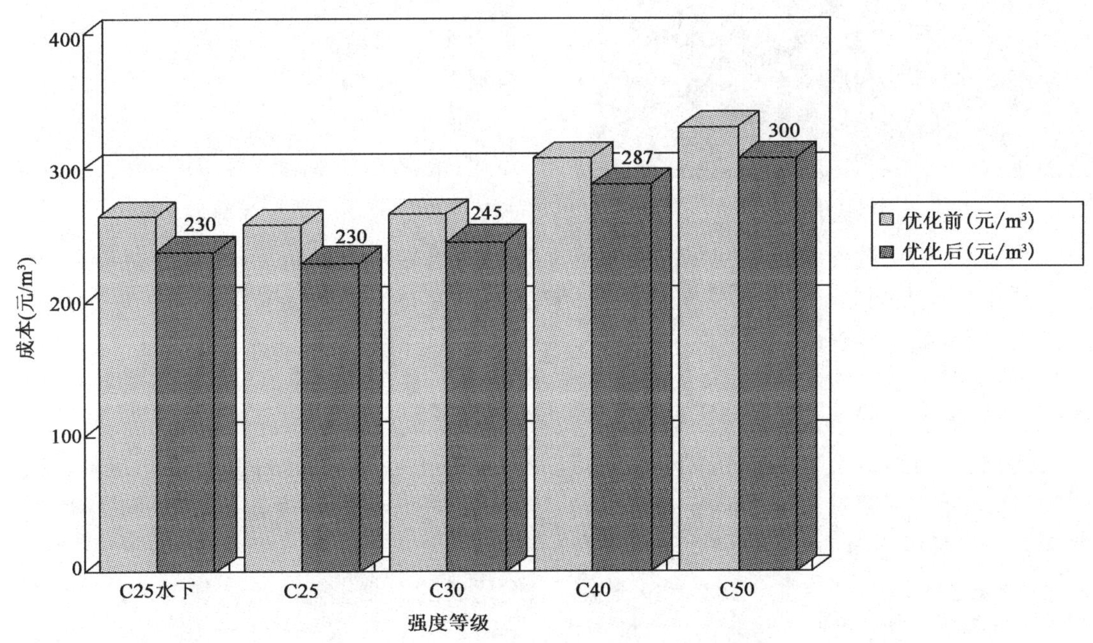

图 13 优化前后混凝土成本变化

图 13 可以看出，强度等级 C25 到 C50 的混凝土，配合比经过优化后，原材料成本大大降低，降低的幅度从 21 元/m^3 到 28 元/m^3 不等，混凝土强度等级越高，配合比优化后，成本降低越多。对于 C50 高强度等级混凝土，目前多采用 P·O52.5 水泥进行配制，我们提出采用 P·O42.5 水泥进行优化配合比的技术方案，试验证明此方案完全可行，若采用此方案，每立方米混凝土的材料成本将降低 22 元。

4.3 外观效果

本项目开展一个多月来，梁体的外观有了很大程度的改善(图 14 和图 15)表面质量缺陷明显减少，特别是色差、冷缝问题得到了较好的解决。

通过配合比高性能化，混凝土外观有了很大改善，冷缝、色差问题基本已经解决，梁体表面色泽均匀。除此之外，保证了梁体的完整性，边角完好，无破损。

5 结语

(1)目前公路行业预制梁体多采用纯水泥进行配合比设计，这样不仅造成经济上的巨大浪费，同时混凝土水化热较高对控制混凝土开裂不利，本项目在配合比优化过程中用大量的粉煤灰来取代水泥，不仅降低了成本，而且极大程度上提高了混凝土的工作性和耐久性。

图14 优化前梁体外观

图15 优化后梁体的外观

(2)配合比优化过程中能不拘泥传统的施工观念。通常认为预制梁体浇注时混凝土的坍落度控制在90～120mm较为理想，根据实际情况，调整混凝土的坍落度在140～160mm，混凝土的流动性好，工作性提高。

(3)为了改善混凝土实体外观，从混凝土配合比入手，综合考虑模板、脱模剂、浇筑顺序、振捣方式、养护等综合因素，对每个因素进行研究，并最终形成成套技术。

(4)对比试验结果表明，虽然优化前后的混凝土配合比处于不同龄期，但优化后的混凝土强度明显优于优化前，对于梁体混凝土来说，其另一关键指标是弹性模量，试验结果表明，优化后的混凝土弹性模量高于优化前的混凝土弹性模量。

(5)根据已经取得的混凝土耐久性试验结果，优化后的混凝土配合比的氯离子扩散系数和低抗气体侵入的性能均优于优化前。根据大掺量掺和料混凝土渗透性能发展规律可预测，随着混凝土龄期地增长，其渗透性能还会近一步降低。若采用同龄期的试件进行比较，效果更明显。

(6)通过对混凝土配合比的优化，每方混凝土材料成本大大降低。以淮固二标段预制梁混凝土配合比为例，采用P・O42.5水泥优化后的配合比每立方米混凝土节省材料成本22元，每片梁按20m^{3}计算，每片梁可节省材料成本440元，经济效益显著。

参 考 文 献

[1] 中华人民共和国行业标准.JTG/T F50—2011 公路桥涵施工技术规范[S].北京:人民交通出版社,2011.

[2] 中华人民共和国行业标准.JTG E42—2005 公路工程集料试验规程[S].北京:人民交通出版社,2005.

浅谈高铁岩溶地区桥梁钻孔桩溶洞处理

魏志鹏

（中交三公局第二工程有限公司沪昆项目部）

摘　要：岩溶地区桥梁钻孔桩施工中桩基穿越溶洞，出现桩孔漏浆甚至坍孔等对成孔极为不利的现象，但经积极采取措施，用注浆、回填堵漏、下钢套筒等方法予以处理，有效地解决了岩溶带来的施工困难。

关键词：岩溶地区　溶洞处理　注双液浆　护筒

1　简介

溶洞多处在岩溶发育地带内，岩溶部分为空洞、部分为全填充或半填充；地层为人工填筑粉质黏土、粉质黏土、灰岩夹白云质灰岩、灰岩、炭质页岩夹泥灰岩、断层角砾岩等。

2　溶洞分类

根据地质结构和溶洞的情况及发育情况，溶洞可分为以下几种类型。

2.1　按溶洞的大小分

(1)大溶洞：溶洞高度大于3m。

(2)小溶洞：溶洞高度小于3m。

2.2　按溶洞填充状态分

(1)全填充溶洞：洞内完全充填亚黏土、亚砂土、黏性土等，充填物呈硬塑、软塑、流塑状。

(2)半填充溶洞：洞内约一半有填充物，顶部为空腔。

(3)无填充溶洞：洞内无填充物即空洞。

2.3　按是否漏水分

(1)全漏水溶洞：严重漏水并与其他溶洞或地下河连通。

(2)半漏水溶洞：溶洞洞壁存在裂隙，有渗漏水现象。

(3)不漏水溶洞：溶洞完整，无渗漏水现象。

2.4　按溶洞垂向个数分

(1)单个溶洞：桩基范围内仅有一层溶洞。

(2)多层溶洞(串珠状溶洞)：桩基范围内有多层溶洞。

3　溶洞处理方法

3.1　压注双液浆法

注双液浆一般适用于10m以下半填充或全填充溶洞的处理。

3.1.1 目的

溶洞内注双液浆预处理的目的是为了加固溶洞填充物和填满溶洞空间，并达到一定的强度（20MPa 以上），防止钻孔桩施工时泥浆流失、流沙及坍孔等情况的发生，保障成孔及水下混凝土浇筑等施工工序的顺利完成。

3.1.2 加固原理

注双液浆加固的特点是注浆材料可在十几秒或几十秒内瞬间凝固，可控制浆液灌注在一定范围内且不流失，材料的利用率高，比较经济。浆材的结石率为 100%，即 $1m^3$ 体积的浆材可得 $1m^3$ 的结石体。对溶洞中的砂、砾等土体，浆液是通过渗透作用板结砂和砾的；对于溶洞中的稀泥等土体，浆液是通过劈裂、挤密作用加固土体的；对于无填充物和半填充的溶洞，浆液是通过充填填满溶洞的。

3.1.3 工艺

压浆材料采用普硅 32.5R 水泥与化学剂（水玻璃）。

（1）布孔。根据桥墩台桩基布置和溶洞分布，每个墩台布置 6～8 个压浆孔。

（2）钻孔。用地质钻机钻 80～110mm 的注浆孔，孔深达到最深溶洞的底部。注浆管插入溶洞下部。

（3）压浆。采用双液压浆系统进行全孔压浆，要少量多次、反复压浆。双液浆配制时，控制浆液比例，反复试验，掌握浆液的最佳凝固时间，凝固时间太快，不利于注浆施工，凝固时间太慢，浆液流动性大，用量大，不经济。岩溶桩基压浆工艺流程见图 1。

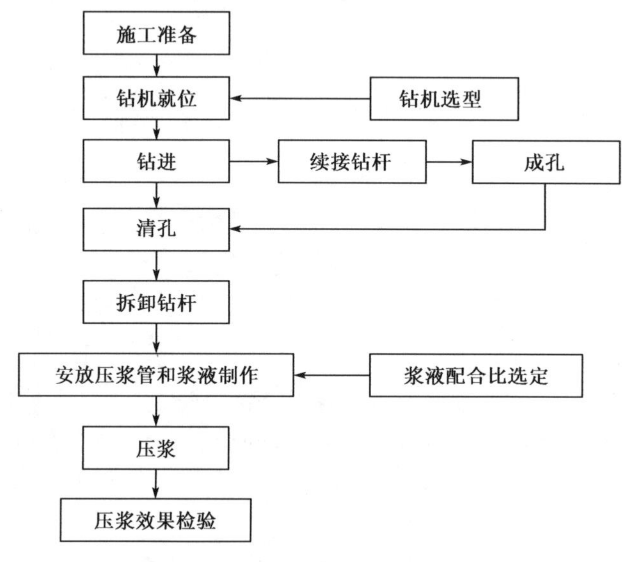

图 1 岩溶桩基压浆工艺流程图

3.2 灌砂压浆法

灌砂压浆是溶洞预处理方案之一，一般适用于 6～10m 无填充溶洞的处理。主要通过灌砂填塞溶洞空间，采用压浆将洞内砂砾板结、凝固成坚实的混和体，防止在钻孔过程中出现漏浆、塌孔等现象。灌砂压浆孔和注双液浆钻孔施工方法相同。

灌砂采用干燥、洁净的中粗砂，并进行清筛，防止杂物堵管。一个桥墩内各注浆管内灌砂、注浆轮流进行。灌砂时分几次进行，第一次灌砂高度为4～5m，然后将注浆管插入灌入的砂中一定深度，向砂中压入一定量的水泥浆。压浆后采用清水冲洗注浆管，防止水泥浆黏附在管壁上，影响下一次灌砂、注浆。注入水泥浆初凝后，进行下一次灌砂、压浆，反复进行，直至灌满，使溶洞内充满砂浆。

3.3 填充黏土和片石法

黏土和片石填充适用于高度6m以下全填充、半填充和无填充的溶洞处理，其方便、快捷，节省费用。

当钻孔至溶洞层时，一般护筒内泥浆会全部或部分流失，严重时会造成塌孔，这时可采用片石加黏土(按1∶1体积比)回填，溶洞较大时可加入部分水泥，回填一层、采用钻头冲击一遍，尽量使片石和黏土保持密实，直至回填至溶洞顶部1～2m。溶洞回填完成后，向钻孔内注入稠度较大的泥浆，使其自然浸入片石缝隙内，然后采用钻头冲击，使片石和黏土挤入溶洞内，形成泥石护壁。若溶洞内泥石护壁出现漏浆时，应再次回填，反复回填、反复冲击，直至不再漏浆为止。

采用回填片石、黏土处理溶洞时，钢护筒须穿透砂砾等透水层、坐在不透水层上，尤其是多层溶洞，以防止出现溶洞后孔内水头急剧下降而造成坍孔。

3.4 灌低强度等级混凝土法

对于较大的溶洞，尤其是半填充或无填充溶洞，有时采用填黏土和片石的方法难以成孔，或者成孔后灌注水下混凝土时孔壁被挤垮，这时用灌低强度等级混凝土的方法处理。

施工准备和开孔方法同填黏土块和片石方法，当击穿溶洞顶板时，为节约混凝土灌注量，可先填黏土块和片石，反复冲挤，待溶洞填注基本饱满时，再灌低强度等级混凝土至溶洞顶1m以上，待混凝土达到一定强度后再继续钻孔。

3.5 钢护筒跟进法

在溶洞较大，洞内无填充或有流塑充填物，漏水严重或与暗河连通时，采取上述方法无效时，可采取钢护筒跟进法施工。就是一面冲孔、一面接高护筒，并将其振动下沉至已钻成的孔内或溶洞内，用以阻断溶洞内流塑充填物或水的流动，便于钻孔施工。

(1)内护筒内径的确定。现场根据桩孔穿过大溶洞的数量，确定内护筒级数，每增加一级，内护筒内径增加0.2m，最小一级内护筒直径大于桩径0.2m。为保证内护筒的刚度，防止受压变形，钢护筒采用10mm钢板卷制。下沉内护筒时，由大到小，分级逐次下沉进行。先钻大孔，下沉大护筒，再钻小孔、下沉小护筒。如果穿过1层溶洞，就采用1级内护筒，每增加1层溶洞，就增加1级内护筒。护筒跟进法施工顺序见图2，内护筒刃脚处理见图3。

(2)内护筒长度的确定。护筒长度$L=h+3$(m)(h为地质超前钻确定的溶洞高度)，如果内护筒太长可分节下沉，在孔口焊接连接。

4 岩溶地区钻孔桩施工方法

(1)岩溶地区钻孔桩施工工艺流程图见图2。

(2)经过处理后的溶洞地质钻孔桩成孔方法与普通石质地层成孔方法基本相同，采用冲击钻冲击成孔，但应注意以下几点。

①为防止意外，冲孔前应有应急措施，备好材料、机具等，一旦孔内泥浆再次泄露，立即向孔内投放黄泥、片石及水泥，使其冲挤在溶洞内的片石夹黏土形成围护结构，保持孔内泥浆高度，不致造成坍孔，保证钻孔顺利进行。

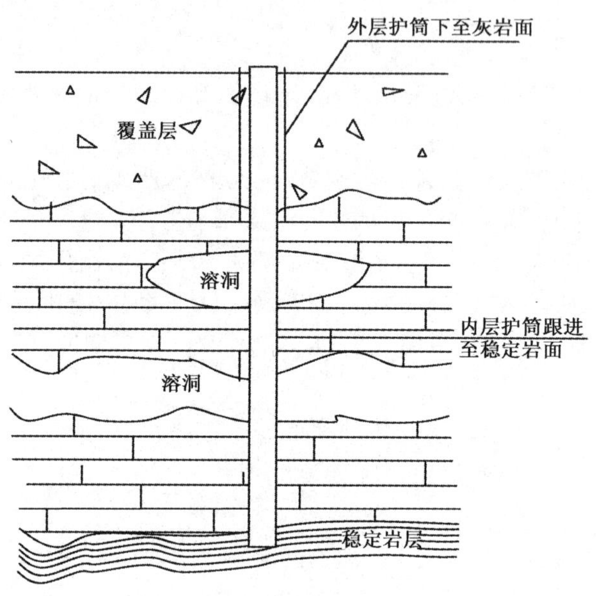

图2　护筒跟进法施工顺序

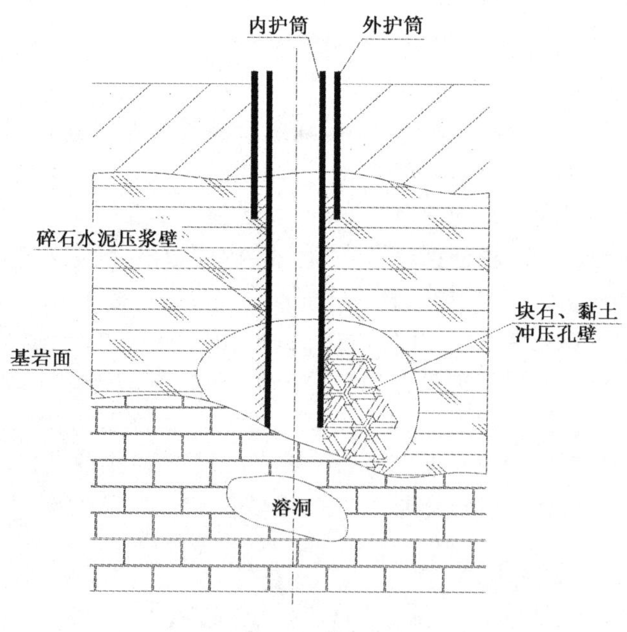

图3　内护筒刃脚处理示意图

②用优质黏土增加泥浆质量与密度，当缺少优质黏土时，在泥浆中掺入适量的水泥、锯末，以提高孔内泥浆胶体率和悬浮能力。

③当岩面的倾斜较大或钻头摆动撞击到护筒或孔壁时，需回填片石冲孔，使孔底出现一个平台后再正常钻进，内护筒刃脚处理见图 3。

④在接近洞溶处，需加大泥浆密度，采取轻锤冲击的方法成孔，以防卡钻。

(3)岩溶地区钻孔桩施工(图 4)中应注意的问题。

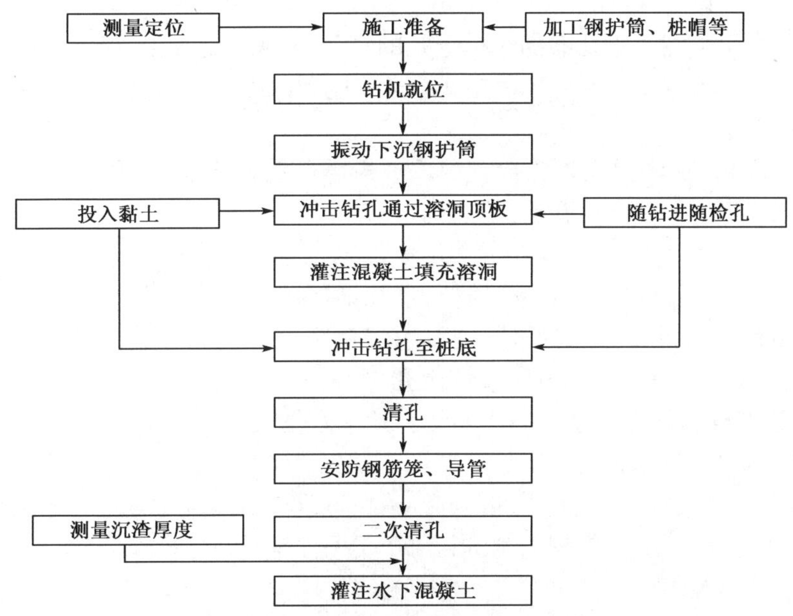

图 4　岩溶地区钻孔桩施工工艺流程图

①施工准备。根据地质资料预测施工中可能出现的问题，制订施工方案，并向钻机操作人员进行技术交底。桩孔附近要备足回填材料和挖掘机、铲车、水泵等机械。

②钻孔。

a. 开钻前检查各种机具设备是否状态良好，泥浆制备是否充足，水电管路是否畅通，以确保正常工作。

b. 正式钻进前先启动泥浆泵，使之空转一段时间，待泥浆输入孔口一定数量后，正式钻进。

c. 钻进时，应采用小冲程开孔，使初成孔坚实，竖直，圆顺，能起到导向作用，并防止孔口坍塌。钻进深度超过钻头全高加冲程后，方可进行正常的冲击。坚硬岩层应采用中、大冲程，松散地层应采用中、小冲程。钻进过程中，必须勤松绳，少量松绳，不得打空锤；勤抽渣，使钻头经常冲击新鲜地层。每次松绳量，应根据地质情况，钻头形式，钻头钻孔质量决定。钢丝绳与钻头间须设转向装置并连接牢固，钻孔过程中应经常检查其状态及转动是否正常，灵活。

d. 钻孔作业连续进行，不得中断，因故停钻，则在孔口加盖防护罩，并且把钻头提出孔道，以防埋钻，同时保持孔内泥浆面高度和泥浆比重，黏度符合要求。

e. 钻进过程中，及时补充损耗，漏失的泥浆，使之高出孔外水位或地下水位 1.5～2.0m；保证钻孔中的泥浆浓度，防止发生坍孔，缩孔等质量事故。

f. 施工中要加强钻孔地质检查、复核，并密切注意观察钻机工作情况、周围地表沉降和护筒内水位变化，防止不正常情况发生。根据地质柱状图，在接近溶洞时勤观察、勤检查，钻头冲击岩层的响声、抽取的岩样判断是否接近岩溶地层。接近岩溶时主绳放长量控制为 1～2cm，防止击穿溶洞顶板时造成掉钻、卡钻现象发生。钻穿溶洞顶板时一旦漏浆，及时投放黏土块、片石并补水补浆，保持孔内水位高度。漏水严重时，可填充稻草和水泥等混合物，每次填满后补浆补水，再重新冲击钻进，挤压填充物填充溶洞或堵塞溶洞，最终至不漏浆为止。通过溶洞层后，继续钻孔，直至设计深度。

g. 钻孔过程中用自制的检孔器随时检查孔的情况，防止发生弯孔等事故。

h. 当钻孔距设计高程 1.5m 时注意控制钻进速度和深度，防止超钻，并核实地质资料判断是否进入设计持力层。

i. 为防止由于冲击振动导致邻孔孔壁坍塌或影响邻孔已浇筑混凝土强度，应待邻孔混凝土抗压强度达到 2.5MPa 后方可开钻(一般为 2～5d)。

③清孔。

a. 当钻孔深度达到设计要求后，立即进行清孔，以免沉渣沉淀，造成清孔困难。

b. 清孔采用换浆法，钻孔达到设计高程后，将钻头上下慢速提放，然后注入净化泥浆，置换孔内含渣泥浆，禁用加深孔底的方法代替清孔。

c. 清孔时，注意保持孔内泥浆面高度始终在地下水位或河流水位以上 1.5～2.0m，以及泥浆比重是否合适，防止坍孔缩孔。

d. 当从孔内取出泥浆测试值的平均值与注入的净化泥浆相近，测量孔底沉渣厚度不大于设计要求时，停止清孔作业，放入钢筋笼进行水下混凝土灌注。

④钢筋笼制作吊装。

a. 钢筋笼加工绑制在钢筋棚集中进行，拖车运输，25t 汽车起重机吊装入孔。钢筋笼长度较长时可分两节放入孔内，现场进行焊接。

b. 钢筋骨架设防止在运输和就位时变形的强劲内撑架，吊车吊起钢筋笼后，检查钢筋笼的垂直度及外形轮廓，平稳垂直放入孔内，切忌碰撞孔壁，不可强行下放。

c. 钢筋笼在入孔前，在骨架外侧绑挂与钻孔桩同强度等级的混凝土垫块或按照设计要求，以保证钢筋保护层厚度。

d. 钢筋笼在清孔结束后，及时放入孔内，入孔后位置正确，符合设计要求，并牢固定位。骨架吊放偏差为：骨架平面位置 100mm，骨架底面高程±100mm。

⑤水下混凝土灌注。钻孔桩水下混凝土拌制在搅拌站集中拌制，混凝土运输车运输，导管法灌注，导管直径根据钻孔桩直径选用，一般为 ϕ30cm。

a. 灌注准备：在清孔过程中，对各类设备进行检修，备足原材料。导管使用前，进行试拼和试压试验，试压压力宜为孔底静水压力的 1.5 倍。

b. 水下混凝土材料：粗集料应选用级配合理，粒形良好，质地均匀坚固，线胀系数小的洁净碎石，也可采用碎卵石，不宜采用砂岩碎石，钻孔桩施工方案细集料应选用级配合理，质地均匀坚固，吸水率低，空隙率小的洁净天然河沙，也可选用专门机组生产的人工砂，不宜使用山砂，不得使用海沙。水泥采用 P・O42.5 普通硅酸盐水泥，水下混凝土坍落度 18～22cm，运输、灌注过程中无显著离析、泌水现象。强度等级不低于设计要求，水下混凝土标养护试件强度必须符合设计强度的 1.15 倍。

c. 水下混凝土灌注方法：

安装导管并放入钻孔内，导管下口离孔底约 40cm，上口与储料斗相连，储料斗的容积不小于 $3m^3$。确保首批混凝土灌注后导管埋入深度大于 1m。

导管安装后，再次探测孔底沉渣厚度，如超过设计要求，则需进行二次清孔至合格为止。

混凝土运至现场时，要检查混凝土的和易性、坍落度，如不符合要求，则进行二次拌和，二次拌和后仍不符合要求的，混凝土不得使用。

水下混凝土灌注在过程中，经常用测绳探测孔内混凝土面的高程和溶洞位置、大小等情况，及时调整埋管深度。导管埋深一般控制在 1～3m 内，避免灌注过程中挤破溶洞混凝土面突然下降，造成断桩事故发生，并采用 16t 吊车或钻机自带起吊设备提拔导管，混凝土灌注速度不得太急以防钢筋笼上浮。

水下混凝土灌注连续进行，中途不得中断，并尽量缩短拆除导管的时间。当导管内混凝土不满时，可徐徐灌注，以防产生高压气囊压漏导管。为防止灌注过程中发生坍孔，缩孔，要保持孔内水位高度。

为防止钢筋骨架上浮，混凝土顶面距钢筋骨架底部 1m 左右时，应减慢混凝土的灌注速度，混凝土顶面上升距钢筋骨架底部 3m 以上时拔除导管，使导管底口高于钢筋骨架底部 2m 以上后，再以正常速度灌注混凝土。

水下混凝土浇筑面应高出桩顶设计高程 1.0m，灌注完成后观察 30min 左右，如果混凝土面没有变化才拔出导管，超灌的桩头在浇筑承台前凿除。

灌注将结束时，核对灌入的混凝土数量，以确定所测混凝土顶面高度是否正确。

混凝土灌注完成后强度达到 2.5MPa，可拆除护筒。为不污染河道，废钻渣、废浆沉淀后及时外运处理。

(4)嵌岩及终孔的检验。

要求桩端须嵌入完整岩石不少于 1.5～2m，这就增加了一道在一般地质条件下钻孔灌注桩施工所没有的全岩面检测工序。勘察资料及施工情况都表明该地区属溶洞发育地区，岩面起伏，沟槽、裂隙纵横，这使得全岩面的正确判断成了本工程施工的关键之一。结合该地区地质的特殊性及该工程的特点并经试桩检验，决定从以下三个方面综合判断全岩面。

①在接近设计桩底高程附近，以桩孔实际见岩高程开始，至少进尺 1.5m，才进行全岩面检验。

②查阅钻孔记录，可将进尺速度 0.1～0.2m/h 作为进入全岩面的控制速度。

③观察井口钢丝绳的摆动情况，锤头接触岩面时有轻微的反弹。

另外，在该工程中，钻孔终孔后采用抽渣换浆法清空和导管法灌注水下混凝土，这与一般地质条件下钻孔桩的施工方法一样。

5 结语

在桩基施工过程中，我们针对岩溶采取了以上几项处治措施，通过严格控制关键工序和认真把好技术关，基本上解决了溶洞带来的施工难题，成孔和成桩质量好，即检测钻孔桩中Ⅰ类桩占 85%，无缺陷或不合格桩，取得了良好的经济效益。

铁路客运专线整孔箱梁通过隧道措施

戴怀庆

（中交三公局第二工程有限公司沪昆项目）

摘　要：在高铁建设中，运梁通过隧道的事例经常发生，本文选取了一个短隧道运梁通过的典型事例，介绍了梁车在隧道中通过需采取的施工方法，提出了施工措施及加固建议。

关键词：高铁　隧道　运梁

近年来，我国铁路正在开始大规模的客运专线建设，其中，诸多客运专线都是按 250～300km/h、甚至更高标准建设的，在建设过程中时常遇到丘陵、山区，桥梁往往被短隧道或短隧道群隔开，采用常规设备和方法时，隧道断面不能通过目前常用的整孔箱梁，为架梁增加了难度，设计院往往采取现浇法进行施工箱梁，但是经过客运专线建设实践表明，整孔简支箱梁采取预制架设方法是最优施工方案。与移动模架、移动支架造桥比较，预制架设在箱梁质量、施工过程安全控制、制梁总成本、总工期等方面具有明显的优势，成为新开工客运专线优先考虑的箱梁施工方法。为解决这一问题，施工、设计单位及箱梁运架设备厂家在施工实践中积极探索，从箱梁结构、隧道衬砌、运架设备等方面着手，在不切翼缘板的前提下，解决整孔箱梁通过短隧道或短隧道群问题，为梁场规模制架梁创造便利条件。

1　工程概况

棠山隧道为单洞双线隧道，线间距为 5.0m，设计时速为设计 350km。隧道长度为 305m，暗洞长度为 165m，隧道断面 107m^2。高安锦江梁场位于棠山隧道杭州端，整孔箱梁宽 12m。锦江梁场采用河南新大方 DF900 无导梁架梁机、TJ900B 运梁车进行运架。根据标段整体架梁施工计划，锦江梁场需运梁通过棠山隧道进行架设，如棠山隧道结构不进行相应调整，隧道断面尺寸不具备运梁通过条件，因此，在施工过程中，需要将隧道仰拱填充进行预留，为箱梁运架提供条件。

2　隧道结构与运架设备基本参数

2.1　结构尺寸

时速 350km 客专隧道断面面积 107m^2，标准断面如图 1 所示。无砟轨道整孔箱梁宽度为 12m[通桥(2008)2322A]，标准尺寸如图 2 所示。

锦江梁场架梁运梁使用的运梁车、架桥机基本参数如下。

架桥机：常态下高度 1 250cm，宽度 1 890cm，长度 7 250cm；小解体后运梁车运载架桥机高度 841cm，宽度 1 149cm。

运梁车：296.5～316.5cm(地面至梁底)，两侧轮胎最外边缘距离 653.3cm；运载箱梁常态下高度 604.3～624.3cm(未含梁定预埋接触网支柱高度)，宽度 1 200cm。

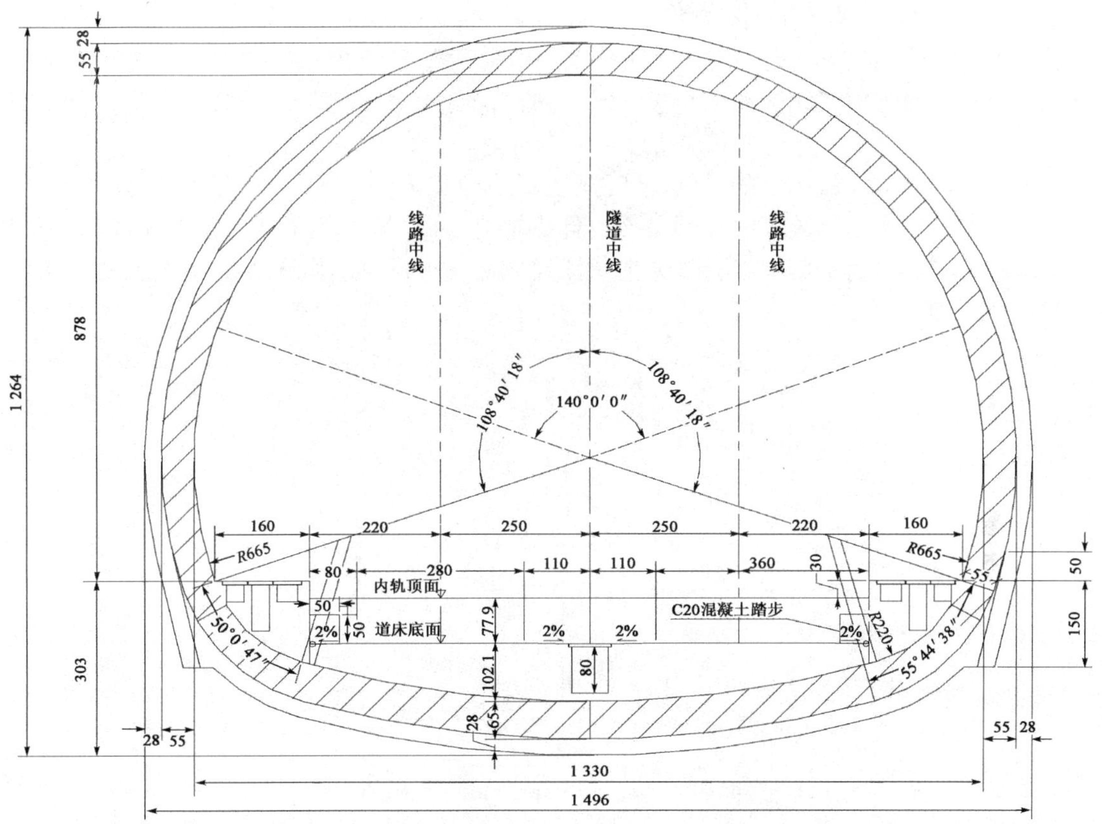

图 1　时速 350km 客运专线(无砟轨道)双线隧道衬砌标准断面图(尺寸单位:cm)

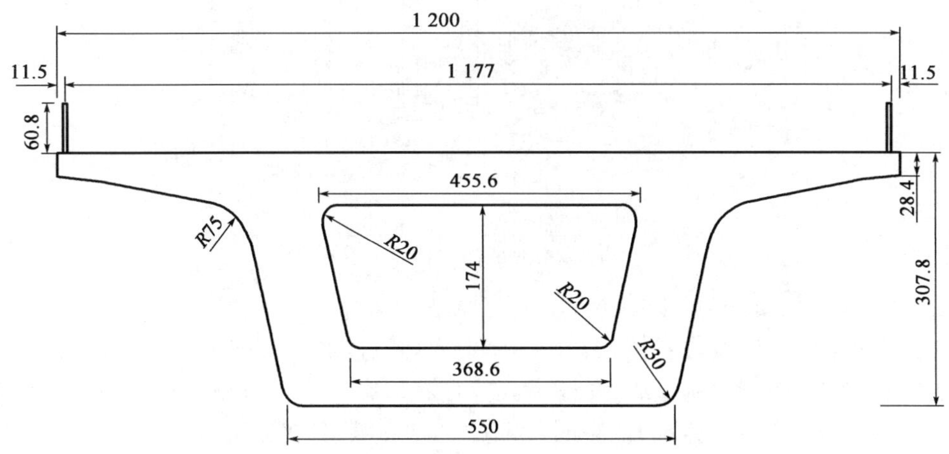

图 2　整孔箱梁标准尺寸[通桥(2008)2322A](尺寸单位:cm)

根据施工实践，架桥机或梁体左右两侧距隧道衬砌的安全距离不小于 20cm。

2.2 箱梁通过隧道技术方案

断面积 107m² 隧道净宽较大，最宽处可以安全通过整孔箱梁。但仰拱填充施工完成后，运梁车装载箱梁通过时翼缘板高度小于 12m。适当降低运梁工况下的翼缘板高度，至断面净宽不小于 12.4m 位置，运梁车装载箱梁即可安全通过，采取的方法是预留部分仰拱填充，达到降低运梁工况时梁翼缘板高度的目的，此时隧道断面净宽大于 12.4m。架梁完成后再施工剩余的仰拱填充。棠山隧道施工时需预留部分仰拱填充，仰拱填充预留高度为道床底面高程以下 0.6m 范围(图 3)，待锦江梁场长沙方向架梁完成后方可再次施作剩余仰拱填充。箱梁通过隧道预计效果图见图 4。

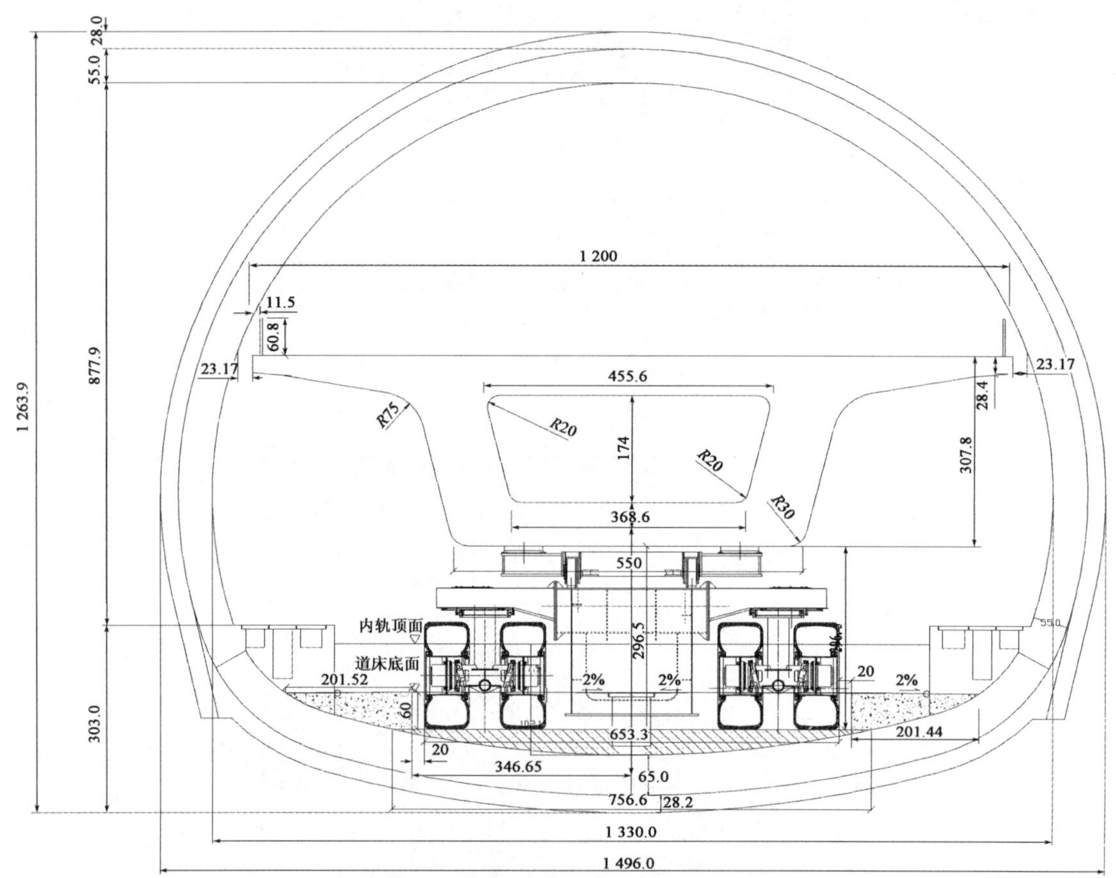

图 3 仰拱预留高度示意图(尺寸单位：cm)

2.3 架桥机通过隧道方案

架梁车通过棠山隧道时，通过适当改装，降低整体高度和后支腿宽度，以适应隧道断面，保证安全通过。架桥机的 O 型腿，要分别在隧道的进口、出口进行拆解、安装，两个口均需要有 29m(横桥向)×80m(顺线路方向)的空间，摆放汽车吊。棠山隧道出口与路基 DK659＋540～DK660＋369.78 段相接，该段路基长 829.78m，第一道涵洞中心位置距离隧道洞口 130m，在路基 DK659＋620 段开始按 2%的坡度顺坡至 DK659＋650 段，路基长度满足隧道口架桥机拼装的场地需要。

图4 箱梁通过隧道预计效果图

影响架桥机通过隧道的主要因素有两个：一是在常态下架桥机放在运梁车上，架桥机顶端高度(1 250m)高于隧道洞口高度(988cm)；二是后支腿宽度(1 890cm)大于隧道洞口宽度(1 330cm)。通过架桥机的改装降低架桥机的整体高度和减少后支腿的宽度。运梁车背架桥机全部改装完成后，为运梁车背架桥机低位。运梁车背架桥机高位、低位工况见图5、图6。

图5 运梁车背架桥机高位图

图6 运梁车背架桥机低位图

通过架桥机的一系列降低、折叠，运梁车载运架桥机时最大宽度为1 222cm，最大高度为879cm，最宽处的高度为578cm。

运梁车载运架桥机通过隧道后，在隧道口路基段按照降低折叠过程的逆过程将架桥机升高恢复原状。

3 箱梁过隧道有关技术和管理措施

3.1 施工测量控制

通过运梁车的隧道的测量工作在现行规范要求的基础上增加监测频次，提高测量精度。

尤其是对隧道的内轮廓净空控制、线路平纵定位控制及运梁车行走面高程控制高度重视，各部分结构成型后精度控制在5mm以内。箱梁装车后对箱梁顶至地面高差进行测量。

3.2 隧道内轮廓控制

运架前衬砌台车定位时加强对台车面板的定位，预留衬砌收敛变形值，确保满足规范要求及衬砌收敛稳定后内轮廓不小于设计内轮廓。

3.3 隧道口路基长度、纵向顺坡

隧道口与桥台之间需要一定长度的路基，供架桥机恢复状态使用。如不具备，则需现浇1～2孔箱梁。当仰拱填充预留时，隧道内混凝土面高程与桥头路基高程相差60cm，需要在路基、隧道出口一定范围内顺坡，坡度值参照运梁车参数确定。若洞口高度不足以通过架桥机，尚需对隧道出口段进行挑顶。

3.4 仰拱填充施工质量控制

箱梁过隧道时，运梁车、箱梁结构自重直接作用于仰拱顶，荷载远大于运营荷载。在施工过程中必须加强对仰拱初期支护、仰拱及仰拱顶找平层的质量控制，确保运梁车通过时仰拱及找平层承载力、平整度满足箱梁安全通过。

3.5 中线控制

箱梁装车时，控制梁体中线与运梁车中线偏差。运梁车过隧道时的运行轨迹尽可能与隧道中心重合，预先漆标出隧道中线。

3.6 走行过程监控

箱梁过隧道时对箱梁的状态进行实时监控，由专人负责监护。箱梁顶安排4～6名监护人员，随时与驾驶员及外界保持联系，及时传达和掌握箱梁翼缘板外缘净空的动态数据，当梁端或梁跨跨中的净空小于5cm时，应立即停车进行调整。严格控制运梁车在隧道内的行车速度，最大车速不大于0.4m/s，第一次过隧道时车速控制在0.2m/s之内。

3.7 应急处理

制订箱梁通过隧道应急预案。行进过程中出现偏离隧道中线，导致箱梁顶与隧道内轮廓过小或与衬砌发生划擦时，要立即停车，采取降低运梁车高度、运梁车斜行等措施。

4 意见及建议

铁路客运专线简支箱梁应首先考虑预制架设施工，条件不具备时方可考虑现浇施工。从运营使用和施工方便考虑，简支箱梁应优先采用整孔箱梁，特殊情况下经过技术经济比选后也可采用组合箱梁。整孔简支箱梁需要通过隧道时，应尽量不改变桥隧工程结构，提倡采用具备通过隧道能力的运架设备。整孔箱梁通过隧道时确实需要改变桥隧工程结构时，应优先采用隧道扩孔方案，尽量不采用箱梁切翼缘板方案。

铁路客运专线桥隧工况千差万别，应根据项目具体情况，对整孔简支箱梁通过隧道的各种方案进行详细的技术经济分析，拟定最优方案，并制订严格的技术、安全、质量保证措施。

浅谈隧道湿喷混凝土工艺控制

季 楠

（中交三公局第二工程有限公司大丽项目）

摘 要：结合工程实例，介绍了湿喷混凝土的关键设备，阐述了湿喷混凝土施工工艺流程的要点，提出了湿喷施工技术的关键要素，并对湿喷技术的效益进行了分析。

关键词：隧道 湿喷施工技术 效益分析

目前我国隧道施工的初期支护，均要求采用湿喷混凝土作为隧道初期支护，湿喷有效解决传统干喷（潮喷）工艺存在的粉尘、回弹、品质控制三大难题。

大理—丽江高速公路18-2B合同双龙隧道1 907.5m/座，衬砌里程K122＋227.5～K124＋145，初支混凝土C25，厚度25～27cm。由于隧道地层软弱，断面较大，设计要求采用湿喷施工技术。

1 湿喷混凝土施工工艺

湿喷工艺流程要点：

（1）满足要求的混凝土拌和物和易性好，坍落度8～12cm。

（2）满足要求的速凝剂材料。

（3）按规程操作和保养湿喷机。

（4）系统风压不小于0.5MPa，风量不小于10m³/min，工作风压风量优化控制。

（5）喷嘴（距离、角度）优化控制。

湿喷混凝土施工工艺见图1。

1.1 设备条件

湿喷机是实现湿喷混凝土的关键设备，良好的湿喷效果取决于性能优良的湿喷机和湿喷技术的综合应用。结合工程地质条件和施工工艺，主要设备如下。

（1）湿喷机：K500型湿喷机2台/工作面。

（2）拌和系统：HSZ90，配备全自动计量拌和系统、全程监控系统、全自动记录打印系统和计算机程序系统。

（3）运输设备：6m³混凝土运输车3台。

（4）空压机：20m³电动空压机2台（固定式）。

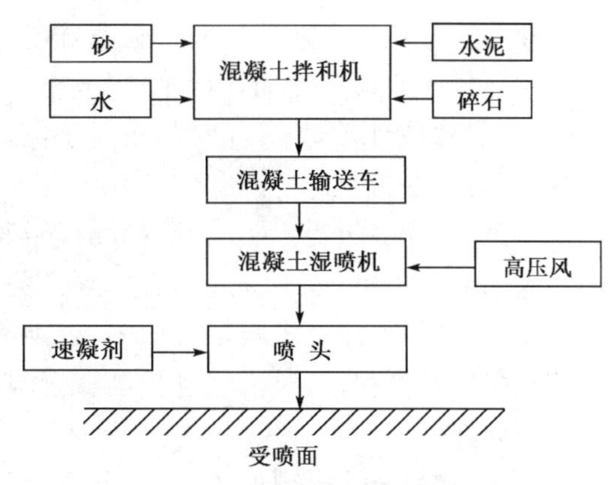

图1 湿喷混凝土施工工艺图

1.2 湿喷混凝土配合比及材料要求

根据湿喷机喷射原理和施工现场要求，材料主要有：

(1)砂：中粗砂，细度模数大于2.5，用5mm筛网过筛。

(2)粗集料：用5mm和15mm筛网分别筛去石粉和大集料。

(3)水泥：P·O32.5普通硅酸盐水泥。

(4)水：符合有关规范。

(5)速凝剂：在湿喷混凝土工艺中，当混凝土的喷料黏到受喷面后必须尽快凝固，一方面可以防止混凝土物料的堆集而呈团状掉落，减少回弹，增大喷层厚度；另外混凝土尽快凝固，有了强度就会形成支护能力，湿喷混凝土一般采用液态速凝剂，要求水灰比0.4的净浆试验满足初凝小于5min，终凝小于10min，掺量小于水泥质量的5%，28d强度保持率大于70%。

(6)减水剂：高效减水剂(根据需要添加)。湿喷混凝土时由于对坍落度指标有要求，水灰比比较大。混凝土中水泥水化后多余的水要蒸发掉，使混凝土喷层产生"干裂"现象，降低了喷混凝土的支护能力，而在拌和混凝土时加入高效减水剂后，在同样的坍落度时减水率大于12%。减水剂的掺量应根据试验确定，一般掺量为水泥质量的0.4%～1.0%。与喷射混凝土强度、耐久性、水密性、抵抗开裂性、保护钢材的性能的关系是：水灰比、单位水量及单位水泥量，还有使喷混凝土在短时间凝结的速凝剂用量。设计喷混凝土强度采用C25，实际采用的喷混凝土配合比为：水泥∶砂∶碎石∶UNF21减水剂＝1.00∶2.09∶2.01∶0.01。水灰比为0.42，TY23液体速凝剂掺量为水泥的2%，配合比设计坍落度为12.5cm。喷射混凝土配合比为水泥∶砂∶粗集料∶水∶外加剂＝450∶874∶807∶189∶13.5(云南山峰粉状外加剂)。

1.3 施工流程

由低到高，喷嘴应均匀地呈螺旋形转动。喷厚大于10cm，可分两次喷涂，喷头尽可能垂直岩面，角度控制在75°～90°之间，距离保持在0.8～2m范围。具体在施工中应注意：

(1)混凝土粗集料粒径不得超过15mm，坍落度严格控制在80～150mm范围内。

(2)系统风压低于0.5MPa不得开机。

(3)准备开风时，必须与喷射手联系，严格遵守开机顺序：打开速凝剂辅助风→缓慢打开主风阀送风→依次启动速凝剂计量泵、主电机和振动电机→向料斗连续加料。

(4)喷射时，操作驾驶员随时与喷射手保持联系，喷射手发现喷嘴异常时，需立即与操作驾驶员联系，通知停机。

(5)若发现喷嘴出料突然出现脉冲时，暂时关主电机和振动电机(主风阀不关)，如果管路随之畅通则继续关机，如不畅通则需反复开关主风阀使管路畅通。

(6)喷射过程中注意进料是否均匀，否则应及时查找原因。

(7)每次喷射后必须对机器进行彻底清洗，包括料斗、混凝土仓、结合板、转子体及料腔、机器外表面等部位。

(8)应经常清洗速凝剂过滤网，保证速凝剂能够上料均匀。

(9)禁止在料斗无料时空载运行振动电机。

1.4 湿喷施工技术的关键

湿喷效果如何取决于湿喷施工技术而非单纯的湿喷机技术性能,湿喷施工技术包含混凝土材料技术、混凝土试验技术、湿喷设备技术、施工管理技术,要提高喷射混凝土质量,应从以下几个环节来全面提高喷射混凝土技术。

(1)以混凝土试验室为中心,建立喷射混凝土质量保证体系。

(2)充分应用成熟的混凝土材料和试验技术,特别是液体速凝剂和高效减水剂的选择,一定要选择品质可靠、并经过与现场砂石料试验匹配的产品。

(3)加强混凝土配合比试验,提出综合满足强度、湿喷工艺(和易性)、经济合理(优质价廉、掺量较小的液态速凝剂)等方面要求的优化配合比。

(4)技术性能优良、能满足各种工艺条件的喷射要求的湿喷机。

(5)合理的施工组织、机械配套、质量控制体系。

2 湿喷技术效益分析

湿喷可以应用成熟的混凝土技术、各种外掺剂和添加料的应用,如高效减水剂、引气剂以及粉煤灰、硅粉等。将硅粉掺入喷射混凝土中,可以大幅度提高强度,改善混凝土结构密实性;在喷射混凝土中掺入粉煤灰,也可以提高强度和密实性,还能减少干缩和提高弹性模量;在拌和料中加入适量的引气剂,可以显著提高其抗冻融性和抗渗性。湿喷效益一方面体现在提高效率、加快进度(降低管理成本分摊费)、保证施工安全等宏观综合效益方面,采用湿喷强化初期支护后,可在软弱地层条件下采用大断面开挖技术;另一方面体现在粉尘浓度大幅度降低,改善了施工环境,保护了工人身体健康。湿喷混凝土强度从混凝土配合比(特别是水灰比)准确控制,拌和及水化作用充分以及速凝剂按比例计量添加等方面得到了充分保证。同时,由于一次喷层厚度比干喷大幅度提高,客观上容易达到设计喷层厚度要求。采用湿喷较干喷,混凝土早期强度明显提高,24h抗压强度达到设计强度的60%以上,有效地防止了洞顶塌方等安全、质量事故的发生。实现湿喷不是目的,湿喷只是一种工艺手段,通过它来解决粉尘、回弹、混凝土品质等关键技术问题。湿喷的真正内涵是通过湿喷工艺建立喷射混凝土质量保证体系,使配合比、强度、品质控制等设计指标能够得到保证。混凝土湿喷技术为解决在隧道施工中混凝土干(潮)喷时的均质性差、强度低、回弹率高、粉尘大而开辟的一个新途径。

参考文献

[1] 于书翰,杜谟远.隧道施工[M].北京:人民交通出版社,1999.

[2] 关宝树.隧道工程施工要点集[M].2版.北京:人民交通出版社,2012.

淮河大桥施工测量控制网布设与应用

张　杰

（中交三公局第二工程有限公司徐明高速13标项目）

摘　要：在工程开始施工前，首先通过测量把施工图纸上的建筑物在实地进行放样定位，测定控制高程，为下一步的施工提供基准。这一步工作非常重要，测量精度要求非常高，它关系整个工程质量的成败。本文介绍了淮河大桥测量控制网的布设、加密和优化，通过设置强制对中观测墩，使测量精度有较大的提高，为工程施工提供有利的质量保障。

关键词：斜拉桥　施工控制网　强制对中　平差计算　精度

1　工程概况

徐明高速是安徽“四纵八横”高速公路网中的“纵一”部分，位于安徽省东北部，起点与徐州至明光高速江苏段相接，终点与明光至蚌埠高速公路相连接。徐明高速第十三合同段起讫桩号：K116＋070.5～K119＋366.5，全长3 296m。工程范围内K116＋835.5～K117＋206.5段为独塔双索面斜拉桥。桥跨布置为（246＋125）m，主跨钢箱梁246m，副跨预应力混凝土箱梁125m。淮河大桥引桥位于安徽省五河县和凤阳县境内，引桥的起讫点桩号分别为北引桥K116＋070.5～K116＋835.5及南引桥K117＋206.5～K119＋366.5，全长2 925m。

2　平面控制测量

2.1　平面控制网布设形式

淮河大桥桥位穿越村庄、地形复杂，南北两岸大堤树木密度大，通视条件差，为保证控制网的统一性，主桥控制网根据实际情况按图1形式布设。

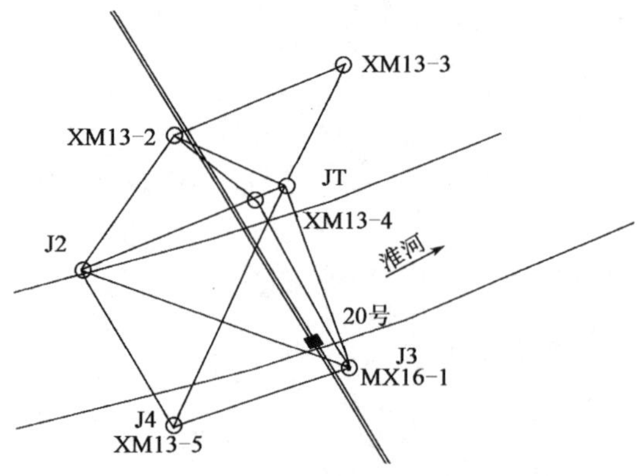

图1　平面控制网布置图

2.2　控制网布置及埋设

（1）点位均选择在地势开阔、基础稳定、易于长久保留且不因施工或其他外界因素影响而变化位置处。

（2）控制网组成的三角形内角在30°～120°之间。

（3）导线网相邻边长之比不小于1∶3。

（4）控制点间通视良好，远离构筑物或高压线杆等，以减少构筑物旁遮光或电磁场对测量数据的影响。

(5)控制点埋设前将基坑底部夯实,埋设后将回填土夯实。

(6)控制点埋设稳定后进行联测,观测精度指标符合规范要求,内业平差计算进行严密平差。

(7)控制网至少半年复测一次,为保证施工过程的正确使用,在日常测量过程中对相邻导线点间进行不定期检测,确保控制网的整体精度。

2.3 强制对中墩的造标与埋设

本桥选用通用式强制对中装置,强制对中观测墩由墩体[图 2a)]、仪器强制对中装置[图 2b)]及护盖组成。

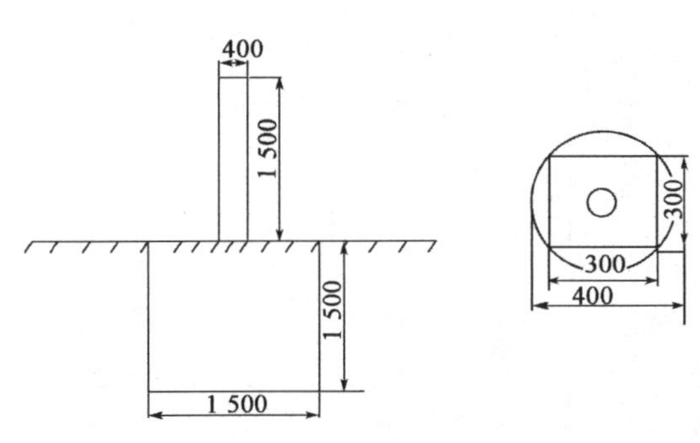

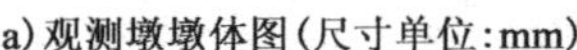
a)观测墩墩体图(尺寸单位:mm)

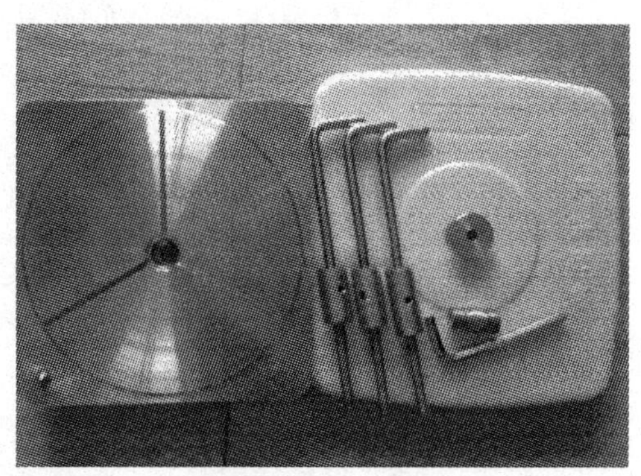
b)强制对中装置

图 2 通用式强制对中装置

在选好的点位开挖基础(1.5m×1.5m×1.5m)、支立模板、浇筑混凝土,将对中盘固结在标墩顶面,对中盘为中心有螺孔的圆形不锈钢板,水平地固定在标顶上,水平度不大于1%,混凝土凝固后磨光整饰,书写点号标志,强制对中观测墩埋设完毕。使用时,将配套的对中螺丝旋入对中盘的螺孔中,然后握住仪器上盘旋转基座,使仪器连接螺孔与对中螺丝紧密连接。

2.4 控制网联测方法

控制网常规测量方法有:GPS 全球卫星定位系统测量及全站仪三角测量、三边测量、导线测量、边角网测量。

本网按常规的地面测量方法,全边角网施测,采用徕卡 TCRP1201+R400 型全站仪,标称精度为$(1+1\times10^{-6}D)$mm,测角精度 0.5″,边角网观测时与附近的导线点联测。

边角观测按《公路勘测规范》(JTG C10—2007)中表 4.1.3-3 三角测量的主要技术要求和表 4.1.3-4 三边测量的主要技术要求进行。

2.5 加密控制网平差

平差结果见表 1,精度均符合规范要求。

表 1

闭合导线坐标计算

合同段号:LJ-13　　施工单位:中交三公局第二工程有限公司

序号	点名	夹角(实侧)			改正数	方位角			距离	增量计算值(m)		增量修正值(m)		改正后增量(m)		坐标(m)	
		°	′	″	″	°	′	″	m	ΔX	ΔY	$\Delta X'$	$\Delta Y'$	ΔX	ΔY	X	Y
1	J2															3 657 739.790 0	511 061.327 2
2	J1	78	27	37.125	0.508	62	28	29.07	513.498 7	237.308 1	455.374 3	−0.000 8	−0.000 7	237.307 3	455.373 7	3 657 977.097 3	511 516.700 9
3	J3	96	46	56.420	0.508	164	0	51.44	531.943 9	−511.373 8	146.496 1	−0.000 9	−0.000 7	−511.374 7	146.495 4	3 657 465.722 6	511 663.196 3
4	J4	92	34	6.300	0.508	247	13	54.51	427.117 9	−165.296 2	−393.836 1	−0.000 7	−0.000 5	−165.296 9	−393.836 6	3 657 300.425 6	511 269.359 7
5	J2	92	11	18.125	0.508	334	39	47.70	486.126 5	439.365 1	−208.031 8	−0.000 8	−0.000 6	439.364 4	−208.032 5	3 657 739.790 0	511 061.327 2
6						62	28	29.07									
	$\Sigma\beta_{测}$	359	59	57.97		Σ			1 958.687 0	0.003 153	0.002 505	−0.003 2	−0.002 5	0.000 0	0.000 0		
	$\beta_{理}$	360	0	0.00		$\Sigma_{理}$											
	f_β			−2.03		f			0.004 03	0.003 2	0.002 5					T=1∶486 393	

测量:　　计算:　　复核:　　监理:　　日期:

3 高程控制测量

本桥按设计及规范要求以三等水准测量进行，本桥跨河水准测量难度较大，需采用精密测量方法。

3.1 跨河水准测量方法

跨河水准采用精密方法测定，主要方法有：GPS 全球定位系统、全站仪 EDM 三角高程测量、水准仪只读法、光学测微法、倾斜螺旋法等，根据跨河视线长度的不同，采用单线过河或双线过河，当跨河视线短于 300m 时采用单线过河，超过 300m 就需双线过河，并在两岸等精度联测，形成跨河水准闭合环。

3.2 跨河水准的布设形式

由于跨河的前视、后视的视线长度不能相等且相差较大，同时过河视线又很长，造成仪器的角误差及地球曲率和大气折光对高差的影响很大，为消除和减弱上述误差的影响，跨河水准测量将仪器与水准尺在两岸的安置点位布设成平行四边形、等腰梯形或 Z 字形。当使用两台仪器同时观测时，采用图 3a)或图 3b)所示的形式。当使用一台仪器观测时，采用图 3c)所示的形式，图中，岸上视线 I_1b_1 与 I_2b_2 的长度相等，且不得短于 10m。

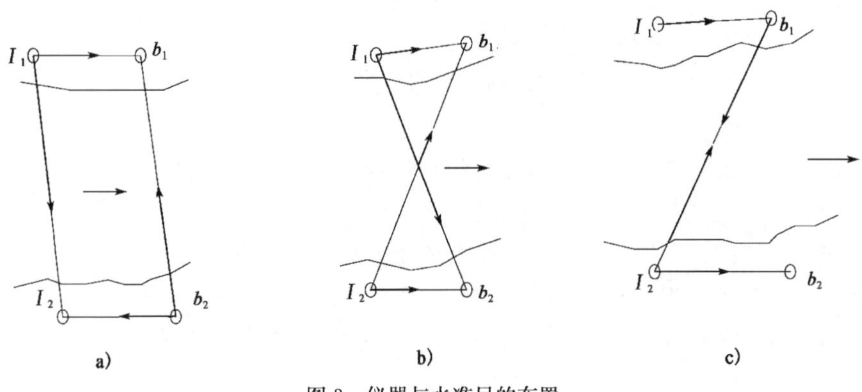

图 3 仪器与水准尺的布置

3.3 跨河水准测量操作方法

(1)选择适当天气进行观测，避开强光、高温、高湿、温度变化较快的时段，尽量缩短观测时间。一般在日出 1～3h 这一时段，地面处于吸热过程，是大气层密度平衡、成像较稳定的时间；如遇阴天，大气层保持平衡，目标成像稳定，是较有利的观测时间。

(2)在跨河水准测量前，对仪器进行检校，观测前提前将仪器从箱中取出，以适应外界气温，两岸宜双向同步观测，且用白色测伞对仪器进行遮阳等常规保养、保护工作。

(3)仪器视线高于地面 0.5m，且高于河面 3m，视线尽可能避开草丛、树木、建筑物等，以减弱大气折光对观测精度的影响。

(4)仪器在调换河岸时，不得碰动对光螺旋和目镜，以保证两次观测时，其对岸水准尺望远镜视准轴不变。仪器调岸的同时，水准尺也进行调岸。跨河水准测量的全部测回，不同时间段观测结果进行比对、检校。

(5)全站仪 EDM 三角高程测量采用对向观测，尽量缩短观测时间段，以减弱或消除大气折光的影响，注意地球曲率对高差的影响。

(6)跨河水准测量及检核各观测两个测回，往返对向观测，三等水准测量两测回高差不超过 5mm，如出现超限，整个测回应重新测量，依据实际情况将上述几种方法结合使用，在全天分多个时段分别进行测量，使水准高程网的精度更高，取得最可靠的数据。

3.4 测设及检测

本桥使用徕卡 DNA03 电子水准仪按三等水准测量要求，分别对南、北岸进行闭合水准测量，使用苏一光 DSZ2 型水准仪采用普通跨河水准测量方法进行测量，双线跨河水准联测，将整个水准网构成闭合水准环，并使用徕卡 1201＋全站仪 EDM 三角高程对整个高程控制网进行对向观测复测，均满足相应规范精度要求。

4 结语

斜拉桥施工测量最关键的基础工作是控制网布设的合理性和测量平差方法，测量平差精度直接影响到索塔、成桥线性的质量。淮河大桥测量控制网的布设及应用，特别是强制对中观测墩的设置，减少了导线点间的相对误差，测量精度相应得到了较大的提高。跨河水准测量通过多种检核方法，较好地解决了高程传递中的误差累积现象。这为今后的工程施工提供了有利的质量及技术保障。

参 考 文 献

[1] 冯兆祥，钟剑驰，岳建平. 现代特大型桥梁施工测量技术[M]. 北京：人民交通出版社，2010.

[2] 陈明宪. 斜拉桥建造技术[M]. 北京：人民交通出版社，2003.

[3] 聂让，付涛. 公路施工测量手册[M]. 2 版. 北京：人民交通出版社，2008.

[4] 田克平，韩大章. 灌河大桥——建设文集[M]. 北京：人民交通出版社，2008.

临近既有线桩基施工浅谈

李昌磊

（中交三公局第二工程有限公司宁绩项目）

摘　要：在目前公路工程施工中，桥梁占有较大的比重，临近既有线施工常常出现，在既有线施工中面临着越来越大的安全等各方面压力。因此，制订切实有效的既有线施工工艺和措施必将成为今后既有线施工工作的重中之重。本文就从宁绩高速公路胡乐铁路大桥上跨皖赣铁路临近既有线桩基施工中所面临的问题，浅谈临近既有线桩基施工所采取的施工方法，以指导类似工程的施工。

关键词：既有线　桩基　施工　安全

1　施工准备工作

临近既有线桩基工程开工前，应准备好相关资料，如工程、水文地质资料、施工设计图纸、施工方案、专项安全施工方案、施工现场环境和邻近区域调查资料、主要施工机械及其配套设备的技术性能资料、所需材料的检验和配合比试验资料等。按照“先防护，后施工”的原则，采用物理隔离封闭施工区间，临时物理隔离防护采用钢管立柱加立面钢丝网封闭，栅栏高度不低于2.0m，且高度基本一致，稳固扎实，不易变形、破坏。

2　探明杆线位置

胡乐铁路大桥临近既有线为皖赣铁路胡乐站附件，铁路两边明线暗线较多，在施工前与工务、电务、信号、铁通、给水等相关部门联系，确认地下管线埋设及迁改情况，确保万无一失。施工中如挖出既有管线，及时与相关部门联系，做好防护措施，保证既有管线的安全。如不能确定所开挖区域地下管线，开挖前应人工挖探沟调查勘测，探沟必须纵横穿越施工区域，具有代表性，探沟深度1.5m。如遇不能迁改的，做好管线安全防护专项方案，确保管线安全。

3　施工场地处理

本桥14号墩和15号墩左右幅桩基分别位于铁路两侧，共计8根桩基，桥墩内侧距铁路中心线距离最近的为右线14-1，为6.57m，大于6.5m。由于桩基距铁路路基较近，部分桩基就在既有线路基上，对此我们坚持“不开挖”原则，采取冲击钻施工，结合现场实际情况，决定在桩基位置填筑土石平台，施工平面尽量和铁路路基等，高以便施工。一般既有线桩基施工较复杂，规划好施工场地设施对接下来的施工很有帮助。

4　确定钻机和泥浆池位置

一般铁路边有很多暗线（如：电缆、通信线等），在确定泥浆池位置时一定要搞清地下电缆位置，防止开挖泥浆池时损坏电缆造成事故。根据皖赣铁路边电缆的位置和实际地形情况，胡乐铁路大桥 14 号、15 号桩基施工时，平面布置及泥浆池位置如图 1 所示。

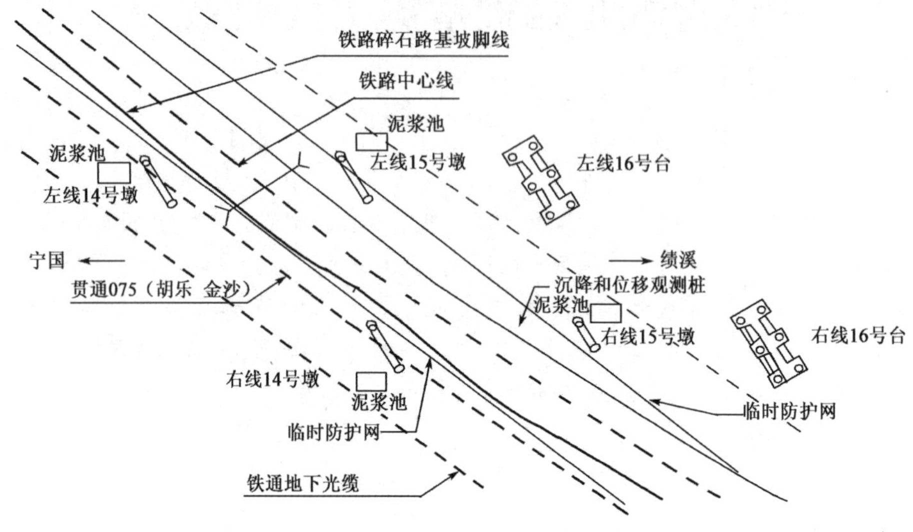

图 1　平面布置及泥浆池位置

5　安全和突发事件

(1)临近既有线施工所有施工人员施工前必须进行既有线施工安全培训教育，并通过考试合格后方可上岗作业。结合现场情况共安排 15 人既有线施工管理人员。其中，包括 4 名现场防护员，2 名驻站联络员，2 名现场技术人员，4 名现场施工人员，3 名管理人员。车站设现场驻站防护员，和现场保持不间断联系，一般为 2～3min 要用对讲机通话一次。遇有来车通知现场防护员，现场要掌握列车运行情况；所有人员下道避车，工具、料具及时撤出限界以外。

(2)每个既有线施工人员必须意识到既有线施工的特殊性，施工人员不可麻痹大意，皖赣线营业繁忙施工区间火车较多，这让我们更加增加警惕，我们建立的严格的班前会制度，班前会必须天天开，一线工人学校要经常上课，我部在开工前特意请来了绩溪县铁路公安派出所的民警给我们上课，并取得不错的效果。

(3)平时安全工作要结合"三阶段"施工要求做好预警等各项工作。各个岗位必须严格坚守，不得擅离职守。影响行车或影响行车设备稳定、使用的施工项目未经申报批准严禁施工，严禁擅自施工或擅自扩大施工内容和范围。

(4)施工时遇到突发情况必须立即上报，等待处理。如遇机械材料侵限或损坏铁路通信设备时现场防护员要立即通知驻站联络员，让火车站通知即将路过的火车，防止安全事故的发生。没来得及通知驻站联络员或者通信突然中断的，现场防护员要按照规定使用响墩和红黄旗给即将路过的火车驾驶员发出让其停车信号。

(5)如遇突然事件，项目部要严格按照应急预案严格执行，成立应急处理小组，及时处理，首先保证皖赣线的运营通畅；其次处理相关施工工作。

6 施工现场警示防护设置

警示标牌的设置目的是为了提醒进入施工现场的管理人员、操作人员，在作业期间注重安全生产，减少人为因素对安全的影响，同时也对进入现场的非施工人员履行警告义务。警示标牌布置在施工现场醒目处和机械设备上。施工期间必须设专人驻站，使施工现场时刻与车站保持密切联系，以便于列车逼近时施工人员及时待避，确保行车、人员安全。既有线上施工必须按《铁路技术管理规程》规定的防护办法设置施工安全防护，未设好施工防护不得进行施工作业。

7 做好防机械侵限工作

大型机械设备参与既有线施工时，要制订专项的安全施工方案，既有线施工的各类大型机械设备必须取得相关操作证书，且设备运转正常。各类施工机械必须进行登记、编号管理，所有施工机械必须做到“一机一人”防护。现场人员掌握好设备到既有线、接触网、架空电线等的相对距离，保证钻机处于安全的作业范围。防机械侵限措施如图 2 所示。

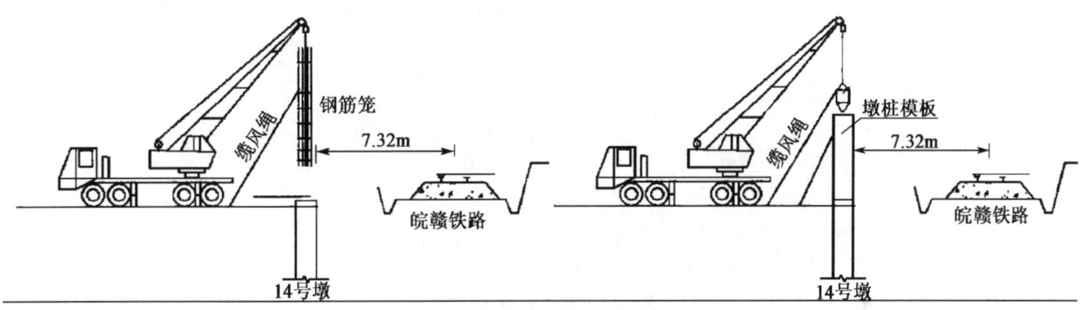

图 2 防机械侵限措施

临近既有线桩基施工时，确定钻机高度是否超出安全范围，如钻机高度大于施工点与既有线之间的安全距离，应设置缆风绳及地锚，将钻机朝既有线方向反拉，确保钻机不向既有线方向倾覆。并在人员操作不当、不可预见的外力碰撞、雷雨大风等不利情况下保持设备的稳定。钻机防倾覆措施平面示意图如图 3 所示。

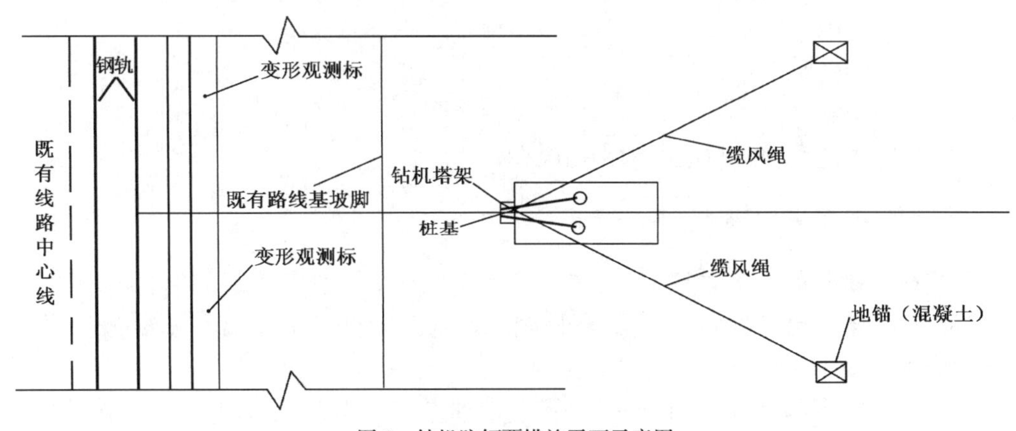

图 3 钻机防倾覆措施平面示意图

地锚、缆风绳设置在背向既有线方向，每台钻机的缆风绳呈人字形设置两根，缆风绳采用ϕ16mm 的钢丝绳，一端系于地锚，另一端系于钻机距立杆顶部下 1～1.5m(或 1/3)处，每端安装 U 形卡数量不少于 3 个，方向错开。缆风绳要拉在地锚上，计算如下。

根据施工桩基与地锚埋设点间距离，分别计算地锚受力方向与地面水平线的夹角为 α。

缆风绳的选择：

$$F=T\times K$$

式中：T——缆风绳拉力；

K——安全系数，取 2.0～3.0。

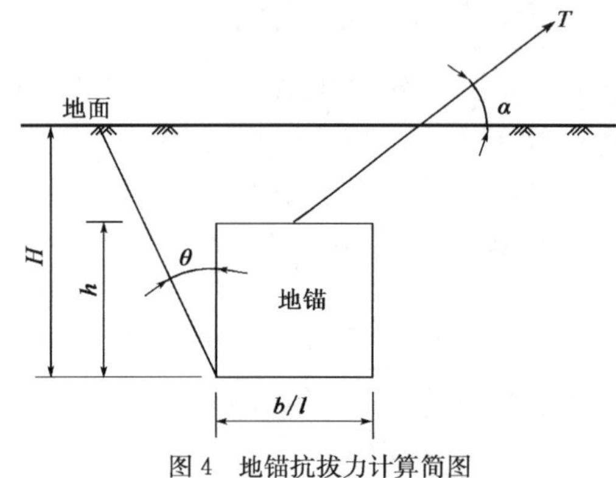

图 4　地锚抗拔力计算简图

选用钢丝绳，查表得其最小破断力 F_{min}。

地锚抗拔力计算简图如图 4 所示。

假定地锚的垂直分力由一直立楔形体积土平衡，水平分力由等于 H 深度处被动土平衡，地锚的水平容许拉力分别按下列二式计算，取二者中较小值作为地锚的容许拉力。

$$[T]=\frac{1}{K}\left(blH+\frac{1}{2}lH^2\tan\theta\right)\gamma\frac{1}{\sin\alpha}$$

$$[T]=0.5hlH\gamma\left[\tan^2\left(45^\circ+\frac{\varphi}{2}\right)+2c\tan\left(45^\circ+\frac{\varphi}{2}\right)\right]\frac{1}{\cos\alpha}$$

式中：$[T]$——地锚容许拉力(kN)；

K——抗拔安全系数，一般取 2.0～3.0；

b——锚坑下口宽度(m)；

l——地锚长度(m)；

H——地锚底部距离地面深度(m)；

h——地锚高度(m)；

θ——土的计算抗拔角；

φ——土的内摩擦角；

γ——重度(kN/m^3)；

c——土的黏聚力；

α——地锚受力方向与地面水平面夹角。

8　既有线施工安全卡控措施

(1)严格按照批准的施工方案组织实施；严格按照与各设备管理单位签订的安全协议和划定的界限施工，严禁私自扩大施工范围；严格施工计划上报制度，没有计划不准施工，严禁冒险蛮干，必须确保各项施工安全。

(2)严格执行铁道部《铁道营业线施工安全管理办法》(铁办〔2008〕190 号)进行既有线施工。施工前，必须对现场作业人员进行既有线施工安全知识学习和安全教育，并做好相应记录，并对学习者进行考核，考试合格者方可参与既有线的施工作业。

(3)按部颁《既有线施工运输安全管理规定》和《铁路工务安全规则》设置施工安全防护，驻站联络员、现场防护员经地方铁路局有关单位培训考试合格、责任心强的正式职工担任。

(4)认真落实《关于印发〈营业线施工安全卡控措施〉的通知》(经地铁安〔2005〕48 号)、《关于增加营业线施工安全措施的通知》(经地铁安发〔2010〕58 号)、《关于扬州至绩溪高速公路跨皖赣铁路节点设计方案的函》(上铁师函〔2010〕994 号)文件的相关内容要求。

9 结语

中交三公局第二工程有限公司宁绩项目部针对胡乐铁路大桥临近既有线施工制订了详细的施工组织，通过与相关铁路相关部门协调下，临近既有线桩基施工非常顺利的进行，为以后同类型既有线施工积累了经验，既有线施工方法的选择及操作的正确性是保证既有线正常施工的重要措施，在是实际施工过程中，作为施工单位一定要按照严格的操作程序进行施工。

参考文献

[1] 中华人民共和国交通运输部. JTG/T F50—2011 公路桥涵施工技术规范[S]. 北京：人民交通出版社，2011.

[2] 中华人民共和国铁道部. 铁办〔2008〕190 号 铁路营业线施工安全管理办法.

浅谈 CFG 桩长螺旋成桩施工技术

范文杰

（中交三公局第二工程有限公司吉莲高速公路 B1 标项目）

摘　要：CFG 桩长螺旋钻孔管内泵压 CFG 桩成桩混合材料施工方法，具有成桩速度快、工程造价较低等特点。对 CFG 桩施工过程进行分析并提出一些解决措施。

关键词：CFG 桩长螺旋钻机　施工工艺　安全质量

1　工程概况

沪昆客运专线设计时速 350km，对路基地段工后的沉降有严格的要求，CFG 桩作为地基基本载体，对工后沉降是否能够达标起着关键性的作用。二工区路基施工管段 CFG 桩有 23 612 根，桩长在 5～15m 之间，桩间距为 1.5～2.0m，累计 263 860m。施工采用长螺旋钻孔管内泵压混合料灌注成桩施工方法。

2　施工方法

2.1　施工准备

测量 CFG 加固地基范围，用推土机等机械进行场地平整，清除地表种植土，对水田或水塘地段，根据静力触探试验确定地表以下需清除的淤泥土厚度，并进行换填，其桩间土的压实度要达到 90%。

2.2　测量放样

施工前在施工平台上放出各施工桩位，桩位中心点用钎子插入地下，并用白灰(或使用红绳系上)标志。

2.3　钻机拼装就位

钻机就位时，应使钻杆垂直对准桩位中心，确保 CFG 桩垂直度容许偏差不大于 1%。每根桩施工前现场技术人员进行桩位对中及垂直度检查。满足要求后，方可开钻。

2.4　钻进成孔

钻孔开始时，关闭钻头阀门，启动马达钻进，先慢后快，同时检查钻孔的偏差并及时纠正。根据钻机塔身上的进尺标记，成孔到达设计高程时，对随螺旋上升的地下土样进行分析判断，看其是否已达到设计要求的持力层位置，如果与设计稳合，则可停止钻进，进行下一道工序施工。

2.5　混合料搅拌

混合料搅拌采用集中拌和，按照配合比进行配料，混合料出厂时坍落度可控制在 160～200mm 之间。

2.6 灌注及拔管

钻孔至设计高程后，停止钻进，开始进行泵送混合料，当钻杆芯管充满混合料后开始拔管，每根桩的投料量应不小于设计灌注量，并保证连续拔管，严禁先提管后泵送。施工桩顶高程宜高出设计高程 30～50cm，灌注成桩完成后，桩顶盖土封顶进行养护。在灌注混合料时，对于混合料的灌入量控制采用记录泵压次数的办法，对于同一种型号的输送泵每次输送量基本上是一个固定值，根据泵压次数来计量混合料的投料量。

2.7 移机

灌注时采用静止提拔钻杆(不能边行走边提拔钻杆)，提管速度控制在 2～3m/min 之间，灌注达到控制高程后，利用自身行走设备，钻机移至下一根桩的施工。

2.8 现场试验

在成桩过程中抽样做混合料试块，每台班做 1 组(3 块)试块，测定其 56d 抗压强度。

2.9 弃土清理

螺旋钻提管过程中会置换出同体积的数量(一般考虑 1.1 左右的松散系数)的原状土，必须及时清理至弃土场。

2.10 扩大桩帽施工

施工前根据桩帽的高度计算出桩顶高程，将桩头凿除至桩帽底以上 10cm 的高程位置，桩检合格后在平台体上人工开挖桩帽形状，并浇筑混凝土，振捣密实，达到强度后施工以上碎石褥垫层。

3 CFG 桩工艺流程

CFG 桩工艺流程见图 1。

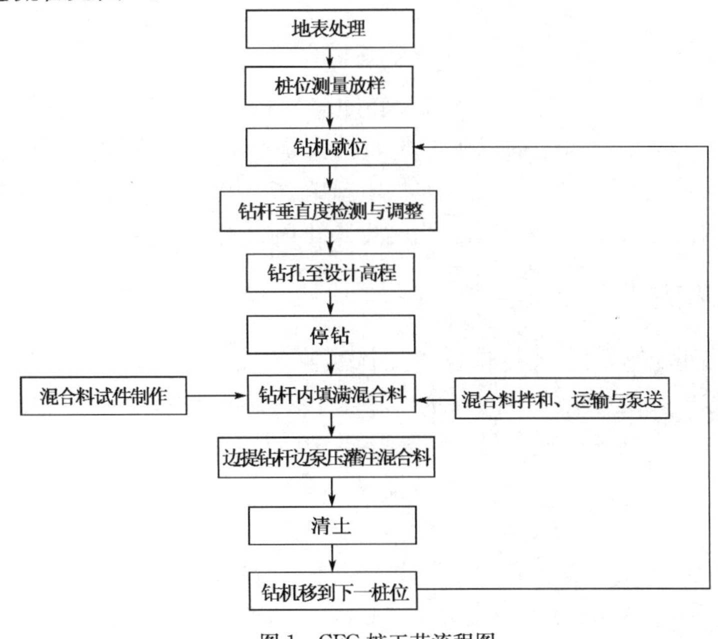

图 1　CFG 桩工艺流程图

4 CFG 桩质量控制

CFG 桩的数量、布桩形式应符合设计之要求。

其偏差控制如下。桩位:50mm,桩体垂直度 1%,桩体直径不小于设计值,检测频率按成桩总数的 10%抽样检验,且每检验批不少于 5 根。对其桩身质量、完整性进行检测,施工单位检测频率为总桩数的 10%,采用低应变进行检测。

根据设计给出的复合地基承载力和单桩的受力面积,计算出单桩的复合地基承载力,堆载的荷载应不小于设计荷载的 2 倍。施工单位检测频率为 0.2%,且每检验批不少于 3 根,其复合地基承载力应满足设计要求等。

5 主要施工机械

主要施工机械见表 1。

主要施工机械表 表 1

序 号	设 备 名 称	规 格 型 号	单 位	数 量	说 明
1	长螺旋钻机	CFG21(25)	台	1	钻孔,泵压混凝土
2	搅拌站	$120m^3/h$	台(套)	1	拌制混凝土混合料
3	混凝土运输车	$8m^3$	台	2～3	运送混凝土
4	混凝土运输泵	HB600	台	1	浇筑混凝土
5	发电机	150kW	台	1	自发电
6	挖掘机	DH50	台	1	清表及挖移土方
7	翻斗车	东风 $5m^3$	台	3～5	根据实际情况定

6 施工现场控制

布桩时,CFG 桩的数量、布置形式及间距必须严格按照设计要求。遵循从中心向外推进施工,或从一边向另一边推进施工的原则。判断钻头是否到了持力层采用桩机驾驶室观测电流的变化。钻机开始钻孔及软弱地层钻孔时,电流表指针在 120～130A 之间,当钻头遇到持力层时,瞬间的电流将增大到 160A 以上,同时电压下降。此时,应判定钻头已达到持力层。

7 安全保证措施

CFG 桩在施工前,技术人员要根据设计图认真复核施工区域内的工程地质资料,清楚并掌握地质的情况,防止因此可能发生的安全事故。机械驾驶员应严格遵守操作规程,每班检查机械状况,做好保养填写机械运转记录,严防机械事故的发生。

8 结语

CFG 桩复合地基,通过改变桩长、桩距、褥垫厚度和桩体配比,能使复合地基承载力幅度的提高有很大的可调性。它具有沉降变形小、施工简单、造价低、承载力提高幅度大、适用范围较广、社会和经济效益明显等特点,广泛应用于各类工程的地基处理和加固。

参考文献

[1] 中华人民共和国行业标准. TZ 212—2005 客运专线铁路路基工程施工技术指南[S]. 中华人民共和国铁道部,2005.
[2] 薛振华,於东军. 大学 Java 课程教学改革初探[J]. 中国轻工教育,2008(01).
[3] 杨红梅. 夯扩载体 CFG 桩复合地基工程性状研究与分析[D]. 西南交通大学,2006.
[4] 倪初冬,聂智勇. CFG 桩施工工艺及成桩常见问题[J]. 交通世界,2012(Z1).

浅谈岩溶注浆加固地基施工技术

范文杰

（中交三公局第二工程有限公司吉莲高速公路 B1 标项目）

摘　要：岩溶地区路基工程地基加固采用注浆是处理溶洞的主要一种方式，对岩溶注浆的施工技术进行简要介绍。

关键词：岩溶注浆　施工技术　安全质量

1　工程概况

我项目为吉莲高速公路 B1 合同段，地处于江西省吉安市境内，岩溶十分发育，路线长 8.655km，桥梁有 9 座，共有桩基 298 根，溶洞桩基 122 根。

由于一座桥第 8 跨铁路施工，8 号墩桩基施工地质条件过于复杂，溶洞空腔偏大，根据现场钻探资料，设计代表为确保施工安全及铁路运营安全，将 8 号墩 2 根桩基变更为 4 根群桩桩基，对靠近铁路施工的 2 根桩进行岩溶注浆加固处理。

2　施工方法

利用普通地质勘察钻机开设注浆孔，开孔直径为 110mm。终孔条件：入岩 6m，如遇溶洞需穿过溶洞底板 1m。注浆孔开设完毕后，在注浆孔内引入注浆管，注浆管型号为 ϕ30mm 的 PVC 管，管底嵌入岩面 0.5m，根据地质情况在注浆管上面开设不同长度的花管；下注浆管前必须对孔底尘渣予以清除。注浆管埋设完毕后，必须封闭上管口和注浆孔孔口以防止注浆孔出现塌孔现象堵塞注浆孔及花管孔。钻孔如图 1 所示。

a)

b)

图 1　钻孔

根据设计图纸、施工方案选用适当的水泥和泥浆配合比进行注浆。注浆时根据钻探记录和注浆试验结果选择适宜的浆液水灰比。注浆开始先进行自流注浆（注浆压力为零），直至浆液面到达孔口后进行有压注浆，注浆压力：灰岩中为 0.1～0.3MPa；根据注入率变化，到达岩土界面附近逐步加压至 0.3～0.5MPa（相同压力下注浆量发生变化）；若需间歇反复注浆时，注浆压力适当降低。注浆如图 2 所示，高压注浆泵如图 3 所示。

各孔注浆量依据具体地质情况有较大差异，当连续注浆单孔超过 15t 水泥不见升压时，说明土层中存在岩石内有溶洞、裂隙。应考虑提高浆液浓度、添加粉煤灰或双液注浆。必要时，间歇注浆。注浆量过大时，应提请有关四方会勘，采用适当措施进行处理，比如将水泥泵改换为砂浆泵，将纯水泥改为水泥砂浆。注浆过程中出现下列情况之一，进行间歇反复注浆：注浆孔揭露较大的空溶洞，自流注浆 $2m^3$ 后，孔底没有明显抬升；浆液漏失严重一次性连续注浆 $2m^3$ 后，注浆速率不减或压力不升高；注浆压力突然降低（含突然为 0）或速率突然升高；当流量较大时，液面可以上升至孔口，但停止注浆液面又迅速下降且下降速率较大，反复注浆几次浆面没有抬升；注浆环境发现异常情况。

为了保证注浆压力或注浆过程的连续性，加压注浆前进行必要的封孔措施。可采用胶球止浆，也可采用砂浆止浆或预埋注浆管。该方法适用于容易塌孔的地段。

注浆结束条件：注浆孔口压力维持在 0.2MPa 左右，注浆量不大于 40L/min（维持 30min）；冒浆点已出注浆范围外 3～5m 时；单孔注浆量达到平均注浆量 1.5～2.0 倍，且进浆量明显减少时。当达不到上述条件时，清孔后再次注浆。注浆结束后，为防止水泥浆产生离析或有较大下降，待浆面稳定且经（反复）补浆至孔口后再做止浆盘。止浆盘初凝后在其表面用红油漆标明该孔的里程、桩号和设计深度。物探方法检测注浆效果如图 4 所示。

图 2 注浆

图 3 高压注浆泵

a)

b)

图 4 采用物探方法检测注浆效果

3 工艺流程

平整场地→孔位放样→开设注浆孔→埋设注浆管→拌浆及注浆→封孔。

4 机械设备

根据设计要求及地层条件，选择的主要施工设备有 XY-100，XV-100 型地质钻机、JW180 和 UJZ300A 型灰浆搅拌机、TYB-2 型挤压式注浆泵、BW-150 型高压注浆泵。

5 人员配置

人力资源配备见表 1。

人力资源配备表 表 1

序号	名称	人数	工作内容
1	现场负责人	1	全面负责整个施工过程
2	技术负责人	1	负责现场施工技术
3	钻机机长	10	负责钻机操作，现场记录
4	钻机工人	30	协助机长进行钻机操作
5	注浆工人	40	进行洗孔和注浆工作
6	安全员	1	负责现场施工安全
7	质量员	1	负责现场施工质量
8	测量员	3	对注浆孔位进行放样和沉降观测

6 质量控制

通过注浆前注水试验，调整材料配比和注浆压力等路基工艺参数。注浆孔应跳孔施钻，同步注浆，避免孔位串浆，增加难度及清孔工作量。注浆孔施工从路基坡脚向线路中心的顺序进行，先两侧后中间，保证注浆质量。注浆孔位偏差不大于 0.5m。注浆过程中加强地面观测记录(水平位移，冒浆点位置，地面沉陷等)。

孔深检查：一般地，注浆与钻孔工作同步进行，但实际中经常存在相对滞后的现象。

这样就有塌孔的可能性，势必导致实际孔深达不到设计要求，这时则必须进行洗孔。注浆有关机具检查：注浆工程不同于一般的工程，一个环节出现故障都会引起整个注浆过程的中断，也可导致所配浆液因久置而初凝，所以必须保证其所有注浆机具的工况和完好率。注浆全过程做好技术资料和基础数据注浆记录、整理、分析工作认真分析总结不断提高施工质量。

7 结语

岩溶注浆加固地基施工技术已成为岩溶地区地基加固的主要措施之一，并被广泛推广使用。该段路基采用岩溶注浆加固处理，经物探检测合格率为100%，达到了设计要求的注浆效果，铁路轨道观测无沉降。该技术设备简单，操作方便，而且工效快，为快速、高效、优质地建设高速公路提供了保证，有效地保证了桩基施工质量。

参考文献

[1] 中华人民共和国行业标准. JTG/T F50—2011 公路桥涵施工技术规范[S]. 北京：人民交通出版社，2011.

浅谈大体积低水化热混凝土配合比设计

宋忠广

（中交三公局第二工程有限公司徐明高速公路路基工程13标）

摘　要：本文介绍了五河定淮淮河大桥索塔承台大体积混凝土配合比的设计和优化。

关键词：大体积　低水化热　混凝土配合比设计

1　工程概述

徐明高速公路是安徽“四纵八横”高速公路网中的“纵一”部分，位于安徽省东北部，起点徐州，终点明光。五河定淮淮河特大桥，跨越淮河，主桥为独塔斜拉桥，塔墩固结体系。主塔承台混凝土强度等级为C35，承台直径为26m，高3m，混凝土方量为1 500m^3，属于大体积混凝土。对于这样的大方量混凝土工程，混凝土内外温差产生的裂缝及混凝土耐久性是质量控制的重点。因此，我们在本工程大体积混凝土配合比设计中，针对不同品种水泥的水化热做了对比测定，除了考虑混凝土拌和物的工作性、强度等指标外，还着重考虑了降低胶凝材料水化热，减少混凝土的绝热温升，提高其抗收缩性能，提高混凝土本身的抗变形、抗开裂等性能。

2　大体积混凝土配合比设计原则

2.1　满足结构物的设计强度要求

索塔承台混凝土设计强度为35MPa，根据规范要求，并考虑到混凝土原材料、拌和、运输、浇筑和养护等的差异，采用配制强度为43.8MPa的进行配合比设计，以保证工程实体的强度要求。

2.2　应满足耐久性的要求

混凝土要具有低水化热、绝热温升小，严格控制混凝土碱含量和氯离子含量，尽可能的降低混凝土的收缩，提高抗氯离子渗透性能，故应大量掺入外掺料。

2.3　应满足工作性能的要求

承台大体积混凝土，采用泵送方式浇筑施工。混凝土的目标坍落度为180～220mm，试配必须经过多次试拌调整，保证混凝土拌和物不离析、不泌水，确保新拌混凝土有良好的工作性能。

2.4　应满足经济性的要求

在满足以上性能的同时，还应尽量降低水泥用量，遵循就地、就近取材的原则，节约工程成本。

3 大体积混凝土配合比的材料选择

3.1 水泥的选择

大体积混凝土应采用水化热低的水泥，我们针对安徽珍珠水泥集团股份有限公司生产的珍珠牌P·O42.5水泥和山东申丰水泥集团有限公司生产的申丰牌P·O42.5水泥进行水化热和各项性能对比试验，具体技术指标见表1。

水泥具体技术指标 表1

材料名称	水化热 3d/7d (J/g)	比表面积 (m^2/kg)	标准稠度用水量 (%)	凝结时间		安定性	强度(MPa)			
				初凝 (min)	终凝 (min)		抗折		抗压	
							3d	28d	3d	28d
珍珠牌 P·O42.5	206/280	330	27.3	225	290	2.0	5.3	8.6	24.3	48.3
申丰牌 P·O42.5	224/300	320	27.6	216	271	1.5	5.9	8.4	25.7	47.2

3.2 集料的选择

(1)粗集料：根据施工要求及降低由于岩石种类造成对混凝土干缩性产生的影响，我们采用石灰岩反击破碎石。大体积混凝土宜优先选用连续级配较好的碎石，以保证混凝土的工作性能，为了保证碎石级配的连续性良好，我们采用几种粒径的碎石进行筛分掺配，从而选出最佳的连续级配碎石；碎石的粒径根据钢筋间距及结构截面最小尺寸选用粒径尽可能大的碎石，以减少胶凝材料用量，降低混凝土的绝热升温，最终我们选用安徽凤阳灵泉马岗采石场生产的5～16mm(占35%)及16～25mm(占65%)的碎石组成连续级配碎石进行试配工作。

(2)细集料：大体积混凝土用细集料宜采用河沙中的Ⅱ区中砂，细度模数宜控制在2.5～2.8的范围内，含泥量、泥块含量和云母含量等指标必须符合规范要求，避免由于含泥量和泥块含量过大等原因对混凝土的强度、干缩及和易性产生不利的影响。最终我们选用明光市女山湖产的Ⅱ区中砂。

3.3 粉煤灰的选择

大体积混凝土宜通过等量或超量取代水泥来掺加粉煤灰，减少水泥用量，降低混凝土的水化热。通过查阅大量的参考文献及以往的施工经验，在混凝土掺入一定量的粉煤灰后，能有效改善混凝土的和易性，减少由于水泥用量过多造成前期水化放热量过大产生混凝土内外温差裂缝。根据就地取材的经济性原则，我们选用淮南市珍宝粉煤灰开发利用有限公司生产的F类Ⅱ级粉煤灰用于试配工作。

3.4 外加剂的选择

为了保证混凝土的和易性，减少混凝土配合比中水的用量，降低混凝土的水胶比，从而减少胶凝材料用量，降低混凝土水化热，我们选用江苏苏博特新材料股份有限公司生产的PCA型聚羧酸缓凝高效减水剂，以降低胶凝材料体系水化放热速率、延缓水化峰值期的出现时间、缓和温度变化曲线，可以在一定程度上减小混凝土内部温度梯度的陡降程度。

3.5 拌和用水

采用饮用水作为混凝土的拌和用水。

4 大体积混凝土配合比设计、试配及选定

4.1 配合比设计及试配

根据原材料的各种性能指标、《普通混凝土配合比设计规程》(JGJ 55—2011)及《公路桥涵施工技术规范》(JTJ/T F50—2011)的规定进行配合比设计,按照《普通混凝土拌合物性能试验方法标准》(GB/T 50080—2002)及《普通混凝土力学性能试验方法标准》(GB/T 50081—2002)的规定,进行混凝土配合比室内试拌、新拌混凝土的各项性能试验及特定龄期的混凝土试件力学性能试验,具体试验结果见表2、表3。

珍珠牌P·O42.5水泥配合比设计及试验结果 表2

编号	水胶比	粉煤灰掺量(%)	矿粉掺量(%)	每立方米混凝土材料用量(kg/m³)								坍落度(mm)	抗压强度(MPa)			28d混凝土电通量(C)
				水泥	粉煤灰	砂	碎石 5~16mm	碎石 16~25mm	水	外加剂	矿粉		3d	7d	28d	
A1	0.38	20	—	324	81	721	395	733	154	5.27	—	180~220	34.2	41.0	48.9	813
A2	0.38	25	—	304	101	721	395	733	154	5.27	—	180~220	32.9	39.8	46.5	892
A3	0.38	30	—	283	122	721	395	733	154	5.27	—	180~220	29.3	36.6	42.8	904
A4	0.38	15	15	283	61	721	395	733	154	5.27	61	180~220	32.1	38.4	46.1	916

申丰牌P·O42.5水泥配合比设计及试验结果 表3

编号	水胶比	粉煤灰掺量(%)	矿粉掺量(%)	每立方米混凝土材料用量(kg/m³)								坍落度(mm)	抗压强度(MPa)			28d混凝土电通量(C)
				水泥	粉煤灰	砂	碎石 5~16mm	碎石 16~25mm	水	外加剂	矿粉		3d	7d	28d	
B1	0.38	20	—	324	81	721	395	733	154	5.27	—	180~220	39.0	42.4	47,9	861
B2	0.38	25	—	304	101	721	395	733	154	5.27	—	180~220	35.1	39.2	45.1	923
B3	0.38	30	—	283	122	721	395	733	154	5.27	—	180~220	33.9	36.0	41.5	957
B4	0.38	15	15	283	61	721	395	733	154	5.27	61	180~220	35.3	38.6	44.6	916

4.2 配合比的比选、分析及确定

通过对两种水泥相同龄期水化热的对比分析,安徽珍珠水泥集团股份有限公司生产的珍珠牌P·O42.5水泥水化热较小,山东申丰水泥集团有限公司生产的申丰牌P·O42.5水泥水化热较大,在相同配合比的情况下,安徽珍珠水泥集团股份有限公司生产的珍珠牌

P·O42.5水泥应优先选用。且山东申丰水泥集团有限公司生产的申丰牌P·O42.5水泥在室内进行配合比试拌中，坍落度损失较快，工作性能得不到保障，不利于结构实体的浇筑施工。

通过查阅大量文献资料得知，混凝土中同时加入矿粉与粉煤灰，的确能更有效的改善混凝土的和易性，但早期水化热要比只加入粉煤灰要高，放热高峰时间要早，可见，矿渣微粉大大提高了水化速度，增加了放热总量。

根据对原材料及配合比各项性能指标的综合比对，安徽珍珠水泥集团股份有限公司生产的珍珠牌P·O42.5水泥和淮南市珍宝粉煤灰开发利用有限公司生产的F类Ⅱ级粉煤灰及聚羧酸高性能外加剂双掺配合比应优先选用，且用该种水泥试拌的混凝土配合比各项性能指标及强度均满足设计要求，故选用编号为A1的配合比作为基准配合比。

5 大体积混凝土配合比的优化

从大体积混凝土的温控角度出发，在保证结构物强度和耐久性的前提下，降低胶凝材料用量，减小混凝土的绝热升温，故对选定配合比进行优化。采用珍珠牌P·O42.5水泥，粉煤灰掺量不变，进行配合比优化设计，结果如表4所示。

珍珠牌P·O42.5水泥配合比优化及试验结果 表4

<table>
<tr><th rowspan="3">编号</th><th rowspan="3">水胶比</th><th rowspan="3">粉煤灰掺量(%)</th><th rowspan="3">矿粉掺量(%)</th><th colspan="8">每立方米混凝土材料用量(kg/m³)</th><th rowspan="3">坍落度(mm)</th><th colspan="3">抗压强度(MPa)</th><th rowspan="3">28d混凝土电通量(C)</th></tr>
<tr><th rowspan="2">水泥</th><th rowspan="2">粉煤灰</th><th rowspan="2">砂</th><th colspan="2">碎石</th><th rowspan="2">水</th><th rowspan="2">外加剂</th><th rowspan="2">矿粉</th><th rowspan="2">3d</th><th rowspan="2">7d</th><th rowspan="2">28d</th></tr>
<tr><th>5～16mm</th><th>16～25mm</th></tr>
<tr><td>C1</td><td>0.36</td><td>25</td><td>—</td><td>313</td><td>104</td><td>718</td><td>393</td><td>730</td><td>150</td><td>5.42</td><td>—</td><td>180～220</td><td>37.0</td><td>39.2</td><td>46.9</td><td>900</td></tr>
<tr><td>C2</td><td>0.38</td><td>25</td><td>—</td><td>300</td><td>95</td><td>726</td><td>398</td><td>739</td><td>150</td><td>5.14</td><td>—</td><td>180～220</td><td>33.9</td><td>37.6</td><td>44.6</td><td>938</td></tr>
<tr><td>C3</td><td>0.40</td><td>25</td><td>—</td><td>281</td><td>94</td><td>734</td><td>402</td><td>747</td><td>150</td><td>5.88</td><td>—</td><td>180～220</td><td>28.4</td><td>33.5</td><td>40.6</td><td>962</td></tr>
</table>

混凝土水化热温度计算：

(1)配合比编号C1。

3d绝热升温：

$$T_{max}=\frac{W\times Q}{C\times\gamma}$$

$$=\frac{313\times206}{0.96\times2\,413}=27.8(℃)$$

7d绝热升温：

$$T_{max}=\frac{W\times Q}{C\times\gamma}$$

$$=\frac{313\times280}{0.96\times2\,413}=37.8(℃)$$

式中：T_{max}——绝热温升(℃)；

W——水泥用量(kg/m³)；

Q——水泥水化热(kJ/kg)；

C——混凝土比热，取 0.96kJ/kg；

γ——混凝土重度(kg/m³)。

(2)配合比编号 C2。

3d 绝热温升：

$$T_{max}=\frac{W\times Q}{C\times\gamma}$$

$$=\frac{300\times206}{0.96\times2\,413}=26.7(℃)$$

7d 绝热温升：

$$T_{max}=\frac{W\times Q}{C\times\gamma}$$

$$=\frac{300\times280}{0.96\times2\,413}=36.3(℃)$$

(3)配合比编号 C3。

3d 绝热温升：

$$T_{max}=\frac{W\times Q}{C\times\gamma}$$

$$=\frac{281\times206}{0.96\times2\,413}=25.0(℃)$$

7d 绝热温升：

$$T_{max}=\frac{W\times Q}{C\times\gamma}$$

$$=\frac{281\times280}{0.96\times2\,413}=34.0(℃)$$

综合分析混凝土强度、绝热温升及泵送混凝土工作性能的要求，经试配优选，最终选用编号为 C2 配合比作为试验室配合比：水泥∶粉煤灰∶砂∶小石子∶大石子∶水∶外加剂=300∶95∶726∶398∶739∶150∶5.14。该配合比混凝土出机坍落度为 215mm，1h 后坍落度为 200mm，初凝时间 19:05，终凝时间 22:40。能够满足现场施工要求。

6 应用效果

主塔承台混凝土混凝土浇筑采用泵送方式，在浇筑过程中，混凝土工作性良好，无离析泌水现象，较长的缓凝时间也有效保证了混凝土层与层之间不产生施工冷缝。混凝土内部最高温度出现的时间是在混凝土施工完成后 96h，最高温度为 54.5℃，符合规范要求，仔细观察混凝土表面，未发现由于内外温差过大而产生的温度裂缝，确保了主塔承台混凝土的质量。

7 结语

(1)粉煤灰和高性能外加剂的掺入使混凝土的工作性能得到很大提高,流动性保持效果也很好。粉煤灰和矿粉双掺的混凝土流动性相对单掺粉煤灰要更好一些,但双掺粉煤灰和矿粉的混凝土早期放热量大,不适用于大体积混凝土施工。

(2)粉煤灰的掺入能大大降低水化热,聚羧酸缓凝高效减水剂使水化反应得到有效延迟,这些对大体积混凝土工程来说是十分必要的。

(3)混凝土 28d 强度满足设计要求。掺入粉煤灰对硬化混凝土强度影响不大,特别是混凝土后期强度能持续增长。

综上所述,粉煤灰与高性能外加剂双掺,能有效降低水化热,延缓放热速率,提高工作性能,这对大体积桥梁承台混凝土工程来说是十分必要的。

参 考 文 献

[1] 中华人民共和国行业标准. JGJ 55—2011 普通混凝土配合比设计规程[S]. 北京:中国建筑工业出版社,2011.

[2] 中华人民共和国国家标准. GB/T 50080—2002 普通混凝土拌合物性能试验方法标准[S]. 北京:中国建筑工业出版社,2003.

[3] 中华人民共和国国家标准. GB/T 50081—2002 普通混凝土力学性能试验方法标准[S]. 北京:中国建筑工业出版社,2003.

[4] 中华人民共和国国家标准. GB/T 50082—2009 普通混凝土长期性能和耐久性能试验方法标准[S]. 北京:中国建筑工业出版社,2010.

[5] 中华人民共和国国家标准. GB/T 12959—2008 水泥水化热测定方法[S]. 北京:中国标准出版社,2008.

浅析客运专线松软土岩溶路基填筑施工工艺

高亚航

（中交三公局第二工程有限公司沪昆项目）

摘　要：路基填筑施工是铁路工程控制的重点，明确路基施工作业的工艺流程和规范标准，对指导高铁路基施工有重要的意义。本文以沪昆客专江西段路基施工为基础，结合对现场施工过程的分析，总结出松软土岩溶路基填筑相关工艺流程、参数和施工要点，望对以后的高铁路基施工起到一些指导性作用。

关键词：客运专线　路基填筑　松软土路基　工艺试验

1　工程概况

沪昆客专 HKJX-6 标二工区起讫里程为 DK659＋235～DK679＋171.18，线路全长为 19.936km，其中，路基 8 段，合计 1.9km。除一段路基为岩石路堑外，其他段路基均为松软土路基，且岩溶发育。

2　路基地基处理

2.1　岩溶注浆

该区域路基基底岩溶较发育，地下水位随季节变化，特别是雨季，地下水上下波动易使上覆土体产生潜蚀破坏甚至形成土洞引起地表塌陷；或由于填筑路堤等原因增加荷载而使溶洞顶板产生坍陷等。坍陷危及路基稳定，影响行车安全，需进行岩溶注浆加固处理。

2.2　CFG 桩施工

该区域路基为松软土路基，经估算分析不满足无砟轨道工后沉降要求，应进行地基加固处理。而 CFG 桩是最常用的加固方式之一。

2.3　褥垫层施工

地基加固处理完成后，应进行褥垫层的铺设。CFG 桩顶褥垫层铺设厚度为 50cm，由 20cm 碎石＋5cm 中粗砂＋土工格栅＋5cm 中粗砂＋20cm 碎石组成；预应力管桩顶褥垫层厚度为 60cm，由 20cm 碎石＋土工格栅＋5cm 中粗砂＋15cm 碎石＋土工格栅＋5cm 中粗砂＋15cm 碎石组成。

3　基床以下和基床路堤填筑

3.1　A、B 组填料来源

本段路基填料来自棠山隧道取土场，属于天然的 A、B 组填料，填筑前已对该处料源进行了取样试验，填料符合B组填料要求，试验报告编号：S62/-T-1104-001，通过筛分后粒径符合设计及规范要求。

3.2 工艺试验

路基在开工前要做试验段，选择地质条件、断面形式具有代表性的地段，采用不同的施工方案试验，从中选出路基施工的最佳方案指导本工区管段内路基工程施工。试验所用的材料和机具与将来全面施工所用的材料和机具相同。通过对褥垫层进行孔隙率、压实度、K_{30}测试；基床以下路基、路基基层、路基表层每层填筑摊铺压实后均进行K_{30}、E_{VD}、压实度试验来确定选定填料、选定机械、选定虚铺厚度等条件下的压实工艺的最优组合，以获取路基填筑施工最佳机械配套施工方式、适宜的松铺厚度、松铺系数和相应的碾压遍数等各项施工参数和施工细节。

(1)在一定机械组合及填层松铺厚度条件下，通过对压实遍数与压实质量的关系曲线分析，总结满足基床以下路基压实标准的最经济合理的压实遍数。

(2)在一定机械组合条件下，通过对松铺厚度与压实遍数的数据分析，总结满足路堤不同部位压实标准的最经济合理的松铺厚度。

(3)实测填料的松铺系数。

(4)通过各填层工艺试验，总结适宜的机械配置、最经济合理的填料松铺厚度、压实遍数等施工控制参数，总结适用于杭长客专各项要求的路基填筑施工工艺。

(5)沉降观测及数据采集，其目的是控制填筑期填土速率，保证地基稳定和为工后沉降分析提供数据。

3.2.1 工艺试验方案

按照试验段施工专项方案进行施工。

(1)填筑摊铺。试验段按松厚度35cm、40cm分别进行试验。使用推土机初平、平地机进行精平，控制平整面无显著的局部凹凸，保证每一层填层的平整度及层厚的均匀。记录没压实层的初始含水率。

(2)碾压。本试验段采用25t振动压路机两台，两台压路机以中线为界，各压半辐路基宽度，分别记录各自的碾压遍数及碾压速度。碾压时采取从两侧向中心的顺序，纵向进退式碾压。拟定碾压方法为：静压一遍，弱振碾压一遍，强振碾压2～6遍(按同步检测结果确定)，弱振碾压一遍，最后再静压一遍消除轮迹。

(3)压实检测。按规范要求，每层填高抽样检验地基系数K_{30}、静态变形模量E_{V2}各4点，动态变形模量E_{VD}等其他指标每填层均检测。为总结数据，试验段每填层5项指标均检测，且随每一压实遍数检测。具体要求如表1和表2所示。

基床以下路堤压实标准 表1

项　　目	压实标准	
	砂类土及细砾土	碎石类及粗砾土
地基系数K_{30}(MPa/m)	≥110	≥130
压实系数K(%)	≥0.92	≥0.92

基床底层压实标准 表 2

项目	压实标准	
	砂类土及细砾土	碎石类及粗砾土
地基系数 K_{30}(MPa/m)	≥130	≥150
动态变形模量 E_{VD}(MPa)	≥40	≥40
压实系数 K(%)	≥0.95	≥0.95

3.2.2 工艺试验总结

(1)根据A、B组填料室内试验试验情况和现场施工结果可以看出,所选用的天然A、B料的各项指标满足设计和验标的要求。

(2)松铺厚度现场施工和试验结果情况,控制在33～35cm之间,压实厚度可控制在28～30cm之间。人工填料在两侧路肩处砌梯形土墙,控制填料厚度和有效控制高程、边坡和横坡。

(3)A、B料的碾压组合为先静压1遍+弱振1遍+强振4～6遍(第4层开始进行压实试验检测)+弱振1遍+静压收光。轮迹重叠不小于0.4m。

3.3 路堤填筑施工

3.3.1 准备工作

测放中线和填筑边线,每20m测放一断面,为保证路肩压实质量,放样时每侧按50cm加宽;加密水准点,控制路基填筑高度以及路基沉降观测。

开挖排水沟,排水沟沿线路纵向开挖,左、右侧排水沟距路基坡脚2m。排水沟宽0.5～1.0m,深1.0m。做好施工组织机构和机械安排计划。

3.3.2 施工工艺流程

根据试验段施工工艺总结进行施工,路堤填筑严格按"三阶段、四区段、八流程"的施工工艺组织施工,每个区段长度应根据使用机械的能力、数量确定。施工工艺流程和施工工序如图1和图2所示。

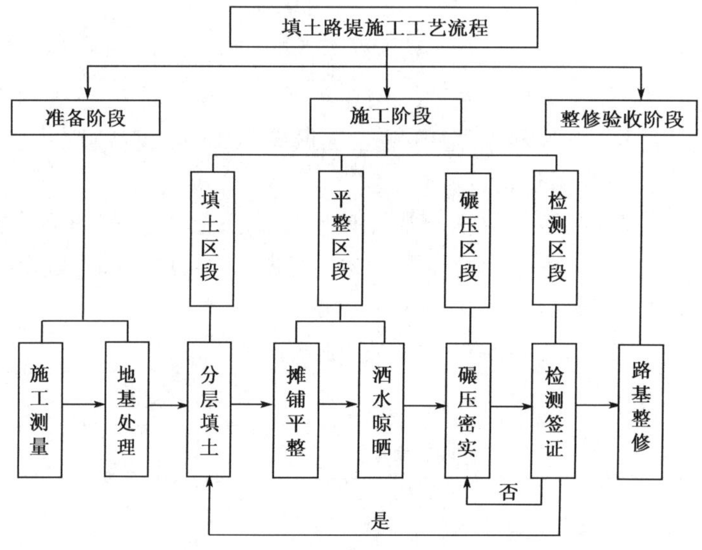

图1 路堤填筑施工工艺流程图

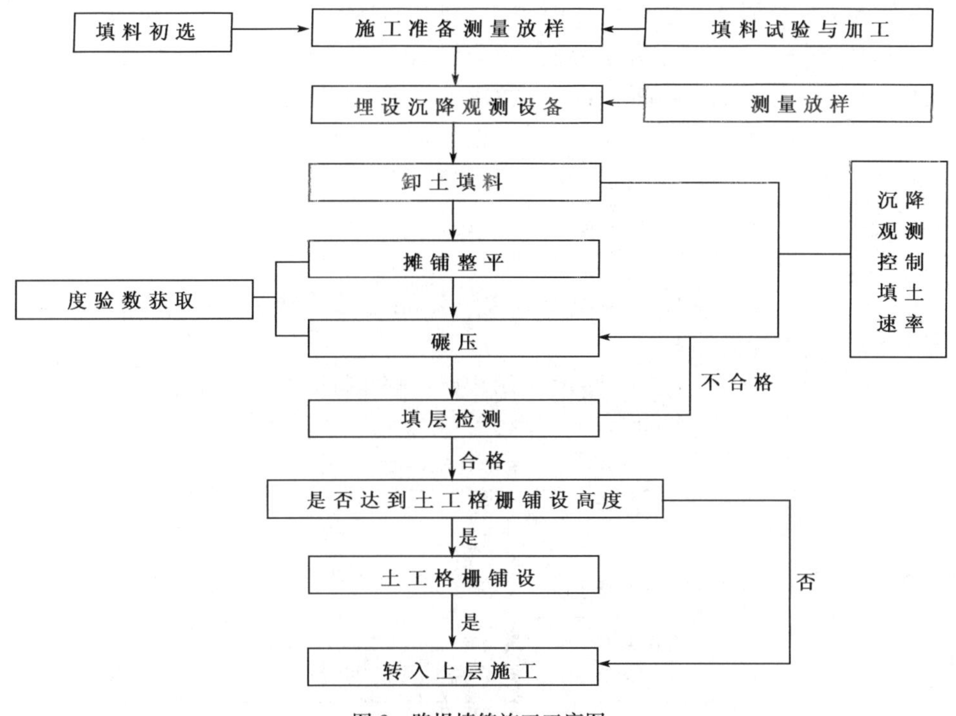

图2 路堤填筑施工工序图

3.3.3 路基填筑

(1)卸土控制。填筑前首先放出线路中桩和填筑边线，每10m钉出边线木桩，为保证路基边缘的压实度，边线应比设计宽出50cm。按自卸汽车每车的方量和松铺厚度计算每10延米范围内的卸土车数，以达到控制松铺厚度的目的。

在填筑区内，根据工艺试验的虚铺厚度、根据自卸车容量计算堆土面积及方格尺寸，然后用白灰线打出方格，每格子卸土一车，以便控制其虚铺厚度均匀性。同时埋桩挂线，标示松铺厚度。

每一水平层的全宽应用同一种填料填筑，每种填料压实累计总厚度不宜小于50cm。采用碎石类土和砾石类土填筑时，分层的最大压实厚度不应大于40cm；采用砂类土时，分层的最大压实厚度不应大于30cm。分层填筑的最小分层厚度不宜小于10cm。

(2)摊铺整平。本用铁锹挖洞检查松铺厚度。原则上每一层填筑时均须形成4%的人字形横坡，有困难时可在基床底层逐步形成。在相邻两区段上下两层填筑接头处须错开不小于3m的距离。在沉降观测周围1m范围内的路基采用人工填筑整平。试验段路堤本体及基床底层填料均采用同一种填料。松铺厚度32～35cm，使用推土机初平、平地机进行精平，控制平整面无显著的局部凹凸，保证每一层填层的平整度及层厚的均匀。

(3)碾压

摊铺整平后，松铺厚度、平整度和含水率符合要求即开始碾压。碾压时遵循先两侧后中间，先静压后弱振、再强振的原则进行碾压作业(速度控制在2～4km/h之间)。碾压轮迹重叠不少于40cm，纵向搭接长度不应小于2m；做到无漏压，无死角、保证压实均匀，并达到规定的压实质量要求。采用25t振动压路机两台，两台压路机以中线为界，各压半辐路基宽度，分别记录各自的碾压遍数及碾压速度。碾压时采取从两侧向中心的顺序，纵向进退式碾压。

碾压方法为：静压一遍，弱振碾压一遍，强振碾压 2～6 遍（按同步检测结果确定），弱振碾压一遍，最后再静压一遍消除轮迹。碾压行驶速度开始时用慢速（宜为 2～3km/h），最大速度不超过 4km/h。各项检测指标合格并报请监理工程师检查签认后可进行下一填层施工。

重视对预埋管线、沉降板等结构周围的填料摊铺整形和碾压。压路机在构造物接头处不能靠近压实时，采用小型压实机具压实，并做好防护。

3.3.4　压实检测

按验标要求，每层填高抽样检验地基系数 K_{30}、静态变形模量 E_{V2} 各 4 点，动态变形模量 E_{VD} 等其他指标每填层均检测。

测定松铺系数横断面高程测量：每填层每 20m 一个断面，每断面测设中桩位置。

检测项目及点位布设如表 3 和表 4 所示。

基床以下路堤检验频率　　表 3

检验项目	检测数量	检 测 部 位	填料类别	检 测 批 次
地基系数 K_{30}	4 点	左右距路基边线 2m 处各 1 点，路基中部 2 点	各类填料	每 100m 每填高约 90cm
压实系数 K	6 点	左右距路肩边线 1m 处各 2 点，路基中部 2 点	砂类土、砾类土和碎石类土	每 100m 每压实层

基床底层检验频率　　表 4

检验项目	检测数量	检 测 数 量	填料类别	检 测 批 次
地基系数 K_{30}	4 点	左右距路基边线 2m 处各 1 点，路基中部 2 点	各类填料	每 100m 每填高约 90cm
压实系数 K	6 点	左右距路肩边线 1m 处各 2 点，路基中部 2 点	砂类土、砾类土和碎石类土	每 100m 每压实层
动态变形模量 E_{VD}	4 点	左右距路基边线 2m 处各 1 点，路基中部 2 点	各类填料	每 100m 每填高约 90cm

3.3.5　施工注意事项

(1)路基在雨季施工时，及时搜集天气预报，要做好临时排水系统，缩短作业循环时间，防止雨水浸泡路基本体。

(2)根据设计图纸要求，有边坡加筋要求的填筑层要在下一层填筑之前铺设好土工格栅，用带钩钢筋卡在填筑层上。一般每 50cm 在边坡 3m 范围铺设一层。

4　其他关联工程施工

路基施工有许多的附属工程和测量结构元件等，需要提前、合理安排工序，避免造成返工和资源浪费。

4.1　端刺施工

端刺属于台后锚固结构，是轨道工程中的主体结构，但它是和路基填筑同步施工的。在端刺位置填筑高程达到端刺底板顶高程后，停止填筑施工，对大端刺底板进行放样、开挖，依次施工底板和竖墙。等到端刺混凝土达到设计要求强度后才能进行填筑施工，在施工过程中也要注意对结构物的保护。

4.2 沉降观测元件施工

沉降观测主要由单点沉降计、沉降板和沉降位、移检测桩组成。单点沉降计宜在路基褥垫层施工前进行钻孔安装，并做好数据线的保护措施；板沉降计宜在褥垫层施工完成后安装，并设保护支架；位移检测桩在路堤填筑开始后埋设；沉降监测桩在基床表层施工完成后埋设。

4.3 路堑、路堤边坡防护施工

路堑边坡防护、片石和桩板挡土墙等宜在路基填筑施工前施工；路堤边坡防护在基床填筑完成后施工。

5 结语

我单位对施工全过程做了详细的原始记录，并整理出施工日志。完成了纵断高程、宽度、松铺厚度、压实厚度、碾压遍数检测记录。检测分质检员自检、质检工程师检验、与监理工程师同检三个步骤。

对于松软岩溶路基的填筑，必须仔细规划好各分项分部工程的工序，严格做好地基前期处理施工，沉降观测要及时、准确、同步。不同地区要考虑温度、湿度和雨水对路基主体填筑的影响。希望本文能对以后客运专线路基填筑提供借鉴和帮助。

参考文献

[1] 中华人民共和国行业标准.铁建设〔2010〕241号 高速铁路路基工程施工技术指南[S].北京：中国铁道出版社，2010.

[2] 中华人民共和国行业标准.TB 10751—2010 高速铁路路基工程施工质量验收标准[S].北京：中国铁道出版社，2010.

[3] 中华人民共和国行业标准.TB 10601—2009 高速铁路工程测量规范[S].北京：中国铁道出版社，2009.

[4] 中华人民共和国行业标准.TB 10102—2010 铁路工程土工试验规程[S].北京：中国铁道出版社，2010.

胶轮压路机在水泥稳定碎石基层施工中的运用

刘 华 侯兆领

（中交三公局第二工程有限公司阜新高速项目）

摘 要：水泥稳定碎石基层是沥青路面的承力层，对沥青路面的使用寿命起到至关重要的作用。在水稳基层施工中，碾压工艺是水泥稳定碎石施工质量控制的重要环节。本文就胶轮压路机在水泥稳定碎石基层碾压工艺上进行分析和阐述，并介绍在实际施工中的工艺和应用。

关键词：胶轮压路机 水稳基层 工艺和应用

在以往的水稳基层施工中，对于初压基本采用钢轮压路机进行静压的传统碾压工艺。近年来本人在阜周、周六高速、泗许以及阜新高速基层施工工艺中，采用了胶轮压路机对水稳混合料进行初压和复压的工艺，通过对现场的工艺控制和施工的摸索，经对比和总结，就此项施工碾压工艺的应用谈一下个人体会。

1 胶轮压路机对水稳混合料级配的影响

为减少水泥稳定碎石基层的通病（由于粉料或水泥用量过大而产生的收缩性裂缝或裂纹），近年来水稳设计理念已基本统一为骨架密实型结构，2.36mm以上粗集料含量基本达到80%左右。与以往的级配设计（悬浮密实型结构）有着实质的区别。骨架密实型水稳的设计理念是：采用较低的水泥剂量，以集料相互嵌挤形成骨架，由适量的粉料及少量水泥浆来填充骨架孔隙，主要以骨架嵌挤来形成强度，从而来减少传统的完全以水泥强度来黏结的特点，以达到减少或延缓因水泥胶结所引起的收缩裂缝或裂纹的效果。

在水稳施工中，初压基本上都是采用以钢轮压路机静压、再由钢轮强振复压终压收光的碾压工艺。通过现场采集数据分析和比较，发现这种碾压方式对于骨架密实型水稳则稍显不适，因为钢轮压路机在对基层压实时，是向前整面推赶碾压，后退时也是同样，碾压过程中，集料会前或后滚动位移，对集料产生二维挤压影响，这样就失去了集料的初始排列位置和棱角面，最终影响集料使其无法形成最佳的排列组合，内部产生空隙与空洞。而采用胶轮压路机进行初压，则减少了集料整面向前或后推移的现象。胶轮压路机由于轮距有一定间距，前后轮距又是交错布设，压实过程中，集料不会前后翻滚，交错的轮胎使集料整体向下更加嵌挤，能使集料进行三维（上下、前后、左右）组合，可以更好地使混合料各颗粒之间相互嵌挤组合、嵌挤，从而形成最佳粒料接触面，形成骨架，由少量的细集料裹覆于粒料表面，填充于粒料间的凸凹面及空隙间，达到以较小的水泥剂量主要靠粗集料骨架嵌挤形成强度，从而达到骨架密实性水稳的设计宗旨。采用胶轮碾压效果见图1，采用钢轮碾压效果见图2。

图 1　采用胶轮碾压效果图

图 2　采用钢轮碾压效果图

2　胶轮压路机对水稳集料棱角的有效保护

由于水稳基层的原材料受母材的影响很大，在大规模生产过程中，对母材的控制有一定的难度，难免会出现原材料质量变异（主要原因为：岩面结构、纹理、风化强度不等所造成的针状与片状的增加）。在碾压过程中，由于钢轮压路机设计结构和机械性能的原理（碾压轮采用的钢板结构），在碾压过程中会对摊铺后混合料的棱角造成破碎，而又无足够的细集料及水泥浆来填充由于集料棱角的破碎而产生的空隙，从而使各颗粒间产生空隙空洞，导致水稳基层整体强度和抗疲劳性能的降低。而胶轮压路机的橡胶轮进行揉搓碾压时可有效的保护集料的棱角，使其密实和整体强度相应提高。胶轮碾压芯样如图 3 所示，钢轮碾压芯样如图 4 所示。

通过对上述几条高速采集芯样的对比，采用胶轮压路机比用钢轮压路机进行碾压的芯样空洞明显减少，级配嵌挤更加密实。对沥青路面所产生的反射性裂缝病害也明显改观。

3　胶轮压路机初压对压实度的影响

水稳混合料在进入摊铺机经螺旋叶片搅拌摊铺后，其本身已具备了一定的初始压实度，怎样通过最佳的碾压方式和机械组合，既能快速的达到所需的压实效果而又能经济合理？通过在施工中的摸索优化，发现胶轮压路机的柔性揉搓碾压可以更好地使水稳混合料各颗粒之间重新排列组合、嵌挤，从而达到最佳效果，因此更容易达到我们所要求的压实度。在达到同等压实度的情况下，胶轮比钢轮的碾压遍数可减少一遍左右，大量的对比试验数据证明，采用胶轮压路机进行初压比采用钢轮压路机进行初压，实测的压实度提高 2%～3%。采用胶轮压路机初压压实曲线见表 1，采用钢轮压路机初压压实曲线见表 2。

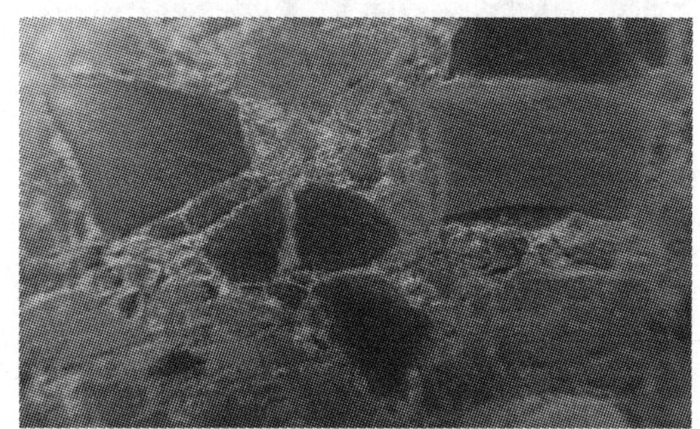

图 3　胶轮碾压芯样

图 4　钢轮碾压芯样

采用胶轮压路机初压压实曲线　　表 1

压实遍数	压　实　度(%)					压实曲线图
	测点 1	测点 2	测点 3	测点 4	平均值	
初始	83.9	82.7			83.3	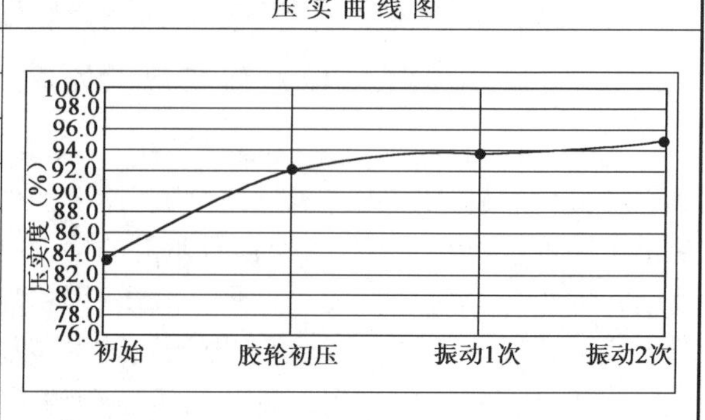
胶轮初压	92.1	91.8			92.0	
振动 1 次	93.7	93.8			93.8	
振动 2 次	95.0	94.8			94.9	
振动 3 次	98.0	97.4			97.7	
—	—	—	—	—	—	
终压	100.4	98.1	100.7	97.2	98.9	
	98.3	97.5	98.5	100.1		

采用钢轮压路机初压压实曲线 表2

压实遍数	压实度(%)					压实曲线图
	测点1	测点2	测点3	测点4	平均值	
初始	82.8	82.4			82.6	
钢轮初压	88.7	89.9			89.3	
振动1次	92.1	91.5			91.8	
振动2次	94.5	94.3			94.4	
振动3次	96.2	95.8			96.0	
振动4次	97.9	98.1			98.0	
终压	99.1	98.3	99.1	98.8	98.7	
	99.4	98.0	98.1	98.4		

4 胶轮压路机对基层平整度的影响

基层是否平整直接影响到沥青面层的整体平整度，所以对水稳基层的平整度要求较高。由于胶轮压路机的碾压轮胎属于柔性材料，胶轮与水稳接触形式为点接触，而钢轮压路机与水稳接触形式为面接触，这两种接触形式决定了压路机对水稳面的推挤力有较大的区别。使用胶轮进行初压的水稳面上会产生一些类似波峰波谷的条带状外观缺陷，从而对水稳面的平整度产生一定的影响；而使用钢轮压路机初压的水稳面则很少或基本未发现这样的缺陷。但是经过钢轮压路机及时的复压和胶轮压路机的终压收光，这种带状缺陷会不断的减小直至基本消除。

5 结语

综上所述，采用胶轮压路机对水稳进行初压和终压能更好地促进水稳骨架的形成，增进各集料间的嵌挤密实；能有效地保护细长扁平颗粒集料的棱角，提高水稳基层的压实度，降低施工机械成本，有效提高水稳的使用质量及使用寿命。

参考文献

[1] 中华人民共和国行业标准. JTJ 034—2000 公路路面基层施工技术规范[S]. 北京：人民交通出版社，2000.

[2] 中华人民共和国行业标准. JTG E42—2005 公路工程集料试验规程[S]. 北京：人民交通出版社，2005.

[3] 中华人民共和国行业标准. JTG E60—2008 公路路基路面现场测试规程[S]. 北京：人民交通出版社，2008.

浅谈骨架密实(抗裂型)水泥稳定碎石配合比优化设计

侯兆领　蔡祖江

(中交三公局第二工程有限公司泗许高速淮北段路面二标项目)

摘　要:随着我国高速公路建设的飞速发展,在路面基层中水泥稳定碎石的应用越来越普及,要求也越来越高。早期的悬浮密实型水泥稳定碎石主要靠大剂量水泥指标达到效果,由于大面积、长距离的水稳连续性施工,前期整体强度高,后期出现(水泥稳定碎石的收缩特性)裂缝,且裂缝会反射到沥青面层,是目前我国高速公路病害的主要特征之一。为了避免和降低水泥稳定碎石出现反射裂缝,在配合比设计上,越来越多的采用骨架密实结构水泥稳定碎石。我项目部试验室通过调整矿料配合比例及水泥剂量,论述了骨架密实结构水泥稳定碎石配合比设计原则,进行了多种配合比设计方案,配制出骨架密实型水稳设计,从项目施工、过程控制、试验检测、裂缝检测、强度性能、施工总结等多个环节相比较,实现了性能提高,成本降低,减少收缩裂缝(项目全线未出现1道水稳收缩裂缝)等特点。

关键词:骨架密实(抗裂型)水泥稳定碎石　配合比设计　优化设计

根据规定的材料指标要求,通过试验选取合适的矿料和水泥;确定合理的矿料配合比例、水泥剂量、混合料的最佳含水率和相应的最大干密度。合理的水泥稳定碎石组成必须达到强度要求,具有较小的温缩和干缩系数(现场裂缝较少),施工和易性好(粗集料离析较小)。

1　骨架密实(抗裂型)水泥稳定碎石概念及特点

1.1　概念

以连续级配粗集料形成相互嵌挤的骨架,以水泥及细集料填充骨架的空隙,形成一种骨架嵌挤密实结构的无机结合料。

1.2　特点

(1)骨架级配结构,强度高。

(2)不高于32.5级普通水泥,水泥剂量低。

(3)采用振动成型进行最大干密度和最佳含水率选择。

(4)采用振动成型法进行无侧限抗压强度试件成型。

(5)施工工艺与一般无机结合料类似,重视集料碾压破损、压实度控制。

2　本项目骨架密实(抗裂型)水泥稳定碎石设计要求

混合料合成矿料的通过率和无侧限抗压强度要求见表1。

设 计 要 求　　表1

设计强度(MPa)	通过下列筛孔的百分率(%)								
	筛孔(mm)	31.5	26.5	19	9.5	4.75	2.36	0.6	0.075
3.5～4.5	范围	100	90～100	68～86	38～58	22～32	16～28	8～15	0～3.5

3　原材料选择

3.1　矿料

本项目采用的水泥稳定碎石矿料是试验室经过对母材检测指标合格、价格合理优选的淮北市玉麟石料厂，生产矿料规格是试验室按设计图纸要求提供的筛孔生产的：1号碎石(16～31.5mm)、2号碎石(9.5～16mm)、3号碎石(4.75～9.5mm)、4号碎石(2.36～4.75mm)、5号石屑(0～2.36mm)。检测指标见表2。

矿 料 检 测 指 标　　表2

材料规格		1号碎石(16～31.5mm)	2号碎石(9.5～16mm)	3号碎石(4.75～9.5mm)	4号碎石(2.36～4.75mm)	5号石屑(0～2.36mm)	要求
表观密度(g/cm³)		2.734	2.727	2.714	2.704	2.696	≥2.5
针片状(%)		7.7	9.6	10.5	—	—	≤15%
压碎值(%)		—	20.5	—	—	—	≤28%
砂当量(%)		—	—	—	—	72	≥60%
含泥量(%)		0.3	0.5	0.4	0.7	—	≤2.0%
吸水率(%)		0.26	0.47	0.58	0.67	1.24	≥2%
筛分结果(通过百分率)(%)							
筛孔尺寸(mm)	31.5	100	100				
	26.5	89.0	100				
	19	12.0	100				
	9.5	1.9	3.3	99.8			
	4.75	0.2	0.7	6.8	68.9		
	2.36		0.4	0.5	2.5	89.0	
	1.18				0.5	64.5	
	0.6					42.1	
	0.075					11.5	

3.2　水泥

水泥稳定碎石施工从拌和到摊铺碾压成型需要较长时间，且水泥强度一般要求不宜超过32.5级。我项目部试验室根据图纸设计及业主要求，并结合公司对地材采购办法，采用了徐州淮海中联水泥厂PC32.5级缓凝水泥。检测指标见表3。

水泥检测指标 表3

指标		结果	范围要求
细度(%)		1.7	≤10%
用水量(%)		29.7	
凝结时间(min)	初凝	328	≥240min
	终凝	436	≥360min 且≤600min
安定性		合格	合格(≤5mm)
抗折强度 3d(MPa)		3.3	≥5.5
抗压强度 3d(MPa)		36.8	≥32.5

4 骨架密实(抗裂型)水泥稳定碎石配合比设计步骤

(1)确定矿料级配。

(2)进行不同水泥剂量分组振动成型试验,确定每组最大干密度、最佳含水率。

(3)不同水泥剂量 7d 无侧限抗压确定试验。

(4)择优选定施工生产配合比。

骨架密实(抗裂型)水泥稳定碎石矿料组成设计主要是调整掺配比例,从而达到设计要求,并满足强度、骨架密实性(抗裂型)及现场碾压机械组合选择,最终确保无裂缝形成。我项目部试验室根据设计强度要求,选用三组矿料组成比例,每组设计三个水泥剂量,共计九个配合比,每个配合比都进行了平行试验。

水泥稳定碎石 7d 浸水无侧限抗压强度代表值应不小于设计值,设计值由施工图设计确定。

为保证水泥稳定碎石基层强度满足设计要求、抗裂能力最佳的效果,应尽量限制水泥、细集料和粉料的用量。

(1)依据设计要求配合组成三组矿料比例,每组合成通过率比对见表 4,水稳矿料组成级配图见图 1。

通过率比对 表4

筛孔尺寸(mm)	31.5	26.5	19	9.5	4.75	2.36	0.6	0.075
设计通过率中值(%)	100	97.5	77.0	48.0	27.0	22.0	11.5	1.8
28∶25∶18∶5∶24 通过率(%)	100	96.9	75.4	48.3	28.9	21.8	10.4	3.1
差值(%)	0	+0.6	+1.6	−0.3	−1.9	+0.2	+1.1	−1.3
30∶25∶17∶5∶23 通过率(%)	100	96.7	73.6	46.4	27.9	20.9	10.0	2.9
差值(%)	0	+0.8	+3.4	+1.6	−0.9	−1.1	+1.5	−1.1
32∶23∶16∶5∶24 通过率(%)	100	96.5	71.8	46.4	28.8	21.8	10.4	3.1
差值(%)	0	+1.0	+5.2	+1.6	−1.8	+0.2	+1.1	−1.3

注:表中 28∶25∶18∶5∶24、30∶25∶17∶5∶23 和 32∶23∶16∶5∶24 为矿料配合比中的 1 号碎石(16~31.5mm)∶2 号碎石(9.5~16mm)∶3 号碎石(4.75~9.5mm)∶4 号碎石(2.36~4.75mm)∶5 号石屑(0~2.36mm)的通过率。以下同此处。

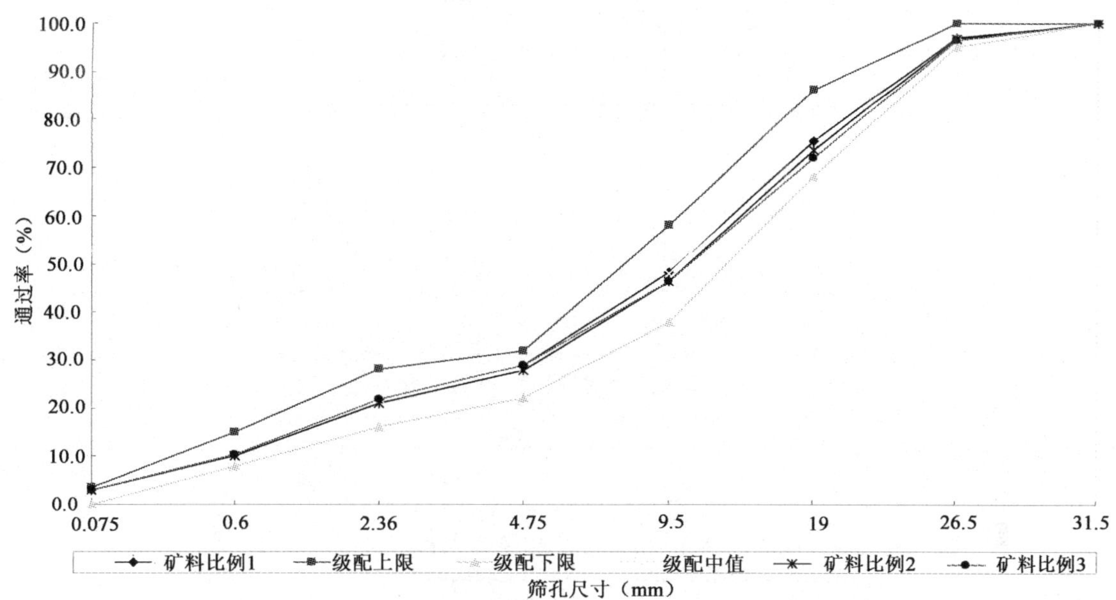

图1　水稳矿料组成级配图

(2)配合比室内检测指标见表5。

室内检测指标　　表5

序　号	矿 料 比 例 (%)	水泥剂量 (%)	最大干密度 (g/cm³)	最佳含水率 (%)	7d强度代表值 (MPa)	偏差系数 (%)
矿料比例1	28∶25∶18∶5∶24	3.6	2.377	4.8	3.5	9.8
		3.8	2.379	4.9	3.7	7.6
		4.0	2.382	5.0	3.9	6.9
矿料比例2	30∶25∶17∶5∶23	3.6	2.380	4.4	3.7	8.5
		3.8	2.382	4.6	3.9	6.7
		4.0	2.383	4.7	4.1	6.0
矿料比例3	32∶23∶16∶5∶24	3.6	2.372	4.3	3.4	11.6
		3.8	2.374	4.4	3.5	9.7
		4.0	2.375	4.5	3.7	7.4

注:矿料比例栏中数据含义同表4。

5　配合比试验段施工效果

我项目部通过对矿料比例1组水泥剂量4.0%、矿料比例2组水泥剂量3.8%和矿料比例3组水泥剂量4.0%三个配合比分别铺筑试验段。

(1)压实效果见图2~图5。

(2)现场表面外观质量见图6~图8。

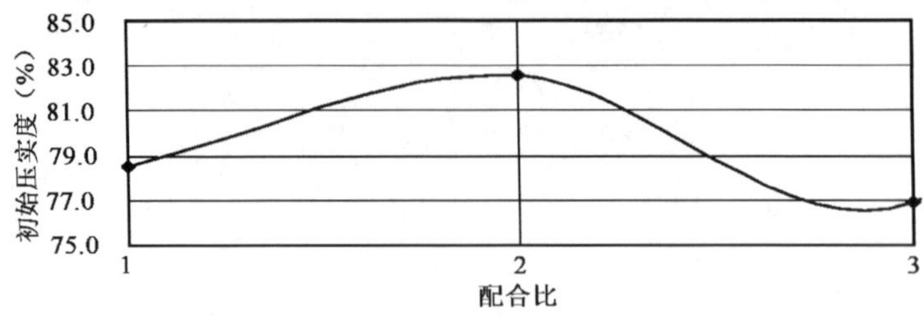

图 2　初始压实度

注：1 为矿料比例 1，2 为矿料比例 2，3 为矿料比例 3

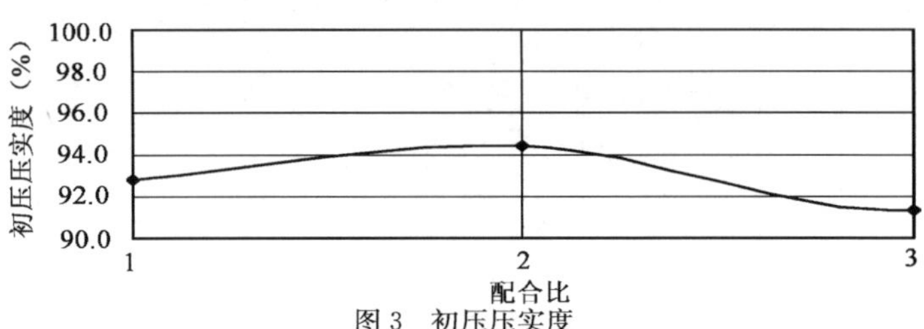

图 3　初压压实度

注：1 为矿料比例 1，2 为矿料比例 2，3 为矿料比例 3

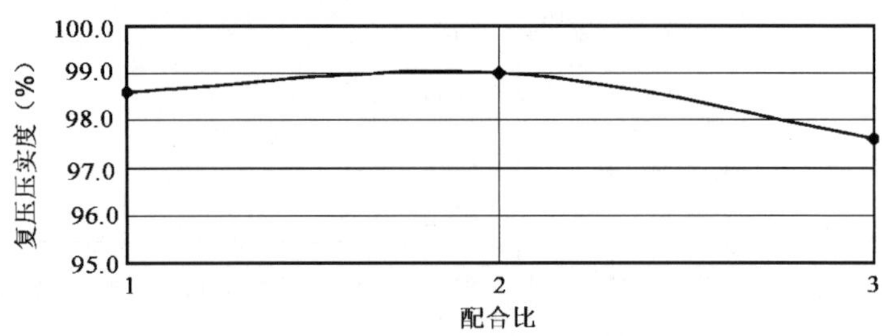

图 4　复压压实度

注：1 为矿料比例 1，2 为矿料比例 2，3 为矿料比例 3

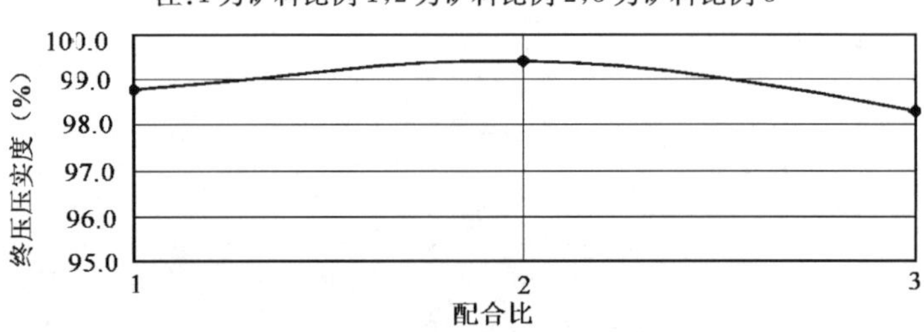

图 5　终压压实度

注：1 为矿料比例 1，2 为矿料比例 2，3 为矿料比例 3

图 6　矿料比例 1 表面

图7　矿料比例2表面

图8　矿料比例3表面

6　配合比结果分析

6.1　级配

通过室内试验和现场表面外观及检测指标可以看出，矿料比例2配合比的关键性筛孔4.75mm以上的通过率稍微比设计中值粗一些，4.75mm通过率最接近中值，0.075mm通过率与中值最接近，此时的级配较好，混合料孔隙率小、易密实。

6.2　无侧限抗压强度

从表5看，矿料比例2组配合比在矿料用量上比较，可能混合料的价格比矿料比例1组配合比高一些，比矿料比例3在配合比稍低一些(根据各档矿料单价计算)。通过对每组进行7d无侧限抗压强度看，当矿料比例1组配合比水泥剂量达到4.0%时，强度值只有3.9MPa，且偏差系数为6.9%；当矿料比例2组配合比水泥剂量在3.8%时，强度就达到3.9MPa，偏差系数为6.7%；矿料比例3组配合比由于级配原因，造成混合料空隙较大、不易密实，整体强度偏小。

6.3　压实效果

从图2～图5可以看出，矿料比例2组配合比摊铺后的初始、初压、复压及终压压实度均比矿料比例1组配合比和矿料比例3组配合比大，这说明矿料比例2组配合比混合料空隙小、易碾压密实。

6.4　现场表面

从图6～图8可以看出，矿料比例1组配合比表面无粗集料，光滑，易造成裂缝；矿料比例3组配合比表面粗集料太多，填隙料较少，不密实；矿料比例2组配合比表面粗集料适中密实性好。

通过对每组配合比比对分析，该项目选定了既满足设计要求又成本经济的矿料比例2组、水泥剂量3.8%配合比为施工配合比。

7 结语

水泥稳定碎石配合比设计是路面基层施工中重要的控制环节，尤其骨架密实型水泥稳定碎石，设计的施工配合比既要满足设计级配、强度、压实度（密实性）、质量等要求，还要避免施工后水泥稳定碎石表面产生裂缝。如果配合比设计不合理，会造成混合料的体积有较大的收缩，从而导致水泥稳定碎石基层裂缝及沥青面层反射裂缝，给后期的工程质量和使用寿命埋下隐患。

参考文献

[1] 中华人民共和国行业标准. JTJ 034—2000 公路路面基层施工技术规范[S]. 北京：人民交通出版社，2000.

[2] 中华人民共和国行业标准. JTG E51—2009 公路工程无机结合料稳定材料试验规程[S]. 北京：人民交通出版社，2009.

[3] 张红春. 骨架密实路面理论及配套施工技术[M]. 北京：人民交通出版社，2010.

宣宁高速公路路面组合式料仓隔墙施工方案

徐　靖　冉志发　李　伟

（中交三公局第二工程有限公司宣宁项目）

摘　要：本文叙述了本项目在临建料仓隔墙施工中自主创新的新型料仓隔墙施工方法，并通过此种施工方法减少项目临建成本，提高施工进度。

关键词：组合式料仓隔墙　施工　成本　进度　比较

1　工程概况

中交三公局第二工程有限公司承建该项目路面工程第一合同段，桩号为K0＋000～K25＋040，全长25.04km。其中，设宣城、孙埠互通立交两处，水东服务区1处，共计水稳料82.9万t，沥青混凝土27.66万t，合同工期14个月，总合同金额1.89亿元。

项目进场以后，分别在K11＋500和K24＋700两处设置驻地建设，其中K11＋500处设立水稳站和沥青站，共计占地70余亩（1亩≈666.7m^2），K24＋700处设置一套水稳站，共计占地23亩。项目在进行前期策划时，根据业主要求，料仓隔墙高为3m，宽为1.2m，以保证能多备料，且不串仓。

根据过去的项目经验，传统式料仓隔墙基本有以下三种方案：采用浆砌片石；采用混凝土浇筑；采用标砖砌隔子，中间填料。项目经过了分析，分别分析出了以上三种方案的优缺点。

(1)浆砌片石。优点：稳定性好，抗滑能力强；缺点：成本较高，施工速度慢，2m以上高度施工难度大，不能进行周转，完工后废弃物不好收拾，不利于环保，且施工中存在一定安全隐患。

(2)混凝土浇筑。优点：稳定性好，施工速度快。缺点：成本高，不能进行周转，完工后废弃物不好收拾，不利于环保，需要专业施工队进行作业。

(3)标砖砌隔子，中间填料。优点：施工成本低，在工作面具备的情况下，可以采用人海战术在较短时间内完成。缺点：只适用于2m以内的隔墙，超过2m以后施工难度加大，效率降低，完工后废弃物不好收拾，不利于环保，且在进行中间填料时，容易将墙身挤倒。

经过以上对比分析以后，均不是很理想，后来项目经理提出了组合式隔墙的设想，具体做法为：采用两根600mm×200mm的H型钢翼板焊在一起，宽度正好满足了业主要求，而H型钢当前国标尺寸基本上为9m和12m，无论哪种规格，均为3m倍数，基本上减少了材料的损耗。在两根H型钢之间采用两块预制板组成框架，中间填料的施工工艺。具体如图1和图2所示。

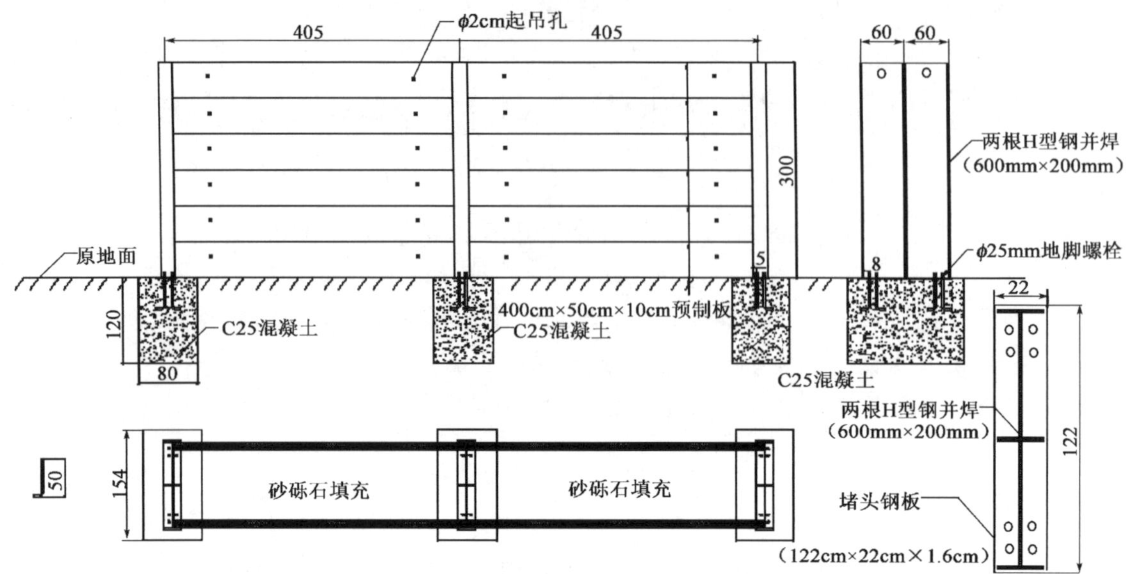

图1 组合式隔墙布置图(尺寸单位:cm)

图2 组合式隔墙效果图

2 经济成本比较

现将传统施工方法与项目新式隔墙在经济成本上做以下对比。

资料:隔墙长度100m,隔墙高度3m,隔墙宽度1.2m。

成本计算参数:C25混凝土(商品)按350元/m^3,片石为40元/m^3,砂浆按150元/m^3,600mm×200mmH型钢单价按5 000元/t,挖机一台,按1 600元/台班。

(1)浆砌片石成本分析。根据当前市场单价,3m以内砌石片石隔墙为300元/m^3,该单价包括片石砌筑、场内片石运输、砂浆拌和、运输、砌筑平台搭设。每米隔墙成本为300×3.6=1 080元/m。在该项分析中人工费单价较高的主要原因:与平时的公路路基挡墙施工有所不同,因为公路路基挡墙只有一面需人工找面,而另一面则埋入土中,而料仓隔墙需要人工将两侧找平。且高度为3m,片石搬运困难,需要搭设临时支架平台。浆砌片石成本见表1。

浆砌片石成本表 表1

序号	项目名称	单位	数量	单价(元)	金额(元)	工作内容
1	人工费	m^3	360	210	75 600	墙体两面找平,均内片石运输,砂浆拌和,运输,墙高为3m
2	片石	m^3	360	40	14 400	片石到场价
3	砂浆	m^3	360	45	16 200	砂浆消耗0.3m^3,砂浆按150元/m^3
4	成本			295	106 200	

(2)C25混凝土隔墙成本分析。人工费:200元/m^3,主要包括模板、支架、人工费、模板安拆、混凝土浇筑。每米隔墙成本如表2所示。

混凝土隔墙成本分析 表2

序号	项目名称	单位	数量	单价(元)	金额(元)	备注
1	人工费	m^3	360	200	72 000	主要包括模板,支架,人工费,模板安拆,混凝土浇筑
2	混凝土费	m^3	360	350	126 000	商品混凝土到场价
3	成本				198 000	

(3)标砖砌隔子、中间填料成本分析见表3。

标砖砌隔子、中间填料成本表 表3

序号	项目名称	单位	数量	单价(元)	金额(元)	备注
1	砖	m^3	213.6	216	46 138	砖按0.4元/m^3,每方砌体砖消耗量529块,损耗量2%
2	砂浆	m^3	49.278	150	7 392	砂浆成本150元/m^3,砖缝按1cm,砂浆损耗2%,砂浆消耗为0.231m^3
3	人工费	m^3	213.6	158.7	33 898	人工费按0.3元/块计
4	中心填充物	m^3	216	25	5 400	采用砂砾,砂砾单价为25元/m^3
5	机械费	m^3	216	3	648	
小计					93 476	

(4)组合式隔墙成本分析如表4所示。组合式隔墙所用材料:H型钢按2个项目进行摊销,残值按30计算。预制板按一个项目摊销,在项目完成以后,将预制板拆除,残值按20%进行折算。综上述经济性能对比,不难发现组合式隔墙,不仅具备了传统隔墙各种性能,在经济上也占绝对优势。

组合式隔墙成本分析表　　表 4

序号	项目名称	单位	数量	单价(元)	金额(元)	备　注
1	预制板	块	300	76	22 800	预制板残值按 20%计，一个项目摊销。预制板长度为 4m，宽为 0.5m
2	H 型钢(600mm×200mm)	t	16.536	1 750	28 938	砂浆成本 150 元/m³，砖缝 1cm，砂浆损耗 2%，砂浆消耗为 0.231m³
3	混凝土	m³	38.44	350	13 454	人工费按 0.3 元/块计
4	中心填充物	m³	315	25	7 875	采用砂砾，砂砾单价为 25 元/m³
5	机械费	m	100	20	2 000	
6	H 型钢加工费	t	16.536	300	4 961	主要包括 H 型钢下料，焊接，堵头板预埋
7	预制板安装费	m	100	30	3 000	包括预制板安装
8	地脚螺栓	根	208	8	1 664	成品地脚螺栓
9	堵头板(122cm×22cm×1.6cm)	t	0.876	1 750	1 533	
总造价				86 225		

3　组合式料仓隔墙施工方法比选

在确定使用 H 型钢做立柱的情况下，项目部技术人员就如何对 H 型钢的固定和确保成品后的隔墙稳定性进行了进一步的研讨，并最终形成以下两种施工方法：

第一种施工方法是将两根 4m 的 H 型钢翼板靠在一起焊接牢固，然后人工放线取一定间距，用挖机从原地面向下挖 1m 将焊接牢固的 H 型钢插入，使用等级不低于 C25 的混凝土浇筑 50cm，再回填 50cm，原地面以上留出 3m 做隔墙立柱，然后安装预制板并填料。

第二种施工方法是将两根 3m 的 H 型钢翼板靠在一起焊接牢固，然后人工放线取一定间距，用挖机开挖基础，将事先安装好地脚螺栓的钢板准确定位，使用等级不低于 C25 的混凝土进行浇筑，浇筑完成以后，再在预埋钢板上焊接加工好的 H 型钢做隔墙立柱，然后安装预制板并填料。

第一种施工方法的优点是料仓隔墙稳定性相对第二种要高，步骤少，但其现场机械实际操作后的立柱质量很难控制，如立柱的垂直度、高程、轴向偏差、间距控制，成品后的隔墙不能保证顺直美观，且 H 型钢的消耗较高。

第二种施工方法的优点是基础可以统一开挖、钢板定位、浇筑混凝土，立柱可以统一焊接并能很好的控制立柱的垂直度、轴向偏差和间距，做出来的隔墙顺直美观，但增加了地脚螺栓，堵头钢板。

最后通过现场技术论证，同时进行了成本对比以后，决定采用第二种施工方法。

4　组合式料仓隔墙工艺框图

组合式料仓隔墙施工工序：测量定位→基坑开挖→定位堵头钢板→浇筑混凝土→焊接 H 型钢→安装预制板→填料，见图 3。

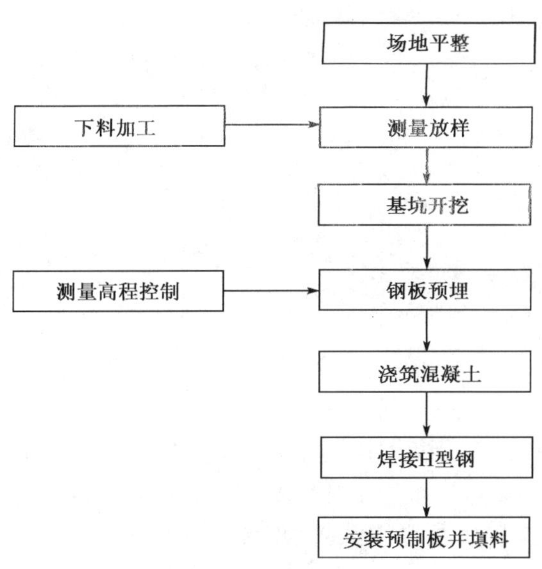

图 3 组合式料仓隔墙施工工艺图

5 组合式料仓隔墙施工方案

5.1 施工放样

挖机将场地整平，用水准仪测出原地面高程，定出隔墙中线，隔墙立柱间距为 4m，但为了保证预制板的顺利安装，需将两立柱间距定为 4.05m，按设计图纸放出基础大样。

5.2 基坑开挖及预埋钢板

根据事先撒好的白灰线，用小挖机沿白灰线进行开挖，为了保证隔墙的稳定性，基础开挖深度不得小于 0.8m。

已经挖好的基坑即可开始进行钢板预埋。首先，料仓隔墙中线即为钢板中线，在隔墙两头从中线向两边分出钢板的边线，然后楔上钢筋定出高程并挂上施工线，再用事先准备好的 ϕ14 钢筋进行钢板预埋固定，钢板顶面平施工线，过程中用水准仪进行高程控制。

堵头钢板平面水平控制见图 4，墙头钢板水平间距控制见图 5。

图 4 堵头钢板平面水平控制

图5　堵头钢板水平间距控制

5.3　浇筑混凝土

钢板定位完成后，采用C25混凝土进行浇筑，浇筑时罐车直接向基坑中倒入混凝土并同时用振捣棒进行振捣，保证混凝土密实。浇筑过程中要避免混凝土直接冲击在预埋钢板上，防止预埋钢板因混凝土的冲击发生位置的偏移，影响下一步施工。

5.4　焊接H型钢

混凝土浇筑完第二天，可以进行立柱与堵头板焊接。为了方便起吊，在H型钢上割两个圆形小孔，用钢丝绳将H型钢吊起安放在预埋钢板上，用水平尺或吊线坠的方法控制立柱的垂直度，用5m钢卷尺来控制两立柱间间距，调好后开始进行底部焊接，焊接采用翼板满焊，腹板断焊的形式。

H型钢的焊接可由两组人员分成两步完成。首先，第一组人员在保证安全的前提下将H型钢固定在预埋钢板上，依次向前固定。第二组人员紧随第一组人员将固定在预埋钢板上的H型钢进行加固焊接，确保焊接质量，这样既加快了施工进度，又提高了机械的利用率，使生产形成流水作业。

5.5　安装预制板和填料

安装预制板5人一组，在混凝土强度达到70%以上且已完成立柱焊接处开始进行预制板安装及填料，吊装时，在预制板的两端头处凿两个眼，穿上带有丝口的圆钢，丝口处用垫片加螺母拧紧，另一头连接在钢丝绳上，用挖机吊装并同时填料。

预制板打起吊孔见图6，预制板钢丝绳安装见图7，预制板安装见图8。

图6　预制板打起吊孔

图7　预制板钢丝绳安装

图8　预制板安装

安装预制板及填料时，为了防止单孔填料过高，对宜采用水平方向同时分层依次向上安装，这样既方便了工人拆除钢丝绳提高了工作效率又保证了H型钢的稳定。

6　二次周转安装方法

组合式隔墙最大的优点就是材料能进行周转，在工程结束以后，项目将会把H型钢和堵头板一起拆除并将其倒运至新项目，在进行第二次安装时，重点难题是解决H型钢定位问题。如果H型钢不能准确定位，将会直接影响预制板的安装，同时也会影响隔墙的线形美观。为了解决安装问题，可以参考以下方法。

(1)在完成基础放样与基坑开挖以后，直接浇筑混凝土，严格控制混凝土顶面的平整度。在混凝土浇筑前，准确定位出堵头板安装地脚螺栓位置，在该位置预埋木盒子，木盒子应比地堵头板地脚螺栓位置稍大一些，高度应根据地脚螺栓高度确定。待混凝土达到一定强度以后，将木盒子取出，使其在混凝土面上预留两个地脚螺栓安装孔，如图9所示。

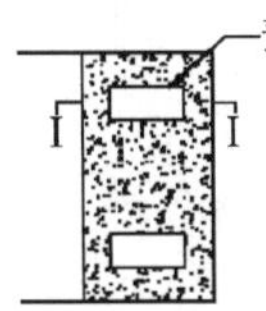

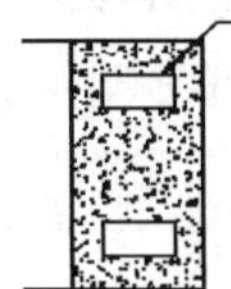

I－I断面图

图9　基础施工平面图

(2)将 H 型钢吊装到混凝土顶面上,并将其临时固定,为了便于单个 H 型钢稳定,可以考虑将两个或两个以上 H 型钢定位完成以后,直接采用钢筋将其连接,使其成为一个整体,如图 10所示。

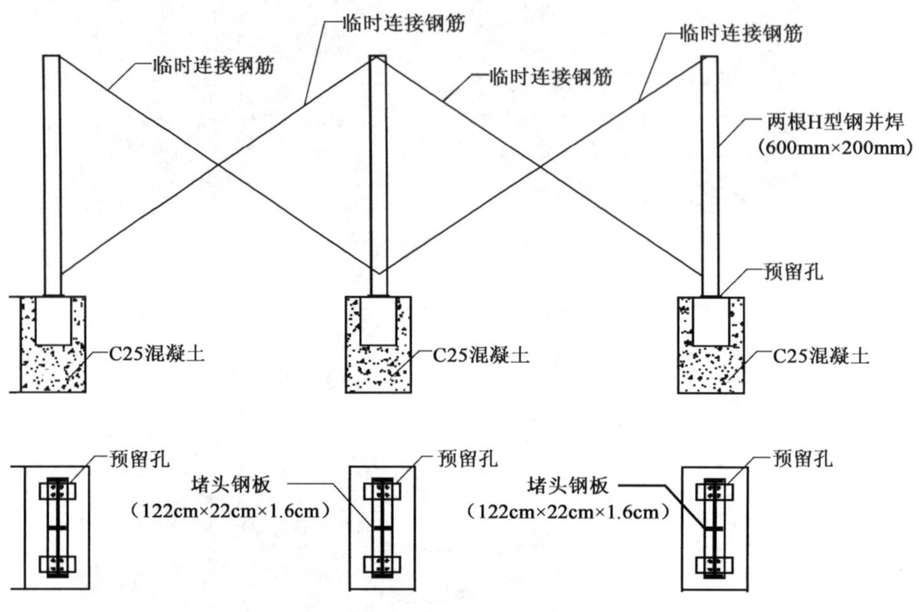

图 10　H 型钢安装临时支撑图

(3)待 H 型钢位置定位好以后,安装地脚螺栓,浇筑同强度等级混凝土。在浇筑混凝土时,为了防止地脚螺栓上浮,在堵头板下方地脚螺栓上焊接定位钢筋,如图 11 所示。

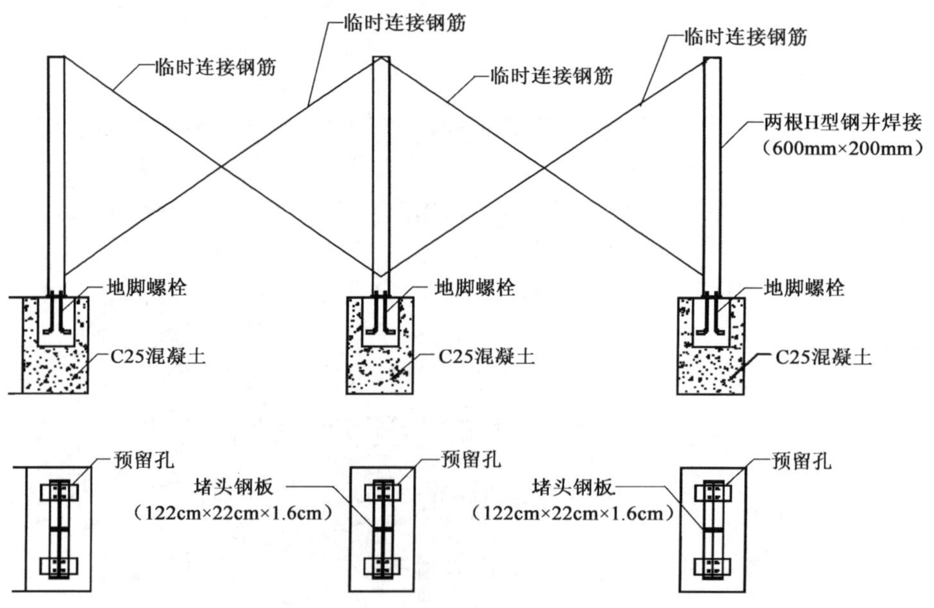

图 11　地脚螺栓安装固定图

(4)混凝土达到一定强度以后,直接安装预制板即可。

7 结语

组合式隔墙不仅具有传统隔墙的功能,稳定性,且隔墙高度得到了提高,施工速度快,周转性好,成本低,施工技术易掌握,将会成为以后施工中隔墙的新形式。

参考文献

[1] 赵熙元.建筑钢结构设计手册[M].北京:冶金工业出版社,1995.
[2] 江正荣.建筑施工计算手册[M].北京:中国建筑工业出版社,2001.

振动压实仪在骨架密实(抗裂型)水泥稳定碎石配合比设计中的应用

侯兆领　蔡祖江

(中交三公局第二工程有限公司泗许高速淮北段路面二标项目)

摘　要:随着我国高速公路建设的快速发展,技术的进步,新材料、新设备、新工艺和新技术等的应用,一些试验仪器和机械设备已经不能满足要求。例如泗许高速公路淮北段路面二标项目基层采用的是骨架密实(抗裂型)水泥稳定碎石,在配合比设计时,如还采用重型击实法,很多试验结果都不能反映真实效果,在施工中起不到质量控制的作用。

关键词:振动压实仪　骨架密实(抗裂型)　水泥稳定碎石　应用

骨架密实(抗裂型)水泥稳定碎石以连续级配粗集料形成相互嵌挤的骨架,以水泥及细集料填充骨架的空隙,形成一种骨架嵌挤密实结构的无机结合料。本项目在骨架密实(抗裂型)水泥稳定碎石配合比设计中采用了 SJD-5 型振动压实仪,见图 1。其试验结果和重型击实法试验结果有很大差别。下面,通过对骨架密实(抗裂型)水泥稳定碎石配合比设计采集的试验数据加以说明。

图 1　振动压实仪

1　SJD-5 型振动压实仪技术指标及特点

1.1　技术指标

(1)振动频率:0～50Hz,可调。

(2)振动力:6 000～9 800N。

(3)静压力:1 900N。

(4)振动时间:(s 秒×min 分)可调。

(5)电源:380V(4kW)。

(6)适用试模:直径 150mm×150mm、152mm×170mm 或其他。

1.2 特点

(1)骨架密实(抗裂型)水泥稳定碎石基层压实施工中,大多已采用振动压路机,因此,在配合比设计时试验室多采用振动压实的方法进行设计和制备试件。它与其他方法比较,具有模拟实际施工现场状态,不会破坏级配,压实的密实度高等优点。

(2)可任意改变振动力。

(3)可任意改变振动压实时间。

1.3 振动压实仪最佳振动压实时间的确定

1.3.1 室内试验分析

为了深入进行振动设计的合理选择,试验室分别选取振动压实时间为 1min、2min、3min、4min。振动压实 1min 时,试件无法成型,振动压实 4min 后期试件成为刚性体,易损坏设备。

振动压实 2min 和 3min 时,测定水泥稳定碎石混合料的最佳含水率、最大干密度,见表 1。

最佳含水率和最大干密度 表 1

水泥剂量(%)	3.0		4.0		5.0	
振动压实时间(min)	2	3	2	3	2	3
振动压实最佳含水率(%)	4.3	4.2	4.6	4.5	4.9	4.7
振动压实最大干密度(g/cm^3)	2.370	2.381	2.384	2.399	2.388	2.406

振动压实 2min 和 3min 时,测定水泥稳定碎石混合料 7d 浸水无侧限抗压强度,见图 2。

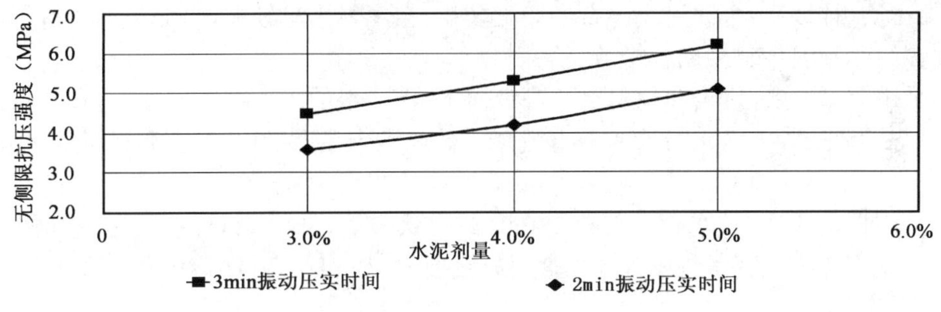

图 2 无侧限抗压强度

1.3.2 室内试验和现场压实的比较分析

通过试验路段施工现场检测比较,室内振动压实 2min 时的试件干密度与现场测得的干密度基本相当,振动压实 3min 时的干密度远远大于现场实测干密度,结果见表 2。

室内与现场干密度 表 2

水泥剂量(%)	室内不同振动时间成型试件干密度(g/cm^3)		现场实测干密度(g/cm^3)
	2min	3min	
3.6	2.373	2.378	3.372
3.8	2.381	2.392	3.380
4.0	2.384	2.396	2.383

通过室内试验和现场检测结果综合分析，确定骨架密实型水泥稳定碎石混合料振动压实时间为2min。

2 重型击实法与振动压实法方法比较

在常规的水泥稳定碎石配合比设计时，一般多采用重型击实法。

2.1 重型击实法

(1)属静力压实法。

(2)压力超过材料的抗剪强度，导致集料破碎被迫移动。

(3)结合料和骨架的黏结力构成了强度的主体部分。

(4)适用于悬浮密实型无机结合料。

2.2 振动压实法

(1)集料自由运动、压密。

(2)内摩擦阻力和结合料与骨架的黏结力构成了强度的主体。

(3)适应于骨架密实型无机结合料。

(4)室内成型模拟现场碾压，代表性强。

3 重型击实仪与振动压实仪方法试验结果比较

3.1 最大干密度与最佳含水率的测定

骨架密实(抗裂型)水泥稳定碎石的级配较粗，粗集料用量较多，水泥和细集料用量相对较小，新拌和的水稳混合料会比较松散。

(1)采用重型击实法，击实锤每次从高处落下，混合料的大颗粒会出现反弹现象，根本达不到密实状态，混合料中的水分存留在空隙中，最终测定的最大干密度和最佳含水率与实际不符。

(2)采用振动压实法，水稳混合料是在有侧限状态下，采用28Hz振动频率，时长2min进行激振，其原理与施工现场碾压方式相似，易达到最佳密实状态，测定的最大干密度和最佳含水率与实际相符。

两种试验法的试验结果见表3。

重型击实法与振动压实法结果 表3

序号	水泥剂量(%)	重型击实法最大干密度(g/cm^3)	振动压实法最大干密度(g/cm^3)	干密度系数	重型击实法最佳含水率(%)	振动压实法最佳含水率(%)	含水率系数
1	2.5	2.315	2.366	1.022	4.4	4.0	1.100
2	3.0	2.322	2.372	1.022	4.5	4.1	1.098
3	3.5	2.332	2.380	1.021	4.7	4.3	1.093
4	4.0	2.336	2.386	1.021	4.9	4.4	1.113
5	4.5	2.344	2.393	1.021	5.0	4.6	1.087

两种试验法测定的最大干密度和最佳含水率比较见图 3 和图 4。

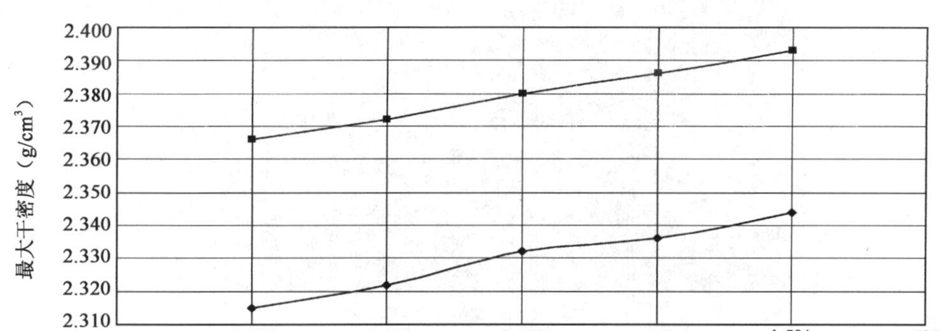

图 3 重型击实法与振动压实法最大干密度比较

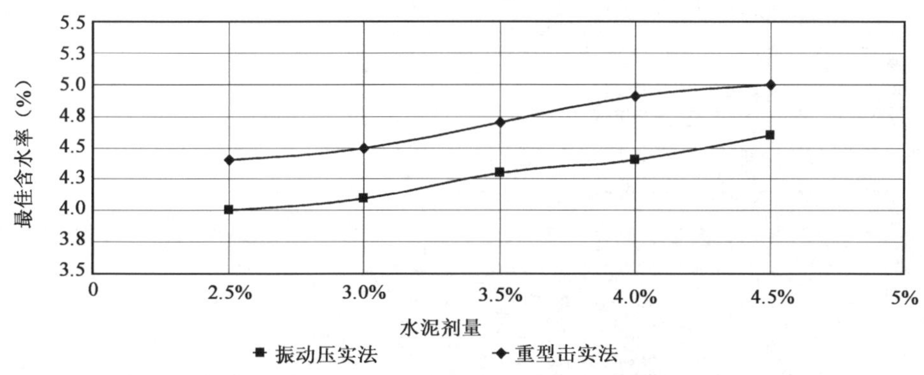

图 4 重型击实法与振动压实法最含水率比较

3.2 无侧限抗压强度测定

采用静力压实法和振动压实法制备的无侧限抗压强度试件外观质量见图 5 和图 6。

采用静力压实法和振动压实法制备的试件的无侧限抗压强度见表 4。

静力压实法和振动压实法强度结果比较见图 7。

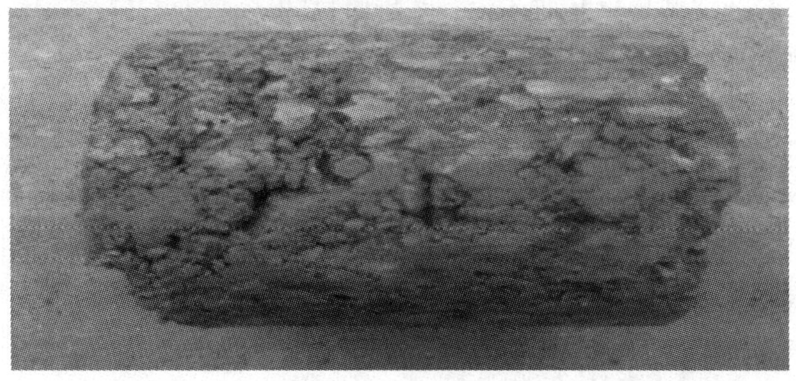

图 5 静力压实方式成型试件

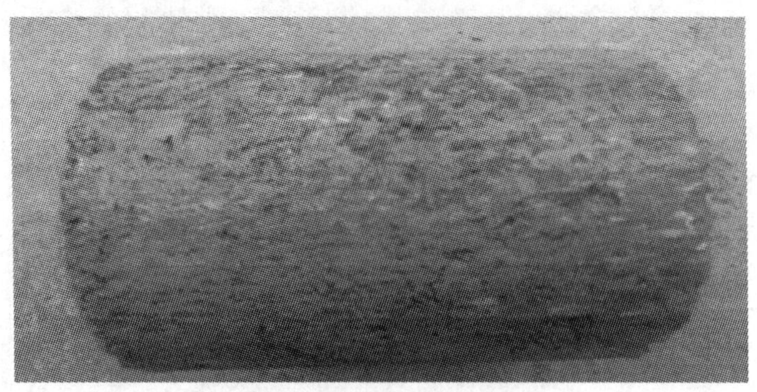

图6　振动压实法成型试件

两种成型法试件强度代表值　　表4

序号	水泥剂量(%)	静力压实法试件强度代表值(MPa)	振动压实法试件强度代表值(MPa)	强度系数
1	2.5	2.8	3.1	1.107
2	3.0	3.2	3.5	1.094
3	3.5	3.5	3.9	1.114
4	4.0	3.8	4.2	1.105
5	4.5	4.3	4.7	1.093

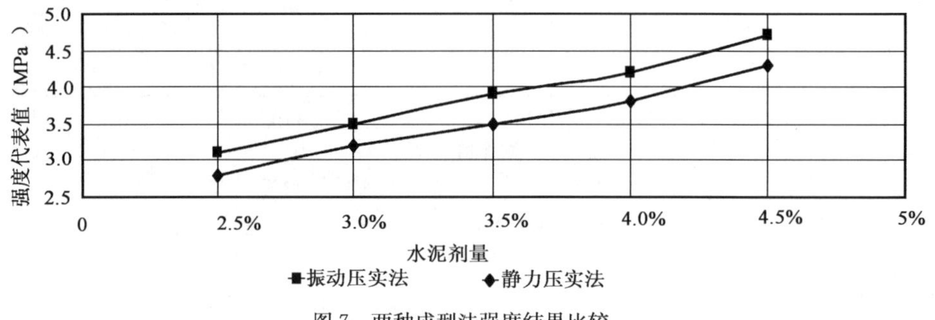

图7　两种成型法强度结果比较

4　结语

通过以上数据分析可以看出，使用振动压实仪对骨架密实(抗裂型)水泥稳定碎石的配合比设计中的应用十分重要。施工过程中的质量控制依据是由试验数据提供的，只有在试验室提供的数据真实可靠的情况下，才能保证工程的质量合格。

参 考 文 献

[1] 中华人民共和国行业标准. JTJ 034—2000　公路路面基层施工技术规范[S]. 北京：人民交通出版社，2000.

[2] 中华人民共和国行业标准. JTG E51—2009　公路工程无机结合料稳定材料试验规程[S]. 北京：人民交通出版社，2009.

移动模架简支箱梁施工质量控制措施

陈慧伟

（中交三公司第二工程有限公司兰新铁路项目）

摘　要：本文介绍了兰州八盘峡黄河特大桥引桥移动模架施工的质量控制措施及要点，包含了移动模架的拼装、钢筋的绑扎、混凝土施工及预应力等相关内容。

关键词：移动模架　施工质量　拼装　预应力

1　工程概况

本段工程为新建兰新第二双线 LXS-1 标八盘峡黄河特大桥，起点里程 DK37＋308.272，终点里程 DK38＋640.372，线路全长 1.332 1km。其中引桥部分 32.6m 等截面简支箱梁共 30 孔，其中南岸 0 号墩至 7 号墩之间 7 孔，北岸 11 号墩至 34 号墩之间 23 孔，皆采用移动模架原位现浇。箱梁截面形式为单箱单室，梁高 2.828m，箱梁顶宽 12.2m，两侧挑臂均为 2.9m，厚 0.245～0.628m，顶板厚 0.3～0.6m，底板宽 5.74～5.68m，厚 0.3～0.7m，腹板厚 0.48～1.08m。采用 C50 钢筋混凝土。

2　施工流程

根据施工组织设计要求，移动模架在 33～34 号梁孔部位进行拼装，面向兰州方向逐跨浇筑箱梁至 0 号桥台。箱梁浇筑完后拆卸退场。施工工艺流程见图 1。

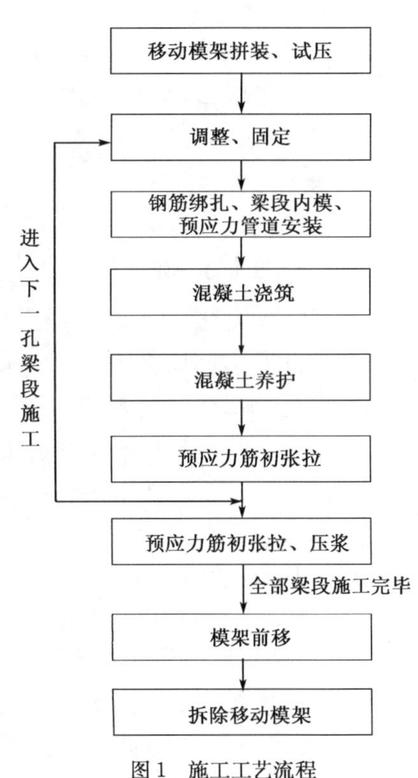

图 1　施工工艺流程

2.1　移动模板拼装、试压

拼装人员应熟读图纸，清楚该设备的主要功能及各种动作。整个装、试、拆的过程中应有足够的安全设施。承台顶承受移动模架支腿处应用砂浆找平，确保角点高差不大于 1mm。安装临时拼装支架，每个要求承压力大于 50t。

拼装之前，目测检查所有待拼零件是否异常，润滑脂是否加注，毛刺等异物是否清除，安全措施是否齐备。按说明及图纸要求精确拼装模架每一个构件，确保一次到位。精调后加固牢靠。

在安装各节主梁与连接系时，确保各横梁顶面高程（共 8 点）误差小于 10mm。拼完后校正两根主梁的平行度，定位尺寸合格后，锁定两根主梁。注意防撞、防旁弯。拼装完毕后，厂家拼装人员及现场质检人员共同再次进行全面检查、检测模板及主框架安装质量，油泵及电器的运作情况，并作记录。共同签署拼装验收单。

2.2 移动模架的试压及调整固定

2.2.1 空载试验

(1)拉线测量两根箱梁轨底相对高差；操作两主梁竖直油缸，使整个模床基本同步顶升120mm。停15min，观察垂直油缸的保压性能。

(2)使模架向前移动过孔，并测量纵移速度，使两主梁基本同步向前移动。

(3)回位后，微调准确定位各梁的纵向位置。

(4)顶升模床到浇筑位置。

(5)在以上动作中，要同步检查电、液、机部分是否正常。记录油压表的读数。

2.2.2 加载试验

(1)垂直油缸机械锁锁紧，同时锁定一切安全装置。

(2)按混凝土梁重分布，模拟浇筑混凝土过程进行加载试验。在加载过程中时刻注意各处支承、各处连接及变形情况。

(3)当加载到60%、100%和120%施工最大荷载时，分别测量记录主梁挠度值、模板底面的下沉量。同时锁定垂直油缸机械锁。

(4)卸载，测定模板表面高程，调整撑杆及支承，使模板表面达到混凝土梁的高程位置。

(5)加载后吊杆伸长量理论值与实际值进行核对。

2.2.3 调整固定

观测采用水准仪和双面塔尺进行观测。通过最后一次观测的数据和预压前观测数据对比得出支架的总沉降量。与全部卸载完时的测量值进行对比，可得出弹性变形值。

通过预压，观测计算得出支架各点的弹性变形数值，调整梁底模板高程，梁底高程＝设计梁底高程＋支架弹性变形值。

得出数值经过工程部计算后，推算梁底调整高程，并固定。固定后的模板确定板缝错台数值符合现行规范要求，确保混凝土外观质量满足相关规范要求。

2.3 钢筋绑扎、梁段内模、预应力管道安装

箱梁钢筋在钢筋加工场制作成半成品，编号后分类堆存，根据现场进度需要，适当加工存货，上盖下垫，确保半成品质量。

进场钢筋必须有出厂质量证明书及复试报告。

钢筋进场后按规范要求进行试验，当试验满足试验要求，并且得到监理工程师的认可后，方可进行钢筋的制作。

钢筋绑扎施工时，在支好的底板上绑扎成型，钢筋的表面应洁净，使用前应将表面油渍、漆皮、鳞锈等清除干净；钢筋应平直，局部弯折成盘的钢筋和弯曲的钢筋均应调直，认真复核图纸、精准推算顶板保护层尺寸后，进行反算控制骨架主筋、高度。顶、底板钢筋绑扎前要按钢筋布间距在箱梁模板或钢筋上做出标记，绑扎时严格按标记布设、绑扎钢筋。考虑到梁体内力分布，腹板钢筋留设于梁上的焊缝宜留设到1/4梁跨处。顶、底板钢筋保护层的留设必须符合设计及规范要求，以免因保护层原因出现混凝土裂纹或漏筋现象。钢筋施工要求符合现行规范

要求，做好现场抽检记录。不合格的应现场及时督促整改。

梁体钢筋应整体绑扎，先进行底板及腹板钢筋的绑扎，然后进行顶板钢筋的绑扎，每个绑扎环节都需要现场质检员抽检记录，监理工程师确认后进行下道绑扎工序。当梁体钢筋与预应力钢筋相碰时，可适当移动梁体钢筋或进行适当弯折。梁体钢筋最小净保护层除顶板顶层为30mm外，其余均为35mm，绑扎铁丝的尾段不应伸入保护层内；所有梁体预留孔处均增设相应的环状钢筋；桥面泄水孔处钢筋可适当移动，并增设斜置的井字形钢筋进行加强；施工中为确保腹板、顶板、底板钢筋的位置的准确，应根据实际情况加强架立钢筋的设置，可采用增加架立筋W形或矩形的架立钢筋等措施。当采用垫块控制净保护层厚度时，垫块应采用与梁体同等寿命的材料以保证梁体的耐久性。

在预应力混凝土箱梁中，当普通钢筋与预应力钢筋定位有相互干扰时，应遵循普通钢筋中的次要受力筋为主要受力筋"让路"、普通钢筋为预应力钢筋"让路"的原则，可以适当调整普通钢筋的间距以利让预应力钢筋通过，不可任意切段钢筋，任何情况下必须保证预应力管道形状圆滑、线形流畅，绝对禁止"死弯"的出现，预应力管道采用金属波纹管，定位钢筋间距严格控制为0.5m一道。并在做好预应力管道绑扎位置记录，检查波纹管固定及破损情况。现场及时纠正及更换。

箱梁钢筋绑扎的检验顺序为：底板钢筋绑扎、预应力管道安装→腹板及横隔梁钢筋绑扎→顶板（含翼板）钢筋绑扎。

钢筋骨架保护层垫块的厚度及强度按设计要求确定。安装时，垫块按梅花形布置，间距不超过1m，底板和顶板适当加密；垫块的固定要牢固。垫块表面应洁净，颜色应与结构混凝土外表一致。

顶板钢筋绑扎前，在箱梁各跨每个截面留设挠度及沉降观测点，沉降及挠度观测按要求埋设，设立位置选择在仪器便于观测部位。

顶板钢筋绑扎时应预留天窗，方便人员上下。最后在施作完毕后，经过报检监理工程师签认合格后，准备混凝土施工相关工具。

2.4 混凝土浇筑

箱梁混凝土的浇筑顺序为：纵桥向由各施工段高程较低的一端向另一端浇筑，横桥向浇筑顺序由腹板底板相交处→底板→腹板→顶板（含翼板）。

混凝土浇筑时应严格计算浇筑方量和浇筑时间，且分层长度不宜太长，以免形成施工冷缝。腹板混凝土浇筑时，每层控制在不大于30cm，为保证施工质量，上一层混凝土浇筑一定要在下一层混凝土初凝前进行，且振捣时振捣棒要插入下一层5～10cm的深度。混凝土浇筑时要在顶板上相应于腹板浇筑工作面上摆放镀锌铁皮或竹胶模板，以免混凝土撒落在顶板钢筋上，影响顶板的浇筑质量。

顶板混凝土浇筑完毕后及时清理通气孔，让其发挥作用，以避免箱室内外产生较大的温差。在混凝土浇筑过程中至最后浇筑的混凝土初凝前每间隔30min左右，由两头来回抽动橡胶棒，防止水泥浆堵塞波纹管。

混凝土的振捣用插入式振捣棒，振捣时间要适当掌握不要漏振也不要过振，振捣器移动间距不超过其作用半径的1.5倍，振捣棒不得撞击波纹管、各种预埋件，避免其跑位。梁腹板混凝土振捣应用ϕ30mm高频振捣棒，其他部位根据具体情况采用ϕ50mm振捣棒，钢筋较密处也可以用小直径振捣棒振捣，小直径振捣棒功率低、作用半径小，注意适当延长振捣时间、加强振捣，振捣器在每一个位置中振捣延续时间一般掌握在混凝土不再下沉、无显著气泡上升、顶面平坦一致并开始浮现水泥浆为止，一般不宜超过30s，避免过振；振捣器拔出时不可太快太猛，以免留下孔迹和空洞。

上层混凝土振捣时，振捣器应深入下层已振捣的混凝土中5～10cm，以加强上下层间的连接，振捣混凝土时要在棒头上做好振捣深度标记，严格控制好振捣深度，为避免振捣棒触及侧模板，振捣棒应与侧模保持5～l0cm的距离。

2.5 收面、养护

在混凝土初凝前应完成收面工作，底板表面收成毛面即可。顶、底板面至少进行三次找平收面，以防止表面收缩裂纹的产生，顶板前两次找平收成毛面，于混凝土初凝前收压成光面。混凝土初凝后及时用透水土工布等覆盖并洒水养生，混凝土初凝后湿养时间不少于14d，在此时间内要保持混凝土面处于湿润状态。

混凝土浇筑完成后应及时进行养护。养护方法要适应施工季节的变化：在自然气温较高的情况下，混凝土初凝后，一般情况下采用洒水养护。梁体为泵送混凝土，胶凝材料用量较大，产生的水化热较大，为防止因干缩、温差等因素出现的裂缝，在混凝土浇筑完成后，12h内即以土工布覆盖养护，并在其上覆盖塑料薄膜，梁体洒水次数应能保持混凝土表面充分潮湿。梁体养护用水与拌制梁体混凝土用水相同；冬期施工，混凝土表面要覆盖保温材料，必要时采取加热升温的方法，热期施工，混凝土表面要覆盖潮湿的土工布。

混凝土拆模后，应及时对新暴露的混凝土表面进行保湿养护。混凝土浇筑完毕后的保温保湿养护最短时间应满足不同混凝土保温保湿养护的最低期限（表1）的规定。

不同混凝土保温保湿养护的最低期限 表1

水胶比	大气潮湿（RH≥50%）无风，无阳光直射		大气干燥（20%≤RH＜50%）有风或阳光直射		大气极端干燥（RH＜20%）大风，大温差	
	日平均气温 T(℃)	养护时间(d)	日平均气温 T(℃)	养护时间(d)	日平均气温 T(℃)	养护时间(d)
＞0.45	$5\leqslant T<10$	21	$5\leqslant T<10$	28	$5\leqslant T<10$	56
	$10\leqslant T<20$	14	$10\leqslant T<20$	21	$10\leqslant T<20$	45
	$T\geqslant 20$	10	$T\geqslant 20$	14	$T\geqslant 20$	35
≤0.45	$5\leqslant T<10$	14	$5\leqslant T<10$	21	$5\leqslant T<10$	45
	$10\leqslant T<20$	10	$10\leqslant T<20$	14	$10\leqslant T<20$	35
	$T\geqslant 20$	7	$T\geqslant 20$	10	$T\geqslant 20$	28

当环境温度低于5℃时，禁止对混凝土表面进行洒水养护，但应采取保温保湿养护。

2.6 预应力施工

钢绞线穿束后进行预应力筋张拉、锚固。

预应力张拉顺序严格按照施工图要求顺序进行张拉，预应力钢束采用两端张拉时，两端应保持对称张拉，最大不平衡束不能超过1束，从外到内左右对称进行。预施应力过程中应保持两端伸长量基本一致。

张拉确保压力表与张拉千斤顶配套使用。专人负责，预应力设备应建立台账及卡片并定期检查。

张拉前的检验工作：对锚具、夹片等进行检验；对千斤顶、油泵、油表等进行配套标定；对千斤顶作业空间进行检查、确认；对梁体作全面检查。预应力张拉千斤顶与油压表的关系曲线方程式应由当地技术监督局授权的检测机构确定。

安装千斤顶和工具锚、夹片符合下列要求：工作锚、限位板、千斤顶、工具锚、夹片按要求装好，工作锚位于锚垫板凹槽内，相互之间密贴；"四同心"符合要求，即预应力管道、锚垫板、锚具、千斤顶四部分基本同心；各油管接头满扣上紧，千斤顶、油表安放位置配套正确。

预应力施工时采用两端同时对称张拉一种方式，以张拉应力和张拉伸长量进行"双控"控制，并以张拉应力控制为主。

钢绞线实际张拉伸长值与理论计算张拉伸长值的差值应在－6%～＋6%范围内，即表明本束钢绞线张拉合格。

千斤顶加载和卸载时做到平稳、均匀、缓慢、无冲击。张拉时混凝土强度和龄期达到设计图纸要求。张拉顺序按设计图纸要求进行。张拉作业中，对钢绞线束的两端同步施加预应力，保证两端张拉伸长量基本相等。

2.7 管道压浆、封锚

2.7.1 浆体质量控制

压浆用水泥应为强度等级不低于 42.5 级的低碱混凝土酸盐或低碱普通混凝土酸盐水泥，掺入的粉煤灰应符合国家现行《用于水泥和混凝土中的粉煤灰》(GB/T 1596—2005)的规定；水胶比不超过 0.33，且不得泌水，流动度应为 18s±4s，抗压强度不小于设计强度；压入管道的水泥浆应饱满密实。初凝时间应不小于 4h，终凝时间应不大于 24h，压浆时浆体温度应不超过 35℃。采用真空压浆机压浆确保压浆饱满。

2.7.2 混凝土封端

浇筑梁体封端混凝土之前，先将锚垫板表面的黏浆和锚环外面上部的灰浆铲除干净，对锚圈与锚垫板之间的交接缝和外露钢绞线应用聚氨酯防水涂料进行防水处理，同时检查确认无漏压的管道后，再浇筑封端混凝土。为保证混凝土接缝处接合良好，应将原混凝土表面凿毛，并焊上钢筋网片，检查确认无漏压浆的管道后，浇筑封端混凝土。封端混凝土采用 C50 补偿收缩性混凝土。封端混凝土一次浇筑成型，并应具有良好的密实度。封端混凝土采用自然养护。封端混凝土养护结束后，采用聚氨酯防水涂料对封端新老混凝土之间的交接缝进行防水处理。试验室随机制作封端混凝土试件，用以检查其质量。

3 结语

通过实际操作施工，移动模架施工的质量控制通过了甘青公司的首件评估，作为全线模范点并进行了全线推广。确保工程质量各个环节的有效控制，为兰新铁路移动模架质量控制起到模范带头作用。为后续施工的工程质量工作的开展，奠定了坚实的基础。

参考文献

[1] 中华人民共和国行业标准. TZ 323—2010 铁路移动模架制梁施工技术指南[S]. 北京：中国铁道出版社,2010.
[2] 中华人民共和国行业标准. 铁建设〔2010〕241号 高速铁路桥涵工程施工技术指南[S]. 北京：中国铁道出版社,2010.
[3] 中华人民共和国行业标准. 铁建设〔2010〕241号 铁路混凝土工程施工技术指南[S]. 北京：中国铁道出版社,2010.
[4] 中华人民共和国行业标准. TB 10752—2010 高速铁路桥涵工程施工质量验收标准[S]. 北京：中国铁道出版社,2010.

C55 泵送混凝土在弘农涧河特大桥中的设计与施工

张江宏　杨　盛

（中交三公局第二工程有限公司三灵项目）

摘　要：在以往的泵送混凝土施工过程中，易出现离析、堵管的问题，尤其在垂直和水平泵送距离大的情况下出现的更多，这些问题直接影响着结构物的质量安全。本文重点阐述了采用常规材料和工艺生产，通过配合比优化设计配制出了 C55 泵送混凝土，满足混凝土结构所要求的各项力学性能，具有高耐久性、高工作性和高体积稳定性。并且在实际施工应用中，成功地将 C55 混凝土一次泵送至 57m 的高度。

关键词：C55 混凝土　优化设计　泵送

1　工程概况

弘农涧河特大桥为三灵快速通道上重点控制性工程之一，大桥跨越弘农涧河河谷，位于著名的风景区函谷关北约 1km 处，桥位下游（北侧）约 400m 及 800m 处分别为连霍高速的弘农涧河特大桥和郑西铁路客运专线特大桥。

桥梁起点桩号 K914＋286.61，终点桩号 K915＋459.21，全长 1 172.6m，桥梁与弘农涧河交角 90°。桥跨布置为：8×50m＋(82＋3×150＋82)m＋3×50m，其中，主桥为(82＋3×150＋82)m 预应力混凝土变截面连续刚构，桥宽 2×19.45m，左右幅分离。箱梁为单箱单室截面，箱梁顶宽 19.45m，底宽 9.15m，墩顶处梁高 10m，梁端及跨中梁高 3.5m。箱梁下部为主桥双薄壁箱形墩，最大墩高 47m。引桥为跨径 50m 先简支后连续装配式预应力混凝土 T 形梁。

本工程的现浇预应力混凝土箱梁结构所需混凝土的强度等级为 C60，因考虑到施工难度和风险较大等原因，后经设计变更为 C55。箱梁采用三角形挂篮悬臂浇筑施工，结构物物内钢筋网密集、预埋件较多、混凝土土方量大。考虑到以上因素，决定采用混凝土地泵泵送入模施工工艺。

2　混凝土的设计与优化

泵送混凝土施工技术在我国发展很快，并已在高层建筑、桥梁、铁路等工程中广泛地应用。而在实际应用中还是经常出现各种质量问题。这就对混凝土本身的工作性、耐久性有了更高的要求。吸取以往的经验和教训，寻求一个流动度与稳定性相平衡的，且在保证强度的前提下，同时延迟坍落度和黏度的有效时间是此次配合比设计的关键和难点。

2.1　原材料的选择

(1)水泥：水泥的细度，熟料的矿物组成，调凝剂的含量和形态，水泥碱含量，水泥的原材料及掺和料以及水泥匀质性都影响混凝土坍落度的损失。但是由于考虑到经济效益和业主的要求，只能从周边的水泥厂中选择出性能相对较好的水泥品牌。

(2)粉煤灰：粉煤灰的质量受煤种、煤粉磨的型号、锅炉形式、燃烧条件、司炉工的操作水平、电厂负荷的波动以及收尘系统运行状态等因素的影响。不仅要严格控制Ⅰ级灰的质量，还要控制其最大掺量。

(3)矿粉：矿粉不仅能有利于混凝土力学性能的提高，还有利于耐久性的改善，缓解混凝土坍落度的经时损失。

(4)集料：泵送混凝土集料最大粒径不得超过管道内径的1/4～1/3，且针片状颗粒含量也要严格控制。砂必须是细度模数在2.6～2.9之间的天然砂。

(5)外加剂：选用了减水率较高、保塑时间较长的聚羧酸高性能缓凝减水剂。使混凝土在较大坍落度情况下有较好的和易性。

2.2 配合比优化设计

虽然粉煤灰与矿粉有提高混凝土工作性的作用，但对于其掺量和最佳比例作了很多尝试，对比试验结果见表1。

粉煤灰和矿粉掺量对比试验 表1

序号	混凝土配合比(kg/m³)							试验结果	
	水泥	粉煤灰	矿粉	砂	碎石(4.75～19mm)	水	外加剂	坍落度(mm)	28d强度(MPa)
1	430	69	29	229	1 093	150	1.0%	185	73.4
2		59	39	729	1 093	150	1.0%	190	72.8
3		49	49	729	1 093	150	1.0%	200	74.7
4		39	59	729	1 093	150	1.0%	215	75.6
5		29	69	729	1 093	150	1.0%	180	78.1
6		98	—	729	1 093	150	1.0%	175	69.4
7		—	98	729	1 093	150	1.0%	180	70.2

根据以往经验，塑性大、和易性好的混凝土，泵送性能也好。而对于泵送混凝土，一直没有统一的检测指标作为依据。在参照了众多文献资料后，决定用水泥浆体流动度(表2)、坍落度、扩展度(表3)对混凝土的泵送性进行评价，并最终选定了适合的外加剂和最佳砂率。

水泥浆体流动度对比试验 表2

序号	水泥浆配合比(kg/m³)			流动度(s)	
	水泥	外加剂	水	初始流动度	1h经时流动度
1	P·O52.5仰韶/420	康特尔 KTPCA/1.0%	148	18	14
2	P·O52.5仰韶/420	建苑 KTPCA/1.1%	148	23	20

混凝土拌和物砂率调整试验 表 3

序号	混凝土配合比(kg/m³)							试验结果		
	水泥	粉煤灰	矿粉	砂	碎石(4.75～19mm)	水	外加剂	坍落度(mm)	扩展度(mm)	28d 强度(MPa)
1	430	49	49	692	1 130	150	1.1%	185	660	77.9
2		49	49	729	1 093	150	1.1%	190	675	75.2
3		49	49	765	1 057	150	1.1%	200	690	71.6
4		39	59	692	1 130	150	1.1%	215	670	78.9
5		39	59	729	1 093	150	1.1%	180	695	76.5
6		39	59	765	1 057	150	1.1%	175	710	72.3

结合上述试验结果，综合评价混凝土的和易性及泵送性。决定采用仰韶 P·O52.5 水泥，建苑 KTPCA 高效缓凝减水剂，唐润 Ⅰ 级粉煤灰，鸣条岗 S95 矿渣粉(粉煤灰与矿粉掺配比例为 4:6)，三门峡川口碎石，三门峡卢氏天然砂。

2.3 最终配合比的确定

在混凝土泵送过程中，混凝土拌和物不仅要通过垂直管道，还有水平管道和软管。如果粗集料级配不良、砂率过大，混凝土拌和物离析、坍损大，都会产生堵管和爆管现象。优良的级配和合适的砂率，不仅能保证混凝土拌和物的黏聚性、保水性，而且能最大限度地提高坍落度和扩展度。单位用水量对高强度等级混凝土的强度和和易性影响较大，较小的变化也会使混凝土的黏度产生很大影响。综合考虑各种因素，经多次试验调整，最终确定采用如表 4 所示的配合比。

泵送混凝土配合比和试验结果 表 4

混凝土配合比(kg/m³)							试验结果		
水泥	粉煤灰	矿粉	砂	碎石(4.75～19mm)	水	外加剂	坍落度(mm)	扩展度(mm)	28d 强度(MPa)
424	42	64	765	1 057	148	1.1%	220	715	76.1

3 施工实际情况

对于高强度等级泵送混凝土的生产，从原材料的进场检验直到混凝土浇筑入模，

针对各个环节制订相应的控制措施。粉煤灰、矿粉、聚羧酸外加剂的质量对混凝土的性能会产生直接的影响，而集料的含泥量、级配、针片状颗粒含量也同样如此。因此，在生产过程中要及时掌握原材料性能波动的情况，适时地调整配合比，以满足施工需要，保证混凝土的质量。

而在施工过程中，采用合适的同配合比砂浆对管道进行充分润滑，确保管壁有一层砂浆。保证混凝土供应的连续性。同时因混凝土泵送压力较大，一定要做好泵管壁厚的定期检查和泵送过程中的安全管理工作。由于主桥墩的高度的不同，我们记录了相应的坍落度和扩展度泵送损失的具体数据(表 5)。

现场混凝土拌和物稠度试验结果统计

表 5

泵送高度(m)	出厂		入模	
	坍落度(mm)	扩展度(mm)	坍落度(mm)	扩展度(mm)
47	205	710	160	670
51	210	705	155	665
54	215	710	150	660
57	220	715	145	655

4 结语

中交三公局第二工程有限公司三灵项目部试验室在全体试验室员工的辛勤努力下,在各位领导的支持关怀下,对C55泵送混凝土进行了大量的试验研究,通过对原材料的优选及配合比调整,配制出和易性好、泵送性强的高性能混凝土。本试验研究为主桥现浇预应力箱梁的施工提供了可靠的保障,混凝土优良的工作性和耐久性为创建优质工程打下了良好的基础。但在实际施工中,我们还是遇到了各种各样的问题,并在不断的改善与提高中。

参 考 文 献

[1] 中华人民共和国行业标准.JTG/T F50—2011 公路桥涵施工技术规范[S].北京:人民交通出版社,2011.

[2] 中华人民共和国行业标准.JTG/T 10—2011 混凝土泵送施工技术规程[S].北京:建设部标准定额研究所,2011.

[3] 刘敬宇,余成行,王磊.C60超高泵送混凝土的配制与施工[J].混凝土,2008,6.

[4] 赵立军.泵送混凝土坍落度损失原因分析[J].中小企业管理与科技,2011,1.

[5] 李建明.浅析高性能混凝土泵送施工技术[J].建设机械技术与管理,2008,05.

钢管混凝土提篮系杆拱桥提篮拱施工工艺研究

常武红

（中交三公局第二工程有限公司沪昆项目）

摘　要：本文通过对某高速铁路钢管混凝土提篮系杆拱桥施工工艺研究计算，分析施工原理，提出合理的施工工序、施工要点和具体操作流程，同时总结了钢管混凝土结构的优势，该桥取得了圆满成功和较好经济效益，值得在类似工程施工中推广与借鉴。

关键词：钢管混凝土　提篮拱　系杆拱桥　施工工艺

1　工程特点

钢管混凝土作为一种新兴的组合结构，主要以轴心受压和小偏心的受压构件为主，由于具有承载力高、延性好，抗震性能优越、耐腐蚀性能强和施工方便等优点，在土建工程中被广泛应用和迅速发展。预应力钢管混凝土拱桥是我国近年来大力推广应用的一种新桥型，是大跨度拱桥比较理想的结构形式。

某高速铁路钢管混凝土提篮系杆拱桥，跨越宽26m的国道，与线路夹角为29.5°，净高7.0m，且位于半径为9 000m的圆曲线上，施工难度大、风险高。采用满堂支架法施工。

2　支架布置施工

2.1　支架地基处理方案

提篮拱跨越国道部分利用原路基，中央分隔带部分挖除腐殖土至路基坚硬面，路肩以外部分（包括土路肩）挖除换填60cm级配碎石，并分层振动压实，使地基基本承载力达到220KPa。

2.2　支架方案

临时支架采用满堂红支架法施工，跨越国道部分采用2m＋4m＋4m＋2m门洞，门洞中间支墩设1.8m宽条形基础，其上布设30m（纵向）×30m（横向）WDJ碗扣式脚手架6排，横杆间距120cm。其他支墩基础采用1.5m宽，1m高的混凝土基础，其上布设30cm（纵向）×30cm（横向）碗扣式脚手架5排，横杆间距120cm。条形基础四周预埋1.2m钢管，外露60cm与门洞支墩相连增强稳定性。

门洞外其余部分采用满堂支架搭设，系梁端部实体段范围内（包括2.5m过渡段）采用0.3m（横）×0.6m（纵）的间距搭设支架，其余系梁部分采用0.6m（横）×0.9m（纵）的间距搭设支架，横杆间距1.2m。满堂支架与门洞支墩衔接部采用0.3m×0.6m，0.3m×0.9m，0.3m×0.3m间距补强，并与支墩按照横杠间距60cm搭设。

碗口支架底座伸出长度15cm，支架四边与中间每隔4排设置一道纵向剪刀撑，由底至顶连续设置，竖向每两步距设置一道水平剪刀撑，横向每5排设置一道剪刀撑。

支架顶顺桥向采用 10cm×15cm 松木搭设，横桥向采用 10cm×10cm 松木按照 20cm 间距布设，作为上下分配梁。门洞支墩顶横向布设 10cm×15cm 松木，纵向布设 I56a 工字钢，底板范围间距 0.35m，腹板范围内 3 根工字钢并排布置。门洞范围内只布设横向上分配梁，松木尺寸 10cm×10cm，间距 30cm。经计算满足荷载要求，具体见图 1。

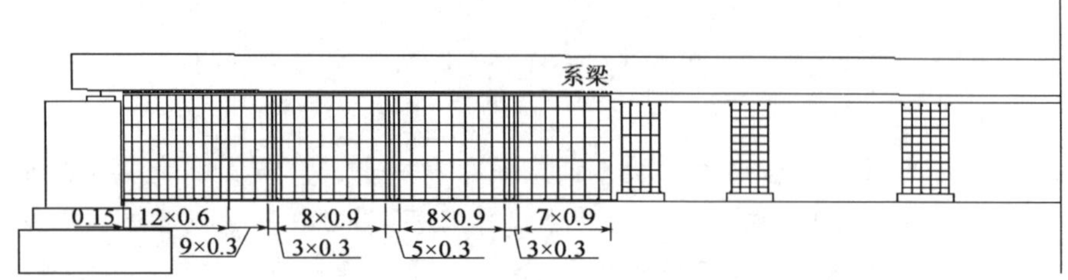

图 1　支架布置 1/2 图(尺寸单位:m)

2.3　模板方案

模板外模采用 15mm×1 220mm×2 440mm 的竹胶板作为面板，圆弧段采用定制模板，内模采用 15mm×1 220mm×2 440mm 的竹胶板，内模支架采用 0.9m×0.9m 碗扣式脚手架搭设，横杆间距 120cm，梁底部分设置 0.15m×0.15m×0.3m 的同强度混凝土垫块，下分配梁采用 10cm×10cm 松木，上分配梁采用 10cm×5cm 松木。

2.4　支架预压方案

支架搭设完毕，底模超前预压段铺装 30m，为防止堆载砂袋时破坏底板光洁度，底模采用旧竹胶板，卸载后重新铺设新竹胶板作为底模，堆载预压分六次完成，每预压段搭接 2m。预压质量为梁体自重的 1.2 倍，按照混凝土浇筑顺序以 0.25、0.5、0.75、1.0、1.2 倍的梁体自重循序预压，分级预压，分级观测。

2.4.1　支架变形观测

底板纵向范围内边跨、1/4 跨、跨中、3/4 跨设置支架变形观测点，横向设三排测点，在预压前先将测点标出，并记录好高程，作为沉降观测的基准。用水准仪随着分级加、卸载的进行测设各测点高程，计算出支架沉降量，预压过程中根据加载质量和压载时间进行观测记录并分析，作为调整模板高程的有效数据。

2.4.2　预压砂袋的卸载

地基及支架沉降连续三个观测时段小于 0.2mm，即认为支架不再继续沉降，然后开始卸载。支架卸载时按加载的相反顺序进行，分级卸载，分次观测。

2.4.3　支架高程调整

支架预压前，支架按照设计高程搭设，确保支架各杆件均匀受力。预压后，架体已基本消除预压荷载作用、支架各杆件的间隙及非弹性变形。预压卸载后的回弹量即是箱梁在混凝土浇筑过程的下沉量，因此，支架顶的高程值最后调整为设计高程值＋预拱值＋预压回弹量＋张拉后中间起拱值。

2.5　预拱度设置

由于箱梁在浇筑施工和卸架后，会发生一定的下沉和产生一定变形，因此，为使箱梁在卸架后能获得满意的设计线形，须在模板安装的时候，按设计要求设置一定数值的预拱度。预拱度设在箱梁跨径的中点，以中点预拱度为最大值，以梁的两端为零(即墩支承点为零)。最终施工阶段预拱度数值由我单位聘请的专业变形监测单位提供具体数据。

3 系梁现浇施工

3.1 施工准备

本系梁支座采用铁路桥梁球型支座：两个GTQZ-Ⅱ-32500HX支座、两个GTQZ-Ⅱ-32500DX支座和两个MSK10000纵向活动型剪力榫。按照设计要求，绑扎钢筋，安装好支座、波纹管和预应力束。

3.2 混凝土施工

桥梁混凝土底板、腹板及顶板一次浇筑成型。采用四台混凝土泵车两端对称浇筑，混凝土由自动计量拌和站集中统一拌制，混凝土罐车运输，输送泵泵送浇筑，混凝土振捣用插入式振动器。分别在1/4跨、1/2跨、3/4跨和梁端处设置徐变观测标，观测标位于线路中心。

混凝土浇筑前，用高压气枪吹净模板表面，并在根据线性要求，在梁体六面坡的分界处，设置7道定位线，其中轨道板底座范围的定位线采用钢丝定位线，具有复位功能，保证其线性在施工过程中不被破坏。浇筑底板时，预留适量的混凝土空间，以便腹板浇筑时，混凝土从腹板流入箱内底板。

由于拱脚与系梁的连接钢筋密集，浇筑拱脚混凝土时，采用预留拱脚剪力槽的办法，拱脚混凝土分两次浇筑，既可保证拱脚的位置准确，又可保证拱脚混凝土的浇筑质量。

混凝土浇筑完毕后，张拉前，对梁体进行首次徐变观测。

3.3 张拉与压浆施工

3.3.1 准备工作

对钢绞线的机械性能做取样试验，对张拉机具进行标定。检查压力表与千斤顶是否配套，测定千斤顶内摩阻力、锚圈口摩阻率，检验板体混凝土质量，控制张拉前混凝土强度不小于设计强度，弹性模量、龄期达到要求。

3.3.2 张拉

根据设计要求，系梁预应力分两次张拉，第一次张拉索B1、B3～B8、G1、T1、N1、N2、N4、N5、N6在系梁混凝土浇筑完成并养护至少15d且混凝土强度达到设计强度的95%以上张拉，第二次张拉剩余索，在二期恒载上桥前张拉完成。预应力张拉前，根据孔道摩阻试验结果确定钢索与管道孔壁摩阻因数μ、管道局部偏差系数κ以及锚圈口应力损失，确定合理的张拉控制力。

在混凝土强度、弹性模量、龄期达到设计强度要求后，进行张拉。预应力钢绞线张拉程序为0→0.1σ_k(作伸长量标记)→σ_k(持荷5min，测伸长值)→锚固。张拉值的大小以油压表的读数为主，用预应力钢绞线的伸长值加以校核，实行双控。实际张拉伸长值与理论伸长值之差控制在±6%范围内。张拉钢绞线时，采用两边同时给千斤顶充油，荷载分级，两端伸长基本保持一致。允许断丝或滑丝的数量不得超过预应力筋总数的0.5%，并不得位于梁体的同一侧，且一束内断丝不得超过一根。当一切正常后，再进行割丝、压浆封端等工序。张拉过程中和张拉完成后，均进行徐变观测。

3.3.3 压浆及封端

管道压浆在终张拉后的24h内完成；管道压浆一次完成，若中间有中止压浆情况，采用压力水将管道内的浆液立即清除干净，再连续一次完成管道压浆。选用HB6-3型吸浆泵配以UJW3灰浆拌和机进行吸浆。

封端模板尺寸加工准确，支立模板模板时安装牢靠，以防变形影响美观；端隔板的钢筋网焊接牢固，准确定位，浇筑混凝土振捣密实。封锚混凝土采用无收缩混凝土，抗压强度不应低于50MPa要求。先将锚垫板表面黏浆和锚环上的封锚砂浆铲除干净，安装封锚钢筋，横向预应力索张拉槽口处截断的钢筋搭接好，凿毛接触面混凝土后，捣固封锚混凝土。

3.4 拆模及养护

当混凝土抗压强度达到2.5MPa后，即可拆除侧模及内模，待箱梁混凝土达到设计强度100%，并且吊杆施工完成后，拆除箱梁底模，底模拆除顺序为，先拆跨中，后拆两端。箱梁混凝土浇筑完成后，及时进行养护。

4 拱肋和吊杆安装

4.1 拱肋拼装前的测量准备工作

依据现场的现有条件和地形，测量人员完成平面控制网和高程控制网的测设。拱脚安装时，将全站仪架设在相对应的控制点上，拱脚吊上支撑架后，对其进行初步测量，根据全站仪观测得出数据，通知安装人员对拱脚进行调整，拱脚安装重点要观测定位尺寸和倾斜度，一定要保证定位尺寸和倾斜度的精度达到设计要求。钢管拱观测见图2。

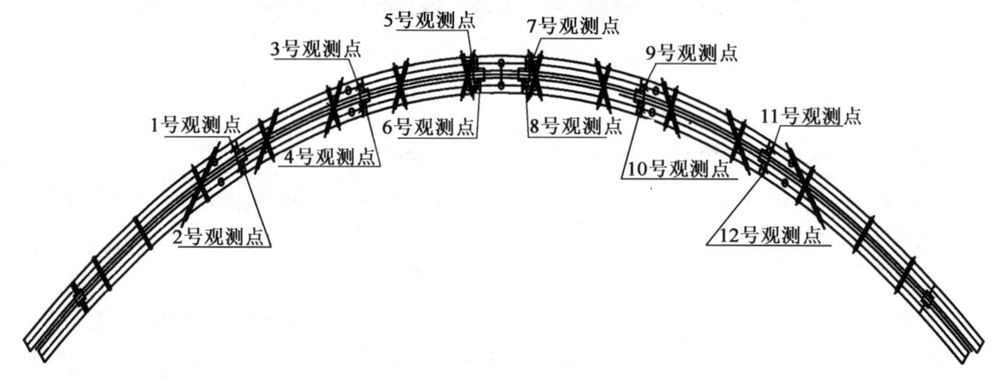

图2 钢管拱观测示意图

在吊装前，测量人员依据测量要求，将反射片贴于拱肋内测标记处；吊装时，测量人员架设全站仪观测每个单元件的观测点，依据测量数据指导安装人员进行调整。直至钢拱段定位符合设计要求。拱肋需要按计划定期观测。

4.2 吊装施工

4.2.1 安装临时支撑、施工平台及拱段定位调整工装

(1)测量人员依据临时支撑平面位置图，测量检查临时支撑底座钢板的放置位置和缆风绳锚点的埋设位置。确认埋设位置符合要求后，做好正交十字轴线标记，记录点位高程值。

(2)依据厂内预拼的连接标记，进行临时支撑的桥面组装，同时安排进行缆风索锚点的设

置。临时支撑的组装完成后，将缆风绳的上端与临时支撑上部连接。然后进行临时支撑的吊装，支撑立起后，分别拉好两端的缆风绳，在测量仪器的监测下，通过增减支撑下部的钢垫板配合调整缆风绳的长度，调整支撑的垂直度。调整完毕后，进行缆风绳的锚固以及临时支撑下部法兰盘与桥面间预埋螺栓的安装紧固。

(3)沿支撑管四周搭设钢管脚手架，直至与钢管支撑高度持平；然后进行扩展工作平台、工作护栏的搭设和走道板的铺设。

(4)在临时支撑顶端上安装定位、调整工装。

工装支架由槽钢组成。同时，测量人员将支架的定位尺寸临时支撑上放样，支架拼装好后，安装人员依次将支架吊装到位，测量人员随时观测支架的定位数据，并指导安装人员对支架进行调整，待定位后用槽钢进行连接，形成一个刚性的整体。临时支撑结构如图 3 和图 4 所示。

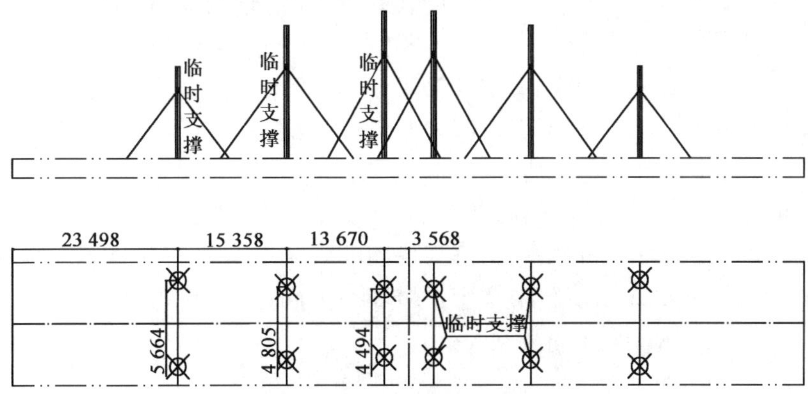

图 3　临时支撑布置图(尺寸单位：mm)

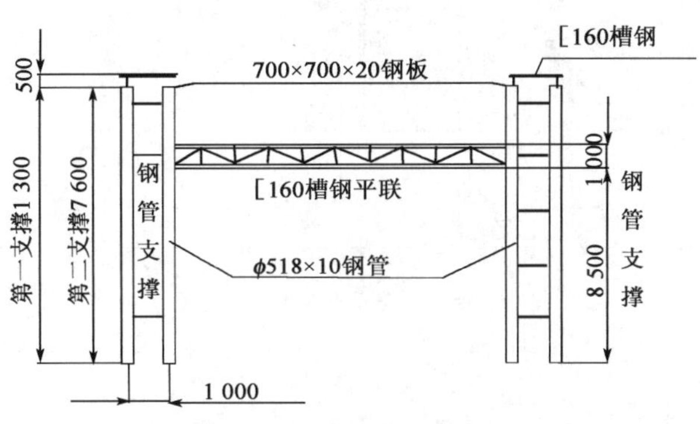

图 4　临时支撑结构详图(尺寸单位：mm)

在地面上切割 K 撑临时支撑结构说明：拱肋分段由[160 刚性支座支撑，吊装施工时，拱肋轴线的水平面投影位于外侧钢管轴线投影附近。[160 刚性支座顶面到钢管管顶封板之间预留了千斤顶行程下限高度(500mm)，可用千斤顶调节拱肋分段安装高度，拱肋安装的水平位移控制由[160 刚性支座顶面的横向定位桩控制。

4.2.2　拱肋吊装

(1)第 1、7 段钢拱肋单元吊装。吊装前在拱管低端上部和高端下部分别焊装好定位马板。再将吊索与钢管拱及吊钩通过卸扣连接好，并在钢管拱两端分别系上缆风绳。吊车将第 1 段钢管拱上端吊起到离地面约 1.5m 高度，检查吊装工况，确认满足各项要求，再继续提升到安装高度。地面人员通过缆风绳配合吊车调整拱段的空中姿态，使拱段低端与拱脚段对位。高端上弦管轻靠落放在钢管支撑内侧的定位工装上，再使吊钩缓缓下落，如图 5 所示。

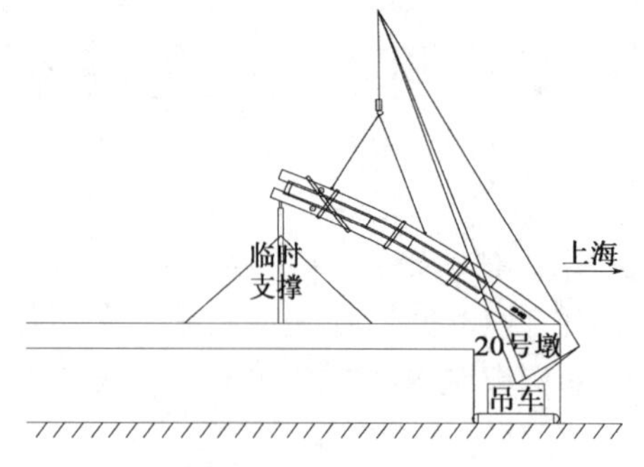

图 5　第 1、7 段钢拱肋单元吊装

利用千斤顶对拱肋高端安装位置进行微调，在全站仪的监测下，调整拱段的轴线及高程，符合要求后，先在拱段上端与支撑工装间焊装刚性支撑结构，然后进行拱段下端与预埋段间定位马板的焊装。

(2)K 撑吊装。使用全站仪，分别进行两侧拱段的精确调整，定位数据符合要求后，测量两拱段间 K 撑间距，并依此修整 K 撑横向尺寸。

根据上述测量的钢管长度，进行 K 撑吊装。K 撑弦管吊装前，在拱肋连接处搭设悬挑钢管脚手架，弦管吊装到位后，安排进行两端接头处悬挑脚手架的连接、扩展搭设并铺好走板。调整好装配间隙后，进行该处定位马板的焊装；然后在拱段与支撑工装间焊装刚性支撑结构。

在仪器监测下进行拱段与预埋段间及 K 撑与拱管间马板焊接施工。

进行拱肋分段与预埋段之间焊缝、K 撑与拱肋间焊缝以及 K 撑结构件焊缝的焊接施工。

(3)第 2、6 段钢拱肋单元吊装。第 2、6 段吊装与上同，如图 6 和图 7 所示。

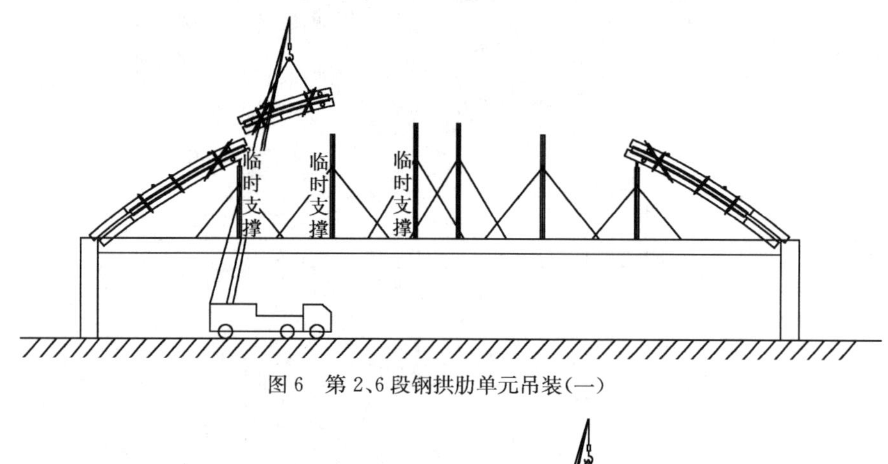

图 6　第 2、6 段钢拱肋单元吊装(一)

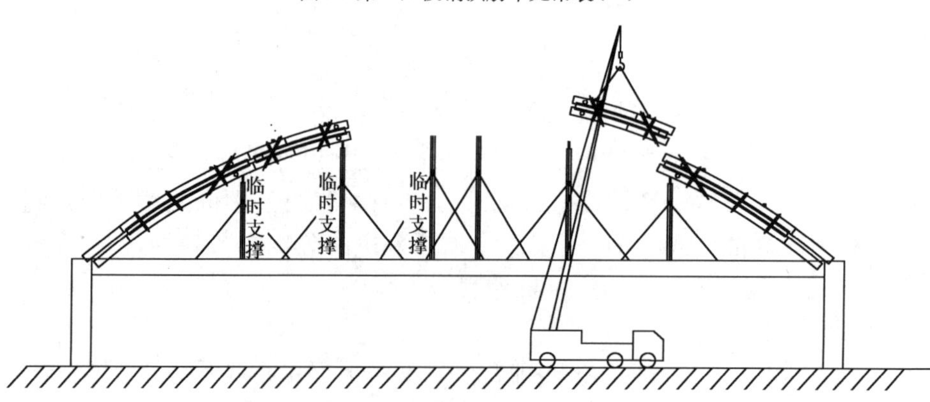

图 7　第 2、6 段钢拱肋单元吊装(二)

(4)第3、5钢拱肋单元吊装。第3、5段吊装与上同,如图8和图9所示。

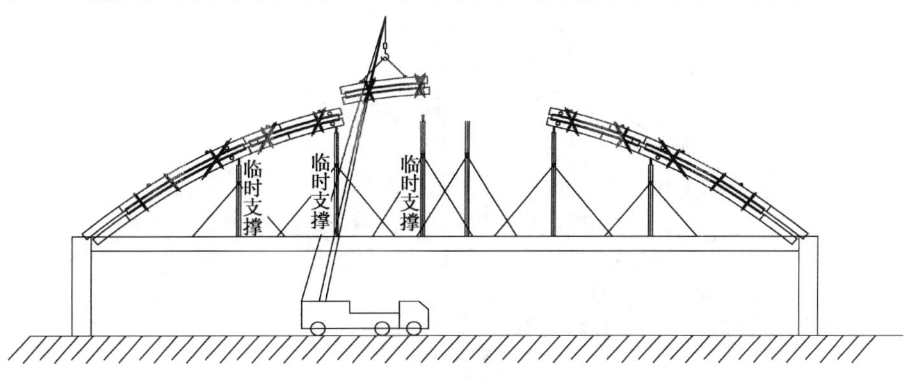

图8　第3、5段钢拱肋单元吊装(一)

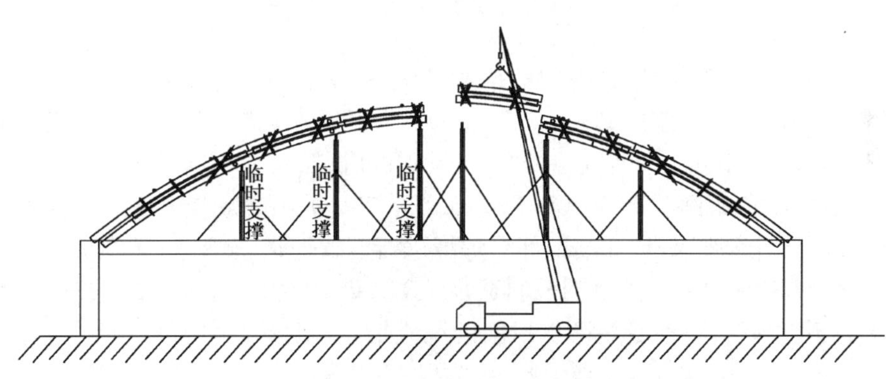

图9　第3、5段钢拱肋单元吊装(二)

(5)第4段钢拱肋单元吊装。根据第3、5拱肋分段的端口间距,对第4分段的端口余量进行修整,修整完毕开制焊接坡口,安装定位马板。

将吊索与钢管拱及吊钩通过卸扣连接好,并在钢管拱两端分别系上缆风绳。吊车将钢管拱吊起到离地面约1.5m高度,检查吊装工况,确认满足各项要求,再继续提升到安装高度。地面人员通过缆风绳配合吊车调整拱段的空中姿态,使拱段两端与第3、5段基本对位后,落放在临时支架上。

使用全站仪分进行拱段的精确调整,使其符合要求;再安排进行拱肋接头处悬挑脚手架的连接、扩展搭设并铺好走板。测量两拱段间风撑间距,并依此修整K撑横向尺寸。根据上述测量所得的数据,在地面上切割风撑的钢管长度。

进行拱顶横撑吊装。吊装前,在拱肋连接处搭设悬挑钢管脚手架,横撑吊装到位后,安排进行两端接头处悬挑脚手架的连接、扩展搭设并铺好走板。调整好装配间隙后,进行该处定位马板的焊装;然后在拱段与支撑工装间焊装刚性支撑结构,见图10。

在仪器监测下进行相邻拱肋间焊缝定位马板和横撑与拱管间定位马板的焊接施工。进行拱肋分段之间焊缝、K撑与拱肋间焊缝以及K撑结构件焊缝的焊接施工。

(6)整体轴线测量控制。在全站仪的监测下依照吊装顺序逐段进行钢管拱的轴线及各段端点的高程值的调校,每校正好一段方可开始进行焊接施工。焊接完毕后对拱肋线形进行测量记录,对符合设计要求的超差部分在后续分段吊装施工时作为调节线形的参考依据,并依此调整后续分段的焊接收缩等余量，确保全桥线形满足设计要求。

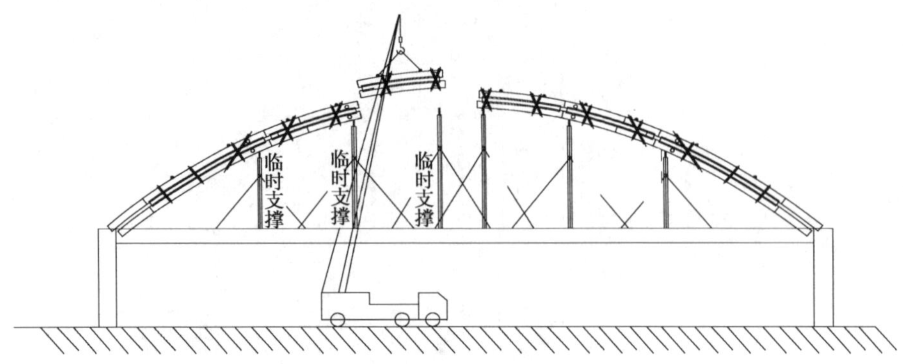

图10 第4段钢拱肋单元吊装

4.3 焊接施工

担任焊接施工的焊工，必须经专门的技术培训、考试合格后持证上岗作业。

根据《铁路钢桥制造规范》(TB 10212—2009)中的要求，进行焊接工艺评定试验。焊接工艺评定试验项目：强度试验、弯曲试验、冲击试验、硬度试验及金相试验等。

无损检验按《铁路钢桥制造规范》(TB 10212—2009)中的要求执行。所有的全熔透焊缝均要求进行100%超声波探伤，并抽取部分焊缝进行射线探伤。

焊缝返修及焊缝修磨按《铁路钢桥制造规范》(TB 10212—2009)要求进行。焊缝同一部位的返修次数不宜超过两次；超过两次以上的返修必须查明原因，制订相应的返修工艺。

4.4 拱顶节段合龙和混凝土压注

4.4.1 合龙

拱顶节段合龙考虑温度的影响，厂内预拼时按照镇江年平均气温15.4℃进行合龙段的预拼装，现场吊装就位后，采用千斤顶进行微调精确定位，选在15.4℃±3℃的时间段进行固定、焊接。

4.4.2 拱肋混凝土压注

拱肋混凝土压注C55无收缩混凝土，浇筑前清除管内与设计结构无关的焊接物，最大限度减小混凝土顶升时的阻力。钢管内混凝土的泵送采用由拱脚向拱顶的“连续顶升”施工，即采用一级泵送一次到顶，拱顶弦管内以隔仓板隔开。

管内采用HBT85.16-162RS混凝土输送泵(最大理论混凝土输送量98m^3/h，混凝土输送压力16MPa)压注C55无收缩混凝土，对称顶升压注法施工。拱肋混凝土分三次进行压注，即拱肋下管、拱肋上管、最后灌注拱腹板，每道工序待上道工序混凝土强度达到设计强度的95%后进行。

拱肋混凝土顶升施工工艺流程为：焊接泵送插管、拱顶排气管→安装截流阀→安装混凝土输送泵及泵送管→混凝土的拌制及运输→湿润混凝土泵送管→浇筑插管以下区段混凝土→压注钢管内混凝土→排气孔流出混凝土→关闭截流阀→拆除混凝土泵送管完成泵送。

拱脚混凝土为第一部分混凝土，拱肋每次浇筑的混凝土分为两部分，泵送插管以下为第二部分，泵送插管以上为第三部分，第二部分混凝土自由落体进入拱肋内，第三部分混凝土靠泵送压力至设计位置。插管与钢管采用焊接形式连接，设在拱脚向上 1m 位置处，拱肋上下管、拱肋腹腔的混凝土压注孔在拱肋法线方向上错开，管道插入至拱肋中心位置处，与拱肋钢管轴线约呈 30°角，与拱肋的连接部位焊接牢固。

拱肋混凝土的压注需从四个拱脚处同时对称进行，混凝土泵布置在拱脚附近，同时水平管道有一定长度，减小泵送压力。泵送开始后需连续进行，直至拱顶排气孔流出合格混凝土为止。

在灌注混凝土的前进方向上每隔 30m 设一个排气孔。当排气孔中的混凝土质量达到要求后，混凝土的顶升暂停 15min 左右，此时排气孔中混凝土有可能下沉，再次启动混凝土输送泵顶升混凝土至排气孔顶再次溢出合格混凝土为止，此时可进行泵送管道的拆除。在灌注孔位置处设 1 个混凝土截流阀，混凝土泵送完毕关闭截流阀，拆除泵送管后用木塞塞紧。截流阀制作时不仅要考虑混凝土灌注完毕后堵塞灌注孔，同时要求截流阀对混凝土的顶升阻力不能太大。

4.5 吊杆安装

吊杆采用 OVMLZM7－127(Ⅰ)型吊杆系统，吊杆索体为 PES(FD)低应力防腐索体，高强低松弛镀锌钢丝，产品符合国家对该类产品的相关规定，采用厂家提供的成套产品。成品吊杆在出厂前进行吊杆的抗拉强度、弹性模量试验、静载和动载试验。

待钢管拱内混凝土达到设计强度的 90％后，拱架脱离拱肋 10～15cm。吊杆的安装及施工过程中的索力调整，严格按设计要求进行。吊杆的张拉必须上下游、桥跨两侧同时对称进行，张拉控制应力应符合设计值。

吊杆安装张拉顺序及初应力值：2 号、2′号(1 200kN)→4 号、4′号(1 100kN)→6 号、6′号(1 100kN)→8 号、8′号(950kN)→3 号、3′号(700kN)→7 号、7′号(650kN)→9 号、9′号(650kN)→11 号、11′号(550kN)→12 号、12′号(500kN)→5 号、5′号(650kN)→1 号、1′号(950kN)。吊杆安装见图 11。

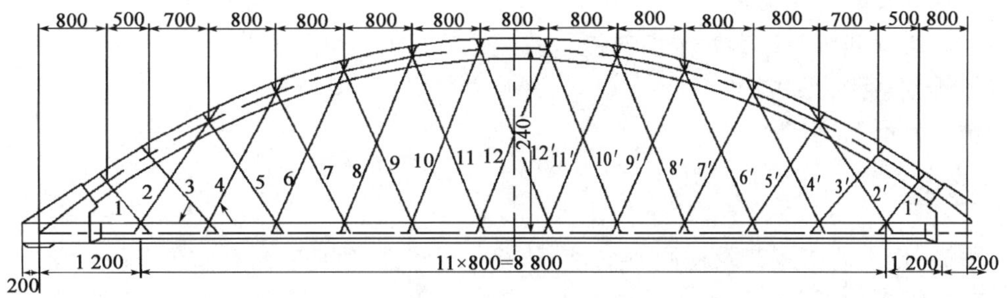

图 11　吊杆安装示意图(尺寸单位：cm)

吊杆的安装及施工过程中的索力调整，原则上按施工步骤进行施工，并结合施工监控情况按监控指令进行调整。

吊杆在运输及安装过程中应保持顺直、无扭弯；保护好外层 PE 套管、保护好冷铸镦头锚的螺纹及螺母不受损伤，以免在张拉调索时带来麻烦。吊杆的张拉顺序及张拉力严格按设计和监控要求进行。

吊杆张拉是成桥最关键的工序，吊杆张拉必须严格按设计规定的张拉力和规定顺序，用两台千斤顶(配工具拉杆及撑脚)张拉一片拱肋吊杆对应钢束。

5 后期施工

5.1 钢管支撑拆除

临时支撑拆除使用50t汽车吊进行施工。拆除前在被拆支撑管与支撑倾倒方向的相邻支撑管间下部安装好钢丝绳拉索,用于防止支撑倾倒时其下部滑移。

吊车吊臂边向钢管支撑拆卸倾倒方向移动边下落吊钩,施工人员配合拉住钢管支撑的缆风绳,直至钢管支撑完全放置到地面,再进行支撑管的分解。

5.2 张拉系梁的第二批预应力束并压浆、封锚

在二期恒载上桥前,用YCW-250型千斤顶完成第二批预应力索的张拉:横向N3、N7预应力索张拉,第一批剩余的纵向预应力索张拉。张拉钢束及张拉顺序按设计要求,具体程序同第一批钢束张拉。然后对预应力孔道进行压浆并封锚。

5.3 二期恒载及拱脚二次混凝土施工

系梁的第二批预应力张拉完成后,拆除系梁支架。安装桥面线上设备。然后对吊杆进行检测并调整吊杆力至设计值。调整完毕,经检测符合设计及规范要求后,安装拱脚模板,浇筑拱脚二次混凝土。钢管外表面涂装,完成系杆拱桥施工。

5.4 成桥状态的测定

对成桥状态须进行全面测定,以确定施工的成桥状态最大限度地接近设计成桥状态。成桥状态的测量也安排在结构温度趋于稳定的夜间进行,测定的项目内容主要包括以下几项:

(1)拱肋控制截面恒载应力测量。

(2)拱肋轴线的测定。

(3)系杆永存张力的测定。

(4)主墩墩顶残留位移和墩身根部控制截面恒载张力的测定。

(5)吊杆恒载张力的测定。

(6)桥面线形的测定。

6 结语

该桥采用以上施工工艺及检测方案,提升了安全质量保障能力,有效地解决桥梁跨国道的施工问题,既缩短了工期还提高了经济效益。预应力钢管拱桥将会在未来的铁路公路工程中占有重要地位,本文能够对以后类似工程提供有意义的经验和方法。

参考文献

[1] 中华人民共和国行业标准.铁建设〔2010〕241号 高速铁路桥涵工程施工技术指南[S].北京:中国铁道出版社,2010.

[2] 中华人民共和国行业标准.TB 10752—2010 高速铁路桥涵工程施工质量验收标准[S].

北京：中国铁道出版社，2010.
[3] 中华人民共和国行业标准. TB 10424—2010 铁路混凝土工程施工质量验收标准[S]. 北京：中国铁道出版社，2005.
[4] 中华人民共和国行业标准. 铁建设〔2005〕157 号 铁路混凝土结构耐久性设计暂行规定[S]. 北京：中国铁道出版社，2005.

高速铁路防护墙施工技术探讨

周树龙

（中交三公局第二工程有限公司沪昆项目）

摘　要：本文主要介绍了高速铁路桥面系附属中防护墙的施工工艺。为了提高沪昆高速铁路特种防护墙混凝土的外观质量，通过沪昆客专桥面系部分附属的施工，总结出在施工中需要注意的各种问题及解决问题的方法，从而达到预期的目的。

关键词：高速铁路　桥面系附属　防护墙

高速铁路桥面系附属施工是整个高铁建设的一个重要组成部分，其质量的好坏，进度的快慢，直接影响着后期的相关工作。但由于其相对工程量少，结构物尺寸小，技术含量不高，而受到某些人员的轻视。其实，如果能在附属施工上进行有效的管理和控制，则对工程的整体质量、进度、形象。对企业的效益有重要的影响。

1　工程简述

沪昆客运专线江西段廖家二号特大桥全长 6 586.96m，起止里程为 DK672＋590.220～DK679＋177.180，该桥由 201 简支箱梁构成，梁长为 32.6m。圆曲线、缓和曲线、直线 7 段交替出现，其中，直线段里程为 DK672＋590.220～DK674＋254.790、DK675＋744.060～DK677＋776.830，曲线段里程为 DK674＋254.790～DK675＋744.06、DK677＋776.830～DK679＋177.180，结构横断面尺寸见图 1。防护墙高度在各区间段有变化，基本为在圆曲线段时曲线内侧 0.8m 左右，外侧 1m 左右；在直线段内、外侧 0.75m 左右，缓和曲线段则渐变。各结构在纵向每 2m 处设 1cm 的断缝。防护墙位于梁体的两侧，两墙内侧间距为 8.8m，遮板在预制场预制后吊装。桥面附属结构物全部采用 C40 钢筋混凝土结构。

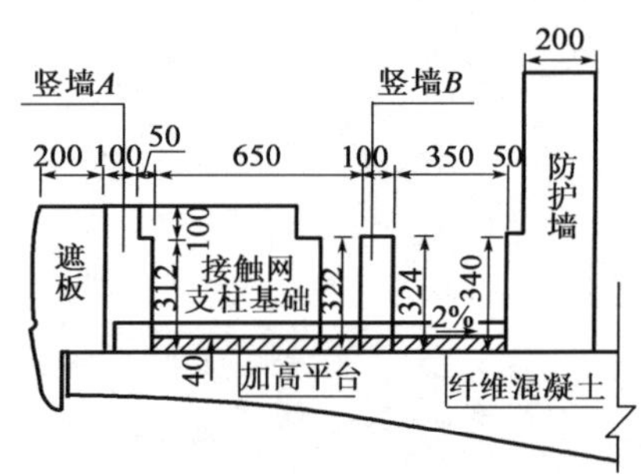

图 1　结构横断面图(尺寸单位：mm)

2　施工准备

施工前，对各结构物施工顺序进行讨论，由于遮板预制速度和吊装的限制，遮板施工达不到超前的要求，且防护墙的施工进度影响着后期 CPII，CPIII 网的联测。所以将施工顺序定为先施工防护墙，同时进行遮板预制和吊装，再施工 A、B 竖墙和接触网支柱。

关于模板，进行如下设计：

(1)防护墙模板设计成短 2cm，这样保证在梁面不平时，可以利用砂浆垫层调平顶面。纵向 1cm 断缝加工成与模板拧固到一起的铁板，使铁板起到对拉的作用。这样只要在模板中间位置再设一道对拉拉杆就能保证稳固。铁板做成三块，中间一块的宽度要比两边的窄 8cm，这样在拆模的时候，先抽出中间一块很容易，再后轻取出两边钢板，避免做成一整块铁板后，抽拔造成对混凝土边角的损害，并且在混凝土初凝后及时抽出钢板，以防时间过长钢板与混凝土黏结很难拔出。

(2)遮板模板在 31.2cm 处也设计短 1cm，也是为了保证遮板能在梁面不平整时有调节的余地。并且由此会在遮板与梁面间产生间缝，后期 A 墙浇筑时，水泥浆能流进填充，使遮板与梁面有了黏结力，结构变得更牢固。且根据现场施工观察，1～2cm 高的间隙不会造成水泥浆流出翼板而污染梁面。

3　测量放样及清理

本桥由于架梁周期长，长时间的腐蚀使梁面堆积了不少污垢和水泥浮浆，在施工桥面结构前先对梁面按要求进行凿毛，清洗。测量方面我标采用目前国内比较先进的手柄式天宝全站仪，建站方便快捷，并且精度高。测量放样点按 4m 一个，直线段可以 8m 一个，并用红色油漆标注。点都放在断缝处，这样有利于弹线及梁面的划分。不要直接放到防护墙根部，应该向防护墙内测偏 10cm，不然立模后点会被压住，影响模板的定位检查。放完点后，一定要按横、纵方向拉尺检查是否准确，防止防护墙侵线，并且要及时把 A、B 墙的点也引出，减少一次放样工作。

4　钢筋绑扎及焊接

钢筋绑扎要求按规范施工即可。在钢筋绑扎前，由于梁体预埋钢筋在混凝土浇筑时有倾斜的现象，需制作一个钢筋扳手对钢筋进行调直，能保证防护墙钢筋绑扎间距顺直。但是钢筋绑扎不能太超前，由于梁面作业面狭窄，很容易被污染，一般为提前绑扎 2d 内要施工完为宜。

5　调平垫层

立模前按照结构物的底部宽度弹出墨线，并在模板线外引 10cm 弹出一条线，保证后期能清晰的检查模板位置能否准确。弹线按放的点分段弹，尤其在曲线段，不能从梁头至梁尾直接拉通线。进行垫层施工时，高度按梁面高程进行控制，保证模板顶为结构物顶，这样浇筑的结构物顶面才平直。垫层不能侵防护墙的墨线，不然凿除后会造成其根部出现空洞。

6　立模

立模前，在个每接缝处的两头 10cm 位置的预埋钢筋上，横向焊接一根 25cm 长的定位钢筋，定位钢筋必须与下方墨线对齐，这样在立模时，很容易对准设计边线，也能防止模板左右的位移。立第一块模板是与前面施工好的防护墙用水平尺调平，防止相邻防护墙高低错台，立模要带线，外侧用顶托和拉线利用 A 墙预埋钢筋顶拉。立模完后可通过拉线和顶托调节使线形圆顺、平缓。技术员再进行一次高程测量，保证高程准确，为收光时顶面的控制提供数据。

7　混凝土浇筑

小体积混凝土浇筑无特殊性，试验合格达到设计强度等级，由于体积小、钢筋密度大，振捣采用 ϕ30mm 插入式振捣棒，放料从模板的一头往另一头放入，振捣保证 30～50cm 一处，注意不能碰模板和钢筋，否则容易使模板变形位移。收光至少要进行三次：第一次是混凝土刚浇筑完成，用抹子提浆抹平，初步控制好高程；第二次在混凝土初凝前，再次收光，用来最后控制表面高程；第三次为前一次收光后，再进行一次压光抹面，保证顶面的平整，光滑。最后及时铲除模板上残余混凝土，防止拆模时拉扯结构物棱角，造成其破坏。

8 外观控制与修复

防护墙外观直接关系到线路运行期间对乘客的视觉影响。为了保证其外观质量，使其较少或消除缺陷，需采取必要的修复措施。

(1)在防护墙外侧安装盖板的位置，由于模板在此处形状发生变化，混凝土振捣时，仓内的气体很难排除，拆模后顶面产生大块的气泡。我们采取在模板台阶处间距 20cm 钻一个 5mm 的小孔，在振捣时使空气排除。在拆模后在气孔部位用磨光机磨平。

(2)由于梁面有高低不平的情况，在模板立完后会有出现模板顶面高于混凝土设计顶面，设计制作出专业的混凝土收面工具进行控制。首先计算出混凝土顶面高程与模板面的高差，然后调整好收面工具尺寸，最后将其搭设在模板两侧行走，从而达到控制顶面高程的目的。通过节段防护墙顶面高程及平整度的控制精度，减少节间段高差，从而保证了防护墙顶面的线形平顺流畅。防护墙收面工具见图 2。

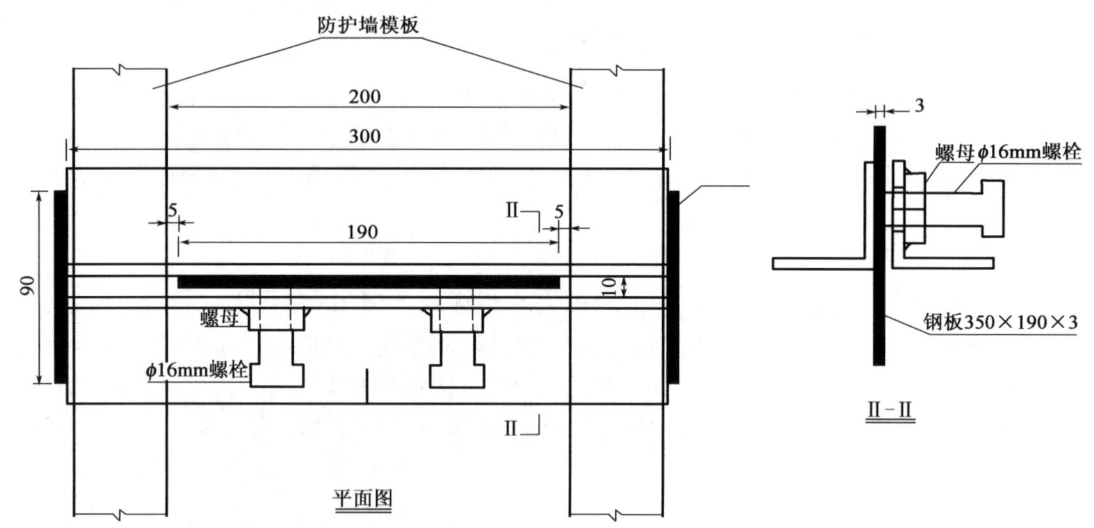

图 2 防护墙收面工具构造示意图(尺寸单位：mm)

(3)混凝土强度达到 25MPa 后进行模板拆除，拆完后，趁表面水汽立即进行修补，用同强度等级的水泥加入 40%比例的白水泥，用干海绵轻轻擦拭表面一遍，等表面达到一定强度后再进行覆盖养生。在遇到结构物顶面收光有低洼处时，则要整体下凿 2cm 粗糙表面，在保证强度和色泽符合要求的情况下，采用梁面修补砂浆灌注，这样能使修补的砂浆与结构物黏结稳固。如果出现凸起的位置，等强度达到 7d 后再进行磨光打磨。一跨施工完后，马上进行梁面和防护墙底部垫层和多余混凝土清理，强度大的地方必要时采用砂轮机切割，保证梁面的整洁，干净。

9 结语

高铁施工对桥面外观要求比较高，通过个人摸索总结出的个人经验，采用以上各种措施，保证和解决好了桥面结构的外观质量。还有许多与各位探讨和改进的地方，希望大家相互指正学习。

参 考 文 献

[1] 崔学军.刚桥面铺装修复施工技术[J].山西建筑，2009，35(10)：313-314.

挂篮悬臂施工测量控制方法

杨林波

（中交三公局第二工程有限公司三灵项目）

摘　要：本文介绍弘农涧河特大桥挂篮悬臂施工中，对梁体各节段进行线形监控，并依据监测数据的结果对后续浇筑段进行线形修正的方法。

关键词：挂篮悬臂　线形监控　线形修正

1　引言

三灵快速通道 TJ-5 标弘农涧河特大桥全长 1 172.4m，跨越弘农涧河河谷，沟底地势平坦，两侧桥台位于陡峭台塬上，最大高差 65m。其中，主桥为 82m＋3×150m＋82m，采用变截面预应力混凝土连续箱梁。箱梁高度和底板厚度均按 1.6 次抛物线变化。箱梁根部梁高 10m，跨中梁高 3.5m，底板厚度从跨中至根部由 32cm 变化为 150cm，腹板从跨中至根部分三段采用 60cm、80cm、100cm 三种厚度。箱梁顶板横向宽 19.45m，箱梁底板宽 9.15m，两侧翼缘板分别长 5.15m。箱梁悬臂长度最大的是两端的边跨，其长度为 82m，共分为 22 个施工节段，跨中标准节段分段长度为：7×3m＋12×4m。除 0 号块、边跨采用墩顶焊接预埋托架现浇以外，其余梁段均采用对称、平衡悬臂浇筑法施工。

2　箱梁线形控制

设计单位在两侧桥台附近各交付了两个 GPS 控制点，项目经理部测量队根据已知 GPS 点建立附合导线，建网时考虑到施工的方便性，在桥梁两侧适当位置加密若干控制点。平面控制网按四等导线要求施测，并用专业平差软件进行平差，平差后的控制网闭合差和基线相对中误差均满足四等控制网的技术规范要求。

2.1　平面控制测量

悬浇梁挂篮施工的平面控制采用拓普康全站仪 GTS-752 测量，测角精度为 2″，测距精度为±$(2+2\times10^{-6}\times D)$mm，精度完全满足平时施工测量的需要。建立测量控制网时沿桥梁两侧布设的控制点可以直接作为测站点或后视点使用。各基点定期进行复核，确保测量的精度和准确性。

平面控制采用全站仪进行坐标放样。在放样前，利用设计图纸提供的平曲线参数，根据桥梁结构图各部位之间的尺寸关系计算出要放样点位的设计坐标，输入仪器进行精确定位放样。悬臂箱梁挂篮施工的模板定位放样如图 1 所示，先测量调整好底板的平面位置及高程，再定位箱梁上部两侧的翼板。

具体的测量顺序为：每一节段悬臂梁施工前，要先向前移动挂篮并临时锚固，然后对模板定位的关键控制点进行精确测量。首先是调整底模，然后再调整两侧翼模。底模的宽度是

9.15m，在定位底模时，先在底模上放样出点位⑥、点⑧，放样时配合用导链固定底模并适当调整底模，使点⑥和点⑧正好位于底模的两侧外边缘，同时据此修正挂篮前进的方向。待底模高程和位置都准确无误后，再放样出底模的中轴线上的点⑦，复核箱梁轴线。两侧的翼模定位也是分别对点①、点②和点④、点⑤进行放样，调整并固定模板到设计位置，然后在箱梁顶板上放样出中轴线，作为控制桥梁线形的依据。

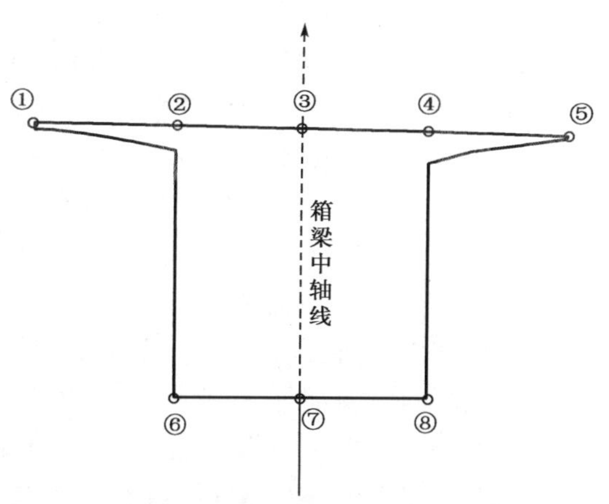

图1 箱梁断面测量点位示意图

2.2 高程控制测量

整体的高程控制网采用附合水准测量，使用的仪器为自动安平水准仪苏一光 DSZ2，每千米往返测量高差的标准偏差为±1.5mm，望远镜的放大倍数为32倍，自动安平精度为±0.3″。桥跨两侧布设的平面控制点可作为高程控制点使用，按四等水准的测量要求对各控制点进行高程测量和平差计算，精度满足设计和技术规范要求。

对悬臂梁的高程控制采用的方法是：在已完成的0号块梁顶板上做高程投点，作为悬臂梁各节段施工测量的控制点，并定期测量复核0号块上基准点的位置及高程变化情况，如数据有变化，应及时修正数据，并以修正后的改正值作为基准点新值，为后续各节段测量控制提供精度保证。

3 施工预拱度控制

为保证对向施工的两个悬臂梁高程的合龙精度，施工中采用精密水准仪控制悬臂中的每块箱梁施工的高程。根据施工特点，悬臂梁的高程控制主要是控制前端挂篮模板的立模高程，按照待施工梁段的里程桩号，结合桥梁纵断面高程和桥梁施工构造图纸，分别计算梁端底板和顶板的设计高程，再考虑模板和挂篮系统的弹性变形挠度以及施工阶段预拱度与使用阶段的成桥预拱度，计算各点的立模高程。然后以0号块高程基准点作为后视点，用四等水准测量方法控制悬臂梁的施工。箱梁悬浇段各节段立模高程可按下式确定：

H_i(立模高程) = H_i(设计高程) + f_i(挂篮弹性变形) + f_i(施工预拱度) + f_i(成桥预拱度)

按照这种方法进行悬臂梁的控制，悬臂端的高程偏差较小，在容许误差内。经施工前后各阶段的测量对比，精度完全满足设计及规范的要求。

4 线形监测与分析

(1)线形监测的基本目的是使桥梁竣工后的线形与桥梁设计线形一致，悬浇梁的线形控制主要是竖曲线的控制，即成桥后竖曲线与设计控制竖曲线的调整量应控制在规定误差范围内。

(2)由于悬浇梁的整个梁体被纵向分成若干块体依次浇筑，因此监控测量在桥梁线形动态控制过程中的作用举足轻重。在0号块施工完成后，应将桥梁控制网导线点分别引入0号块顶面作为后序悬浇块体的控制点。1号块是挂篮悬浇的起步段，必须准确控制挂篮平面位置和高程，为后续块体测量控制提供先行保障。立模高程所采用的预拱度，是通过监控单位通过建模近似计算得到的预拱度。预拱度是控制箱梁线形的主要参数,也是决定主跨和边跨能否顺利合龙、应力分布和箱梁线形是否合理的关键。预拱度的数值应根据挠度来确定,影响挠度的因素主要有:混凝土自重、挂篮自重、挂篮变形、预应力张拉及预应力损失、日照温差等。

(3)在实际施工中,线形观测点埋设在已浇筑完成后的箱梁顶板上,观测点在同一块箱梁横断面左、中、右各埋设一个观测点,观测点采用钢筋提前预埋,钢筋头端头露出设计混凝土梁面1~2cm,以利于观测,也不容易破坏。观测的主要内容为测点的平面位置和高程。平面位置观测使用全站仪,将仪器置于0号块的基准点上测量,0号块的控制点要经过岸上控制点的复核。高程数据由精密水准仪和铟钢水准尺,采用四等水准测量进行观测。以各个施工阶段作为线形观测的周期,即在挂篮移动后、混凝土浇筑前及浇筑后、张拉后,对所布设的监测点观测一次。每隔三个块件,所有已施工块件的观测点通测一次,以便及时了解箱梁的整体变化情况。尽量避免在大风、暴晒、大雾等恶劣天气下进行观测,一般选择在日出前后进行观测,以尽量减少温差对梁体产生的影响。在测量完数据后,将数据输入电脑,进行处理和分析,确定悬浇箱梁的实际变形情况,并以此为依据及时修正下一个块件的立模数据。

5 线形的调整

线形的调整主要是对上一节段梁体浇筑完成后形成的高程偏差进行调整。悬臂梁在浇筑完每一节混凝土后,应及时对梁体底板的下缘进行高程监测,并根据监测数据计算梁体在混凝土浇筑前后的实际下沉值,跟设计模拟计算得到的预抛高值相比较,看偏差是否在规范规定的容许误差内。如有偏差,应及时处理差值,即在下一节梁段的立模阶段进行相应的高程调整,使偏差值在本节段得到及时修正和消除。所有的梁段都按此程序依次进行相对独立的高程控制,使偏差不会造成累积,经过数据修正后浇筑的梁体,成桥后线形完美,接近设计控制线形,达到线形监控的目的。

6 结语

综上所述,开展施工监测工作的目的,就是要及时修正箱梁施工中下一节段的立模高程,保证桥梁结构的线形。通过对控制断面各观测点的测量来了解结构各构件在每一施工阶段的实际受力状况及变形情况,及时发现问题,以便采取相应的技术措施,使桥梁结构受力合理,线形符合设计要求,从而为箱梁的安全合龙提供科学依据,达到监控测量的目的,确保大桥的施工安全、施工质量、美观可靠和长久耐用。

参考文献

[1] 中华人民共和国行业标准.JTG/T F50—2011 公路桥涵施工技术规范[S].北京:人民交通出版社,2011.

[2] 中华人民共和国行业标准.GB 50026—2007 工程测量规范[S].北京:中国计划出版社,2007.

[3] 杨文渊.桥梁施工工程师手册[M].北京:人民交通出版社,2006.

[4] 聂让,付涛.公路施工测量手册[M].2版.北京:人民交通出版社,2008.

连续刚构0号块托架现浇施工控制技术

韩　冰

（中交三公局第二有限公司三灵项目）

摘　要：本文主要介绍弘农涧河特大桥预应力连续刚构0号块托架现浇箱梁施工控制技术，为同类型桥梁施工提供有益的工程借鉴。

关键词：连续刚构　0号块　托架现浇　施工控制

弘农涧河特大桥是三门峡到灵宝快速通道上的一座桥梁，全长1 172.4m，全桥共分为四联，孔跨布置为4×50m+4×50m+82m+3×150m+82m+3×50m，其中，主桥为82m+3×150m+82m的预应力混凝土连续刚构，全桥分为左右两幅，主梁为三向预应力变截面箱梁，梁体下缘按1.6次抛物线变化。箱梁根部梁高10m，跨中梁高3.5m，箱梁顶板横向宽19.45m，箱底宽9.15m，翼缘悬臂长5.15m。箱梁0号节段长12m，0号块混凝土方量约为640m^3，第一次浇筑方量约为330m^3，第二次浇筑方量约为310m^3。全桥共计8个0号块。

1　托架结果设计及计算

1.1　托架结构设计

特大桥主桥为连续刚构，0号块与主墩现浇相连，属刚性连接。根据设计文件要求，0号块尽量一次浇筑，所以托架设计按照0号块一次浇筑的工况进行计算。

每个0号块托架分为三部分，纵桥向墩身外侧托架、纵桥向墩身内侧托架和横桥向托架。托架通过墩身预埋钢板与墩身相连，连接位置另设置有节点板补强焊接。

1.1.1　托架布置

纵桥向托架见图1，横桥向托架见图2，0号块托架布置见图3。

1.1.2　托架材料选择

每个0号块纵桥向内、外托架各10片，托架主横梁采用I25b，斜撑杆采用I25b，托架内部弦杆采用I25b，墩身预埋钢板尺寸为50cm×50cm，$\delta=20$mm，预埋钢板连接钢筋为5根ϕ25mm的U形钢筋，每根预埋U形钢筋总长度为120cm。托架形式及预埋钢板与钢筋连接形式见图4～图6。

每个0号块横桥向墩身外侧每侧布置4片托架，共计8片。托架主横梁采用I36b，斜撑杆采用I25b，立杆采用I32b，托架内部加强撑采用I25b，预埋钢板为50cm×50cm，$\delta=20$mm，预埋钢板连接钢筋为5根ϕ25mm钢筋，预埋钢筋长度为120cm。托架构造见图7。

1.2　托架受力验算

0号块一次浇筑完成，按极限状态设计验算；取受力最不利的顺桥向墩身外侧托架进行验算。

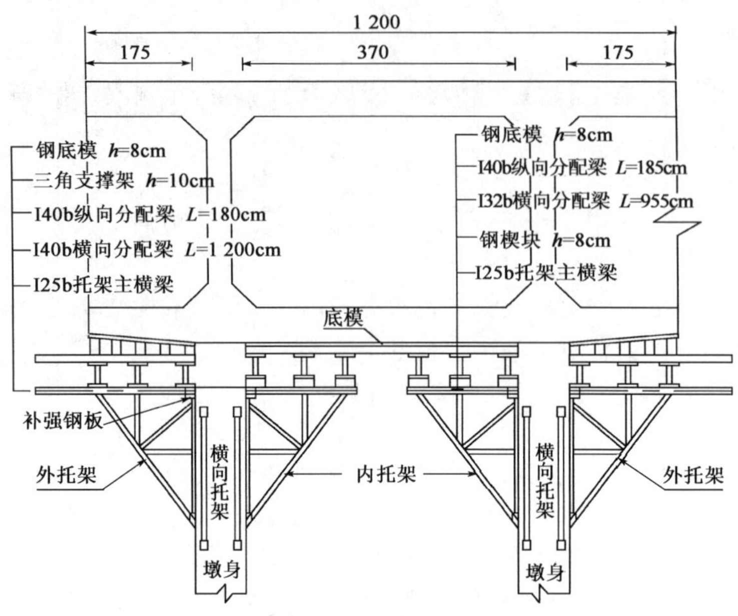

图 1　纵桥向托架示意图(尺寸单位:cm)

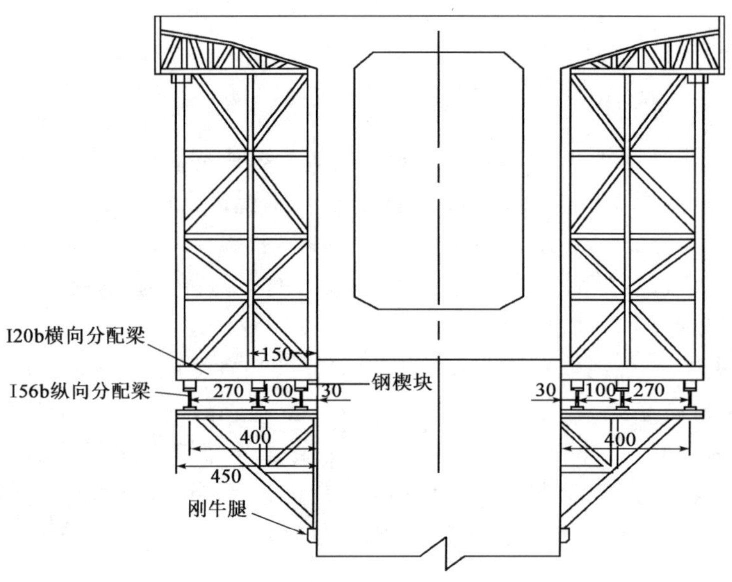

图 2　横桥向托架示意图(尺寸单位:cm)

1.2.1　荷载计算

1)基本荷载

混凝土自重 G_1:箱梁混凝土 C60 重度 $\gamma=26.5\text{kN/m}^3$(考虑 0 号块钢筋比较密集),箱梁断面按 0 号块根部计算,0 号块根部断面见图 8,混凝土区域划分见图 9,混凝荷载分配见表 1;托架和模板重量 G_4 按混凝土自重的 0.2 倍考虑。

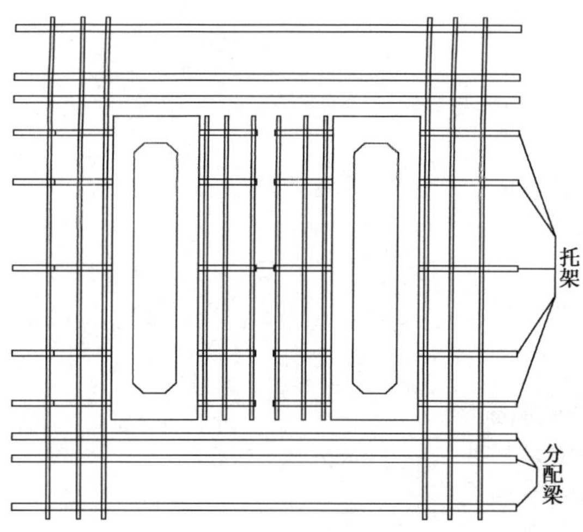

图3 0号块托架布置图

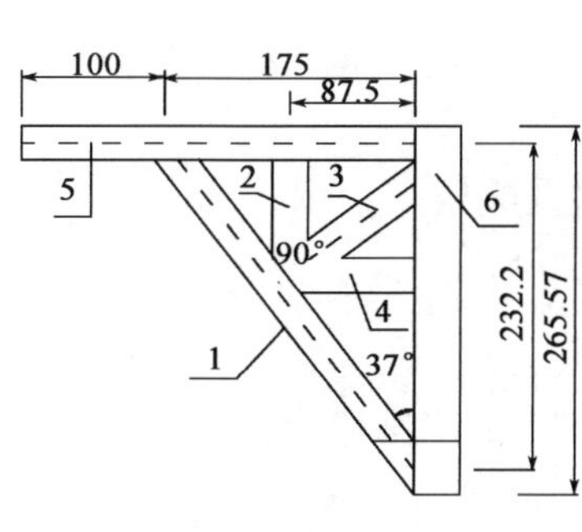

图4 纵桥向墩身内侧托架构造图(尺寸单位:cm)
1-托架斜撑;2-托架内支撑上弦杆;3-托架内支撑中弦杆;4-托架内支撑下弦杆;5-托架上横梁;6-托架竖杆

图5 纵桥向墩身内侧托架构造图(尺寸单位:cm)
1-托架斜撑;2-托架内支撑上弦杆;3-托架内支撑中弦杆;4-托架内支撑下弦杆;5-托架上横梁;6-托架竖杆;7刚牛腿

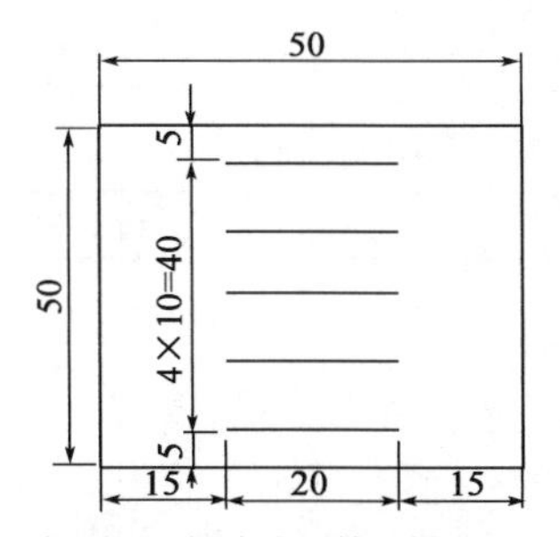

托架预埋钢板连接钢筋顺桥向布置图

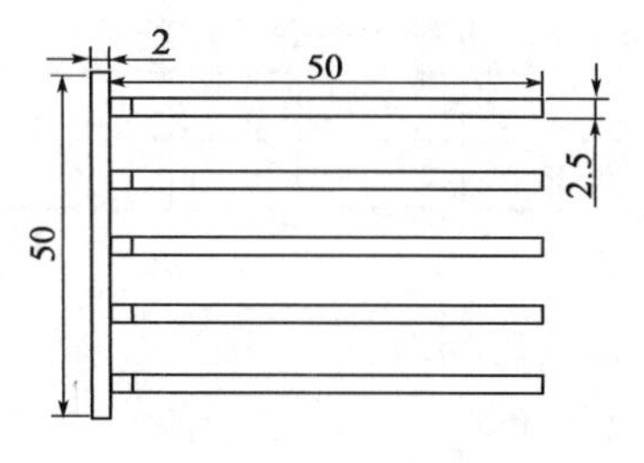

托架预埋钢板连接钢筋横桥向布置图

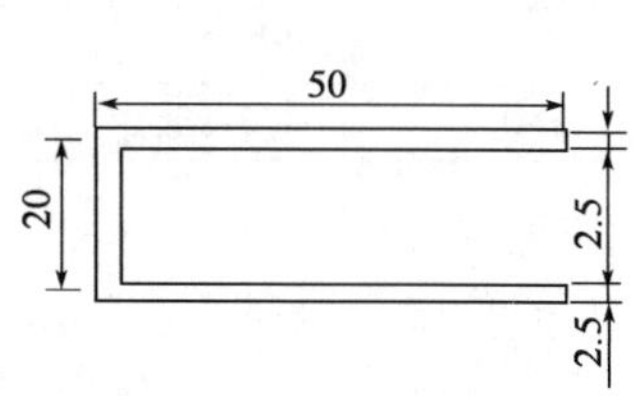

托架预埋钢板连接钢筋大样图

图6 托架墩身预埋及连接钢筋钢板大样图(尺寸单位:cm)

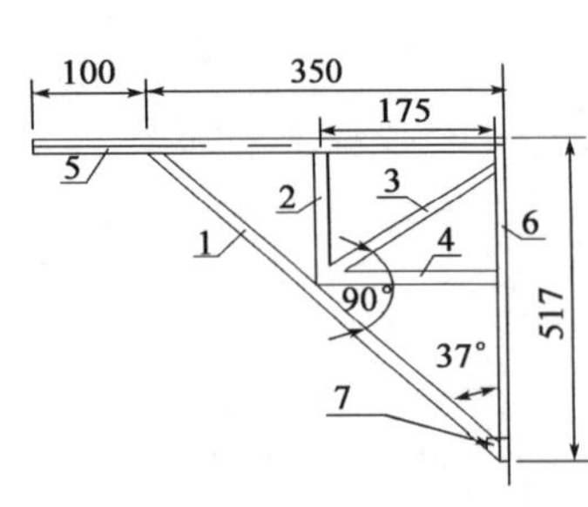

图 7　横桥向托架构造图(尺寸单位:cm)

1-托架斜撑;2-托架内支撑上弦杆;3-托架内支撑中弦杆;4-托架内支撑下弦杆;5-托架上横梁;6-托架竖杆;7-刚牛腿

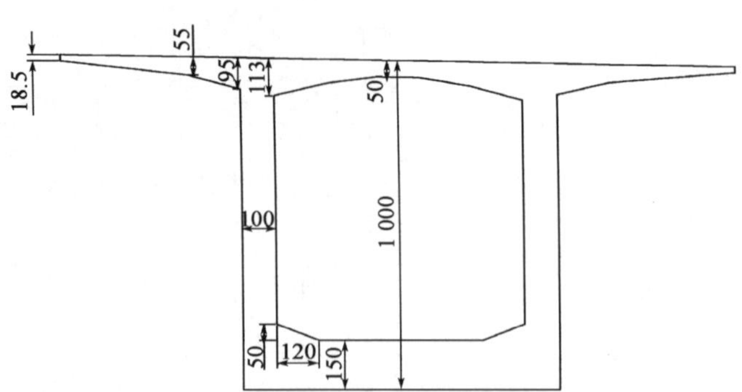

图 8　0 号块根部断面图(尺寸单位:cm)

每延米腹板的体积 $V_{腹}=1\times10=10m^3$,每延米腹板的自重 $G_{腹}=10\times26.5=265kN$;

每延米顶板的体积 $V_{顶}=A_{顶}\times1=5.21m^3$,每延米顶板自重 $G_{顶}=5.21\times26.5=138.1kN$;

每延米底板的体积 $V_{底}=A_{底}\times1=11.3m^3$,每延米底板自重 $G_{底}=11.33\times26.5=300.1kN$;

每延米翼缘板的体积 $V_{翼}=2.47m^3$,每延米翼缘板的重量是 $G_{翼}=65.4kN$;

每延米箱梁自重 $G_1=G_{腹}\times2+G_{顶}+G_{底}+G_{翼}\times2=1\,099kN$。

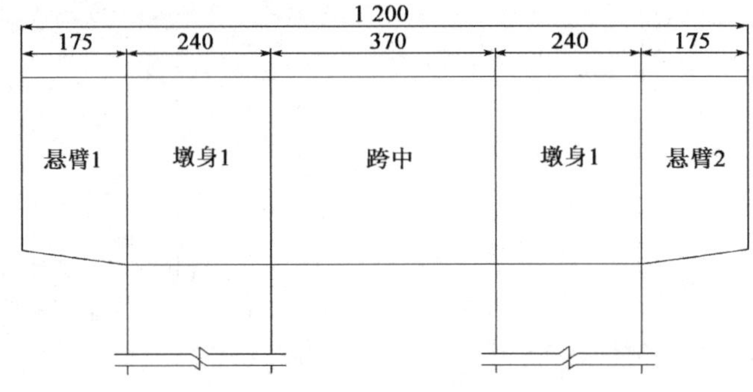

图 9　混凝土区域划分图(尺寸单位:cm)

混凝土荷载分配表　　表 1

部位	悬臂 1	墩身 1	跨中	墩身 2	悬臂 2	小计
G_{1i}(kN)	1 923.25	4 523.6	4 066.3	4 523.6	1 923.25	16 960

2)活载

人员及设备荷载 $G_2=3kN/m^2=0.3t/m^2$;

振动荷载 $G_3=2kN/m^2=0.2t/m^2$。

1.2.2　受力验算

托架采用工字钢、槽钢等材料,现场组合加工三角形托架,属于静定平面桁架。为简化计算,将托架桁架按理想平面桁架构件进行计算,托架和模板自重按混凝土自重的 0.2 倍计算。

按照混凝土一次浇筑状态计算各杆件受力，翼缘板部分混凝土荷载由横桥向托架承受，纵桥向外侧托架承受0号块悬臂部分底板、腹板和顶板的混凝土重、模板、托架及施工机具与人群荷载等，计算荷载按照均布荷载考虑。

1）荷载及内力计算

由于横向分配梁置于托架上，横向分配梁在承受上部纵梁的传递力。MIDAS计算得每个托架上的反力如图10所示，然后得到受力最大的托架，对其进行验算。

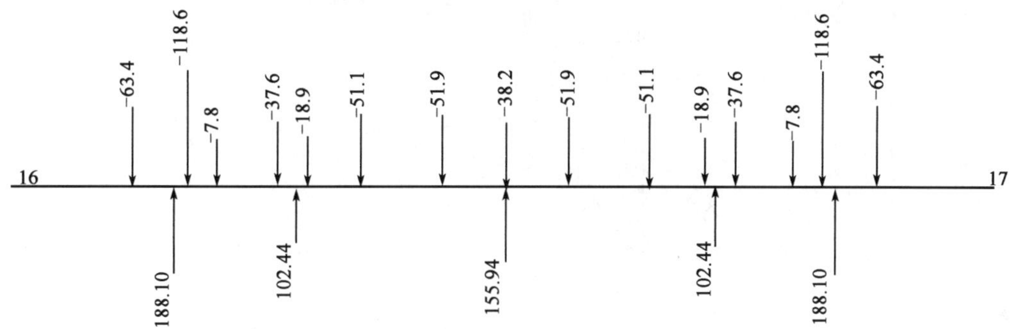

图10　横向分配梁受力模型图（单位：kN）

由图10知，横向分配梁对托架施加的最大力值 $F=188.1\text{kN}$。3根横向分配梁对托架施加3个集中力，MIDAS计算的弯矩如图11所示，剪力如图12所示。

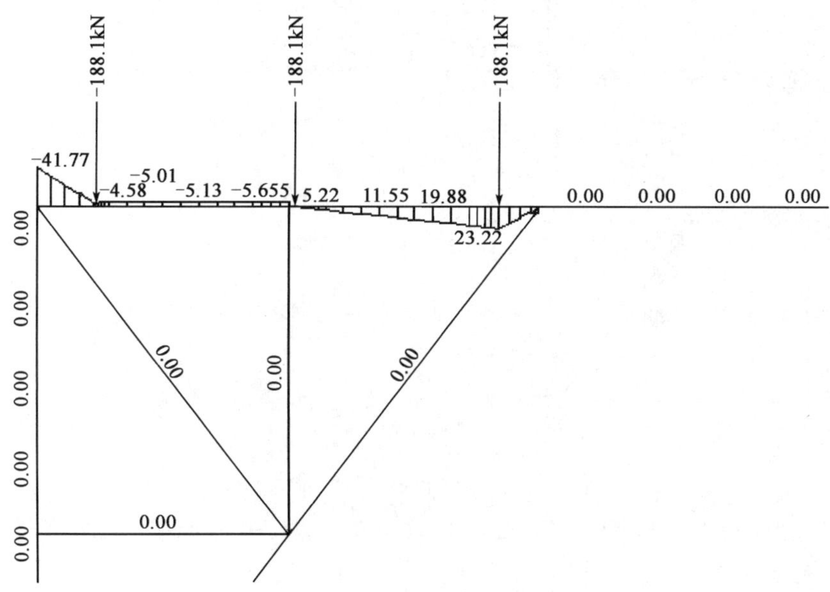

图11　托架弯矩图（单位：kN·m）

由图11可知，$M_{max}=41.77\text{kN}\cdot\text{m}$。

由图12可知，最大剪力设计值为 $V_{max}=186.39\text{kN}$。

2）主横梁验算

主横梁选用I25b工字钢，MIDAS计算得的弯曲正应力如图13所示。

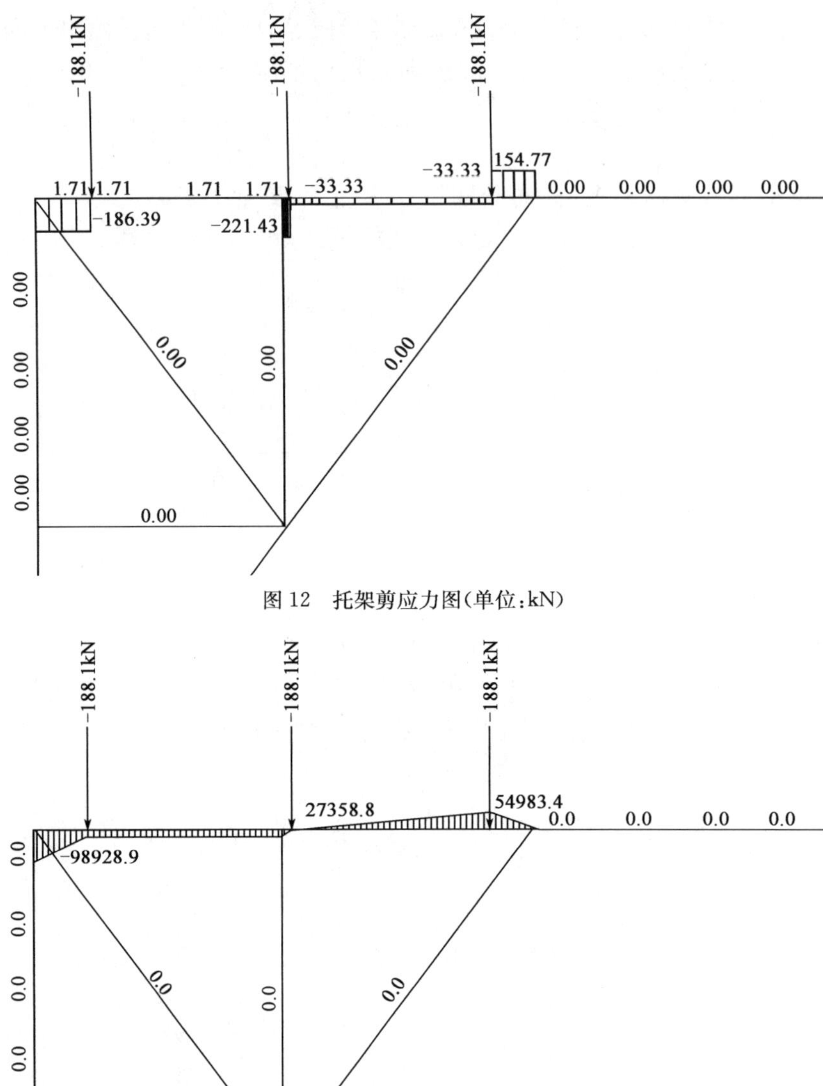

图 12　托架剪应力图(单位:kN)

图 13　托架主横梁弯曲正应力图(单位:kPa)

弯曲正应力为:σ=98.93MPa<1.3×145MPa=188.5MPa,满足要求(临时结构,取 1.3 的容许应力增大系数)。

主横梁的跨中挠度验算,MIDAS 挠度位移计算如图 14 所示。

其中,最大挠度 f_{max}=1.14mm<[f]=1/600=1.46mm,刚度满足要求。

斜杆 I25b 验算。MIDAS 计算斜杆的应力如图 15 所示。

由图 15 可知,斜杆最大应力 σ_{max}=62MPa<[$\sigma_{压}$]=140MPa,满足要求。由此可见,在托架中间的立杆同样采用 I25b,可不予验算。

3)纵向分配梁强度验算

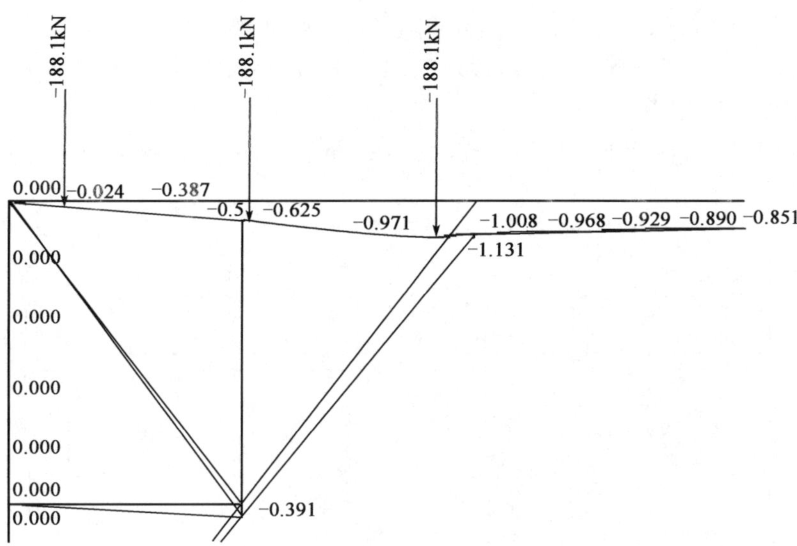

图14　托架主横梁挠度图(单位:mm)

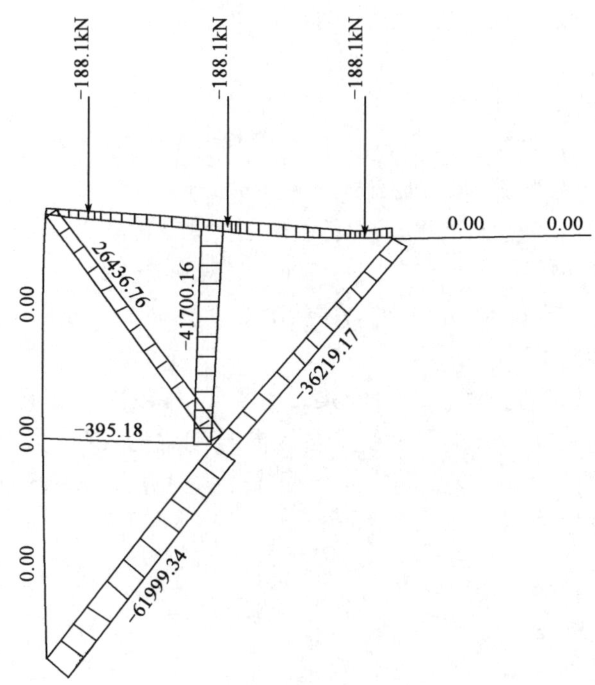

图15　托架斜杆压应力图(单位:kPa)

纵向分配梁在腹板、底板和顶板各处的受力不同,故布置不同的均布荷载,各处横桥向均布荷载换算如下:

$G_{腹}=265\text{kN/m}\times1.75\text{m}=463.75\text{kN}$,则承载能力极限状态下的力:

$$P_1=463.75\times1.2\times1.2+(G_2+G_3)\times1.0\times1.75\times1.4=680.05\text{kN}$$

其横桥向均布荷载:

$$q_1=680.05/1.0=680.05\text{kN/m}$$

同理，$G_{顶}+G_{底}=(138.1+300.1)$kN/m×1.75m=766.85kN，则承载能力极限状态下的力 $P_2=766.85\times1.2\times1.2+(G_2+G_3)\times7.15\times1.75\times1.4=1\ 191.85$kN，其横桥向均布荷载 $q_2=1191.85/7.15=166.69$kN/m。

翼缘板由于不作用在纵向分配梁上，故不计算。各纵向分配梁承受的反力如图16所示。

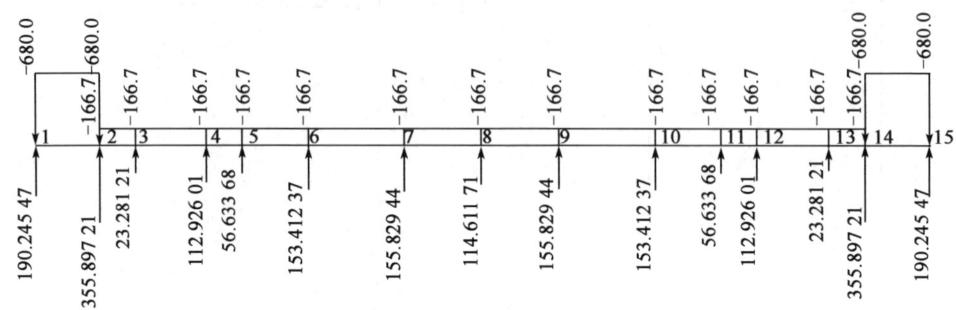

图16　纵向分配梁反力图(单位:kN)

纵向分配梁的最大受力为355.89kN，则整根梁受到均布荷载为 $q=355.89\text{kN}/1.8\text{m}=197.72$kN/m；纵向分配梁跨度 $L=70$cm，则：

$$M_{max}=ql^2/8=197.72\times0.7^2/8=12.11\text{kN}\cdot\text{m}$$

$$W_{需}=M_{max}/[\sigma_w]=12.11/(145\times10^3)=83.52\text{cm}^3$$

选用I14b作为纵向分配梁，$I=712\text{cm}^4$，$W=102\text{cm}^3$。

$$\sigma=M/W=144.995\text{MPa}<1.3\times145\text{MPa}=188.5\text{MPa}$$

$$f=5ql^4/384EI_x=5\times197.72\times700^4/(384\times2.1\times10^5\times7.12\times10^6)$$

$$=0.413\text{mm}<[f]=700/600=1.17\text{mm}$$

4)横向分配梁强度验算

在横桥向，托架上共设有三根横向分配梁。由于15根纵向分配梁对三根横向分配梁施加荷载，在每个搭接处，每根横向分配梁承受来自纵向分配梁的集中力作用，其所受的荷载为每根纵向分配梁施加荷载的1/3。支点间横向分配梁受力验算，MIDAS计算横向分配梁的弯矩如图17所示，其最大弯矩 $M_{max}=20.58$kN·m。

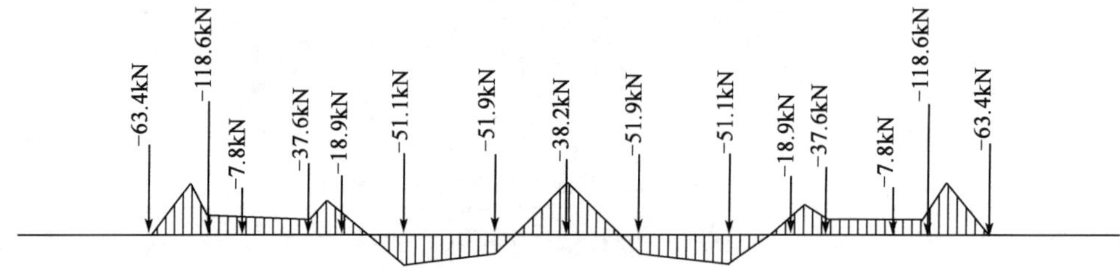

图17　横向分配梁弯矩图(单位:kN·m)

计算的横向分配梁弯曲正应力 $\sigma_{max}=80\ 074.77\text{kPa}=80.07\text{MPa}<1.3\times145\text{MPa}=188.5\text{MPa}$。

在集中力作用的范围内，横梁产生的最大挠度 $f_{max}=0.908\text{mm}<2\ 075/600=3.46\text{mm}$。

2 0号块托架现浇施工

2.1 施工方法

0号块采用两次浇筑，第一次浇筑高度5m，第二次浇筑5m。

第一次：托架及平台拼装→加载预压→立底模、外侧模→安装底板、腹板钢筋、模隔板钢筋及竖向预应力钢筋、预埋件→立内侧模→自检报监理检查→浇筑混凝土。

第二次：处理施工缝→内侧模加高→安装内托架及顶板、翼板模板→绑扎顶板、翼板钢筋，安装纵向预应力管→横向预应力筋及各种预埋件→自检、监理检查签认→浇筑混凝土→养护。

2.2 工艺流程

弘农涧河特大桥0号块施工工艺流程见图18。

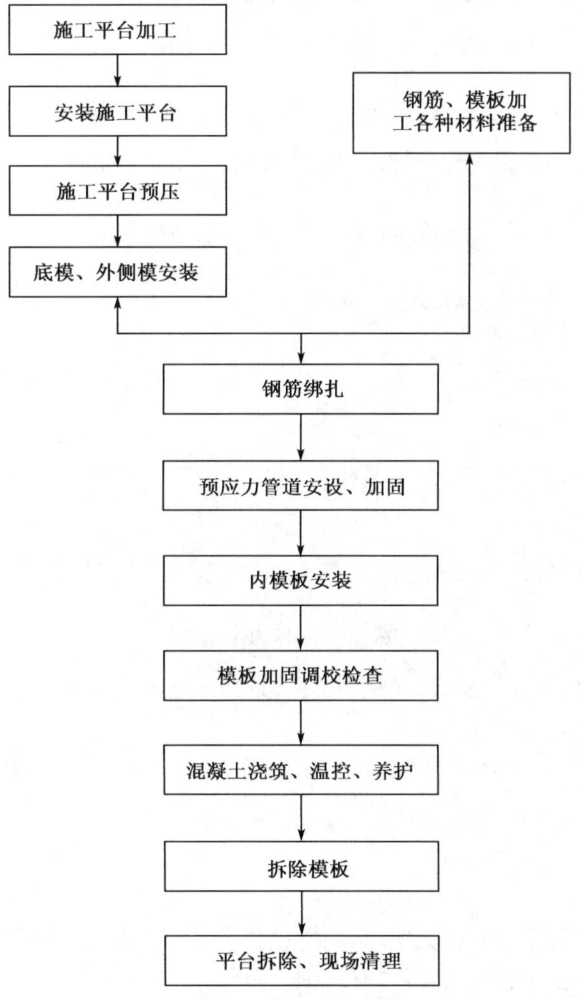

图18 弘农涧河特大桥0号块施工工艺流程图

2.3 施工托架平台

2.3.1 托架设计施工总说明

施工平台采取现场拼装焊接，两薄壁间采用10片托架承重，薄壁墩纵桥向外侧每侧各布置5片托架，横桥向每个薄壁墩每侧各布置2片托架。每片三角形托架采用40号工字钢在现场组合焊接而成，三角形托架上铺设工字钢作为分配梁，每片分配梁下与三角形托架接触点设置卸落钢块，卸落块用40号工字钢切割而成，分配梁上铺设模板形成整体施工平台，施工平台设有人行通道。施工墩身时，在墩身中预埋钢板，墩身浇筑完毕后在预埋钢板上焊接三角形托架，三角形托架的焊接由专业焊工焊接，确保焊缝质量。三角形托架安装完毕后测量三角架高程，根据测得的高程反算距箱梁底板高差，然后按尺寸制作卸落钢块，卸落块安装到位后，在卸落块上安放分配梁，在分配梁上安装底模，完成0号块支架施工平台的安装。

2.3.2 支架预压

0号块支架安装完毕后，需要进行支架预压，以检验支架的可靠性，同时检测支架的下挠，并根据测得的下挠设置模板的预拱度。考虑到0号块混凝土方量大，支架承受的荷载也较大，采用堆载预压法的可操作性太低，决定采用反力法对支架预压。反力法预压利用在承台上的预埋钢筋来提供张拉反力，在托架顶上设置分配大梁，利用千斤顶张拉钢绞线进行加载的方法；承台预埋钢筋以及锚固端形式，托架预压锚固端和张拉端布置见图19。

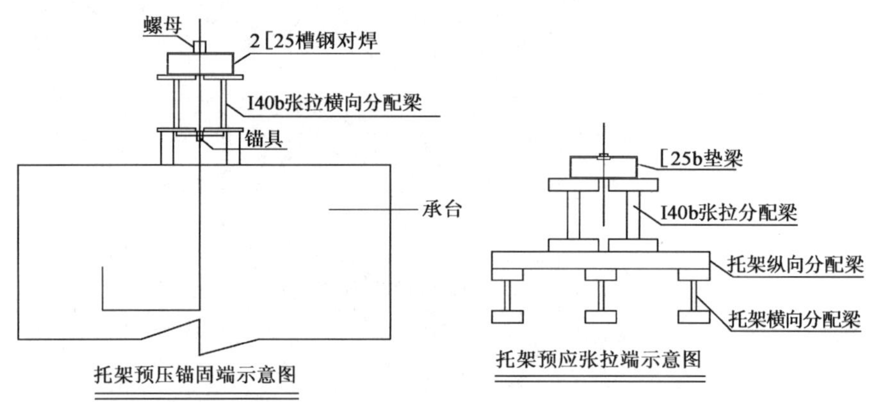

图19 托架预压示意图

按照实际浇筑时的荷载需求，计算钢绞线数量和张拉荷载分级。

1)张拉力的计算

(1)墩外侧托架张拉荷载：96.8×1.75+9.15×1.75×0.7=1 800kN。

(2)墩身内侧托架荷载：1 910kN。

(3)墩侧托架荷载：1 260kN。

2)钢绞线计算

采用$\phi^S15.2$mm高强低松弛钢绞线，标准抗拉强度1 860MPa，张拉控制应力$\sigma_{con}=0.75f_{pk}=$1 395MPa，每根钢绞线张拉控制力19.53t。则：

墩外侧托架需180×1.2/19.53=12根，按16根布置；

墩内侧托架需191×1.2/19.53=12根，按16根布置；

墩侧托架需 126×1.2/19.53=8 根，按 10 根布置。

3)钢束布置

墩外侧：两个锚固点，每个锚固点 8 根钢绞线；

墩内侧：两个锚固点，每个锚固点 8 根钢绞线；

墩侧：两个锚固点，每个锚固点 5 根钢绞线。

(1)加载顺序。

每一级荷载持荷时间不少于 2h，当荷载压至 20%、40%、60%、80%、100%时，都要对观测点进行沉降观测，当压至总重的 120%时，停止加载并持续荷载 24h，见表 2。

荷载分级加载数值统计表(单位:10kN)　　表 2

千斤顶编号 \ 荷载		20%	40%	60%	80%	100%	120%
顺桥向外侧	1	18	36	54	72	90	108
	2	18	36	54	72	90	108
顺桥向内侧	1	19.1	38.2	57.2	76.4	95.5	114.6
	2	19.1	38.2	57.2	76.4	95.5	114.6
横桥向	1	12.6	25.2	37.8	50.4	63	75.6
	2	12.6	25.2	37.8	50.4	63	75.6

(2)变形量测。

在张拉前，对每片托架前中后各 3 点进行高程测量，顺桥向墩身外侧和内侧托架每侧各 12 个观测点，横桥向托架每侧各 8 个观测点。记录每个观测点分别在加载前、每级荷载加载后、卸载后的高程。在每级荷载观测时有连续 3 次以上变形小于 2mm 及 2 次以上基本无变形后，方可继续加载至下一级荷载。

在每级荷载加载过程中，应安排专人全程对托架进行详细检查，一旦发现焊缝或者其他位置出现开裂或观测变形量较大时，应立即停止张拉，对出现问题的托架进行及时加固或者处理。

通过各级荷载加载记录的变形量，绘制荷载—位移曲线。加载时根据绘制的荷载—位移曲线变化对托架受力情况进行检验。如出现突变，则说明托架位移过大，应立即停止加载并做及时处理。

根据各点第一次与最后一次加载完成放张前和放张后记录数据计算托架的非弹性变形和弹性变形量，初始高程与放张后高程的差值为预压时消除的托架非弹性变形量，放张后与放张前记录数据的差值为 0 号块施工时托架的弹性变形量。依照此法依次对各托架进行预压，消除非弹性变形并测出各架在 0 号块施工时的弹性变形量。

2.4　0 号块模板和托架

模板采用大面积整体钢模板。箱梁底模支承在施工平台横梁上，箱梁外侧腹板及翼缘模板使用挂篮模板和平面模板组合，平模与支撑桁架焊接，每侧外侧模由两片宽度为 4.5m 的挂篮模板和宽度为 4.0m 的平模拼装形成整体，安装在托架平台上；0 号块内模和横隔板模板均采用小钢模和竹胶板混合拼装。模板拼装前要进行打磨，涂刷模板油，由于侧模支立持续时间较长，要求对侧模用塑料薄膜进行覆盖，防止生锈和杂物掉落在模板上。模板拼缝错台小于2mm，立模高程要全面考虑半幅4个墩0号块的相对立模高程，要保证4个0号块立模高程相对偏差不大于2cm，立模高程由测量队负责测量、校核，现场技术人员负责组织作业队伍进行调整。

2.4.1　底模

0号块底模支承在施工平台横梁上，按设计要求调整模板坡度，模板底梁用楔块或钢板垫平。

2.4.2　外侧模板

外侧模板用挂篮模板和和组合钢模板加工组拼，以螺栓定位，安装在施工平台上。翼板高程调整和拆模采用专用的调节支撑。

2.4.3　内模板和过人洞模板

箱梁内模采用钢模和竹胶板拼装，外侧设钢管背带。为便于模板的拆运，构件长度宜小于2m。过人洞模板采用木模。

2.4.4　端板与堵头板

端板与堵头板是保证0号块梁端和孔道成型满足要求的措施。端模为钢模板。由于箱梁纵向预应力管道密集，堵头板预应力筋孔道集中，根据施工要求及制作条件，用钢板加工后组拼，堵头板与为侧模和内侧模连接位置采用角钢连接，中间位置采用10号槽钢进行加固，防止钢板变形。外侧模、内模、端模间用拉杆螺栓连接并用钢管做内撑，以制约施工时模板变位和变形。

2.4.5　模板安装

托架分配梁安装完毕后，根据计算的预抛高焊接钢楔块和钢板，高度调整好后开始铺设底模板，底模铺设完后再次测量底模高程。底模确认安装无误后开始安装侧模，由于侧模较高，每侧侧模分三部分，三部分分别为梁块4.5m宽的挂篮模板和4m宽的组合钢模。安装顺序为先安装每侧两头两块模板，待两侧模板定好位置后继续安装中间组合钢模板部分，直至侧模安装完毕。两侧模板安装前要根据模板两边相应位置处梁高确定模板定位位置。侧模安装完毕后，进行模板轴线偏位测量，调整好模板，然后对底模、侧模除锈和涮脱模剂。接下来安装端头模板，端头模板是由钢板按图纸钢筋间距和波纹管位置制作的堵头模板，既起到模板的作用又可定位钢筋和波纹管。然后开始钢筋和波纹管安装，安装完毕后才能安装内模，内模也是采用钢模，局部倒角和人孔采用木模。内模安装结束后就进行内外模板的固定，模板的固定采用精轧螺纹钢拉杆对拉固定。

成形后模板的整体、局部强度和刚度应满足安全要求，其允许挠度及变形误差应符合规定，外形尺寸准确，模面平整光洁，装拆操作安全方便。严禁出现错模、缩模、涨模现象。

2.4.6　模板拆卸

浇筑混凝土后，待强度达到2～3MPa时可按如下顺序脱模：堵头端模板→内侧模→过人洞模→横隔板模板。底模待托架卸落后拆除。

2.5　0号段钢筋预制安装

2.5.1　钢筋预制

0号块钢筋预制应在底模铺设完成前提前制作完毕。0号块钢筋品种繁多，主要分为底板钢筋、腹板钢筋、顶板钢筋、倒角钢筋。预制钢筋前应先认真熟悉设计钢筋图纸，弄清每种钢筋的安装位置，然后按图纸型号预制。钢筋长度不足的采用焊接的方式接长，焊接质量要满足规范要求。各类预制好的钢筋都要按型号种类编号分开堆放。

2.5.2 钢筋安装

钢筋安装前应再次熟悉设计图纸，核对钢筋配料单和料牌，滤清各类钢筋的安装顺序，准备绑扎用的扎丝、绑扎工具、绑扎架等。0号块钢筋的总体安装顺序为：绑扎底板钢筋→腹板钢筋→横隔板钢筋→倒角钢筋→穿波纹管→绑扎顶板钢筋。

绑扎底板第一层钢筋前，先在底板模板上按图纸间距画好线，按画线位置安装第一层钢筋，第一层钢筋绑扎完毕后，安装端头模板，然后根据端头模板上按图纸预留的槽口绑扎第二层底板钢筋，绑扎第二层钢筋时按照两层钢筋净距每隔1.5～2m设一道支撑架，以上各层均按照此方法操作；横隔板钢筋采用散绑就位。就位后与竖向预应力骨架连成整体。腹板钢筋也采用散绑，与横隔板钢筋交叉部分先不绑扎，待腹板钢筋就位后再绑扎腹板的竖筋和横隔板交叉部位的钢筋。底板钢筋和顶板钢筋在底模板和内模板安装完成后采用散绑。

钢筋焊接采用双面搭接焊，焊接时应采取防护措施，防止焊渣烧伤预应力管道及模板等。钢筋与预应力管道相碰时，应调整钢筋的位置。

第一次钢筋施工：首先进行底板钢筋绑扎，其次进行腹板和横隔板钢筋绑扎（同步进行），最后进行竖向预应力钢筋的就位。在底板钢筋绑扎时，为了保证人洞的质量，可把人洞模板先就位，然后再绑钢筋。钢筋绑扎完后，及时把竖向预应力JL32钢筋的压浆管引到底板上方，而横隔板预应力粗钢筋的压浆管可通过内模上的对拉螺丝孔引到箱梁内，这样便于以后压浆施工。箱梁内部构造钢筋复杂，波纹管较密，钢筋安装施工时钢筋与管道相碰时，只能移动，不能切断钢筋。

第二次钢筋施工：在顶板模板支立完后，首先进行腹板纵向预应力束管道的埋设，然后进行顶板底层钢筋的绑扎，当钢筋与预应力管道发生冲突时，适当挪动钢筋，不得截断。

随后进行纵、横向预应力管道的埋设，最后进行顶板顶层钢筋的绑扎。钢筋成型过程中，多采用绑扎而少采用点焊。除安装梁段钢筋外，还需注意预埋人行道板钢筋、泄水孔和挂篮施工预留孔。

绑扎钢筋时，应按设计规定留足保护层，留设保护层采用同强度等级的预制混凝土垫块，垫块密度纵横向间距不大于100cm，垫块支垫在最下层或外层钢筋上。钢筋的交叉点应用铁丝扎牢。

2.6 0号段预应力筋及其管道的施工

(1)0号段单幅预应力筋数量，其中：顶板纵向预应力钢束72束27－15.2钢绞线，内径ϕ120mm塑料波纹管；腹板束8束19－15.2钢绞线，内径ϕ90mm塑料波纹管，32束27－15.2钢绞线，内径ϕ120mm塑料波纹管；横向预应力束28束15.2－5钢绞线，90×23（内径）波纹管；竖向预应力钢筋104根，采用JL32的高强精轧螺纹粗钢筋，ϕ50mm波纹管。

(2)顶板纵向预应力束是双向张拉，横、竖向预应力筋单向张拉，右半幅横向筋张拉端左、右交错布置。0号段纵横向预应力钢束采用高强低松弛钢绞线，弹性模量E＝1.95×10^5MPa，标准抗拉强度R＝1 860MPa，孔道采用塑料波纹管成孔；竖向预应力采用JL32的高强精轧螺纹粗钢筋，孔道采用镀锌铁皮波纹管成型。

(3)为确保竖向预应力筋的位置准确、垂直,要根据图纸中给出的曲线要素,计算出定位点出的坐标即高度和平面位置,钢束直线段定位点间距为 100cm,平弯、竖弯曲线定位点间距为 50cm;每个定位点严格按照图纸进行定位筋布置,腹板钢束定位钢筋与腹板箍筋点焊,顶底板束定位钢筋与相邻竖向支撑筋点焊。竖向预应力筋锚固端与墩身钢筋位置发生矛盾时,应保证锚垫板和锚下螺旋筋的位置准确而适当调整墩身钢筋位置,并做好竖向预应力钢筋的防腐工作。钢束定位后现场技术人员要对每个定位点的固定情况和位置进行详细检查并做好原始记录。

0 号块的预应力管道密度较大,而且定位要求准确,施工注意事项如下:

①纵向成孔采用塑料波纹管,竖向成孔采用铁皮波纹管。

②管道采用井形定位筋固定,用 ϕ10mm 钢筋点焊成型。定位筋曲线段间距纵向、横向束 10cm,直线段间距均为 50cm。

③钢束与钢筋位置相碰时,按设计要求调整,即构造钢筋避让主筋,普通钢筋避让预应力钢束,横、竖向钢束避让纵向钢束。

④纵向管道。由于连续箱梁采取分段悬浇,因此,管道接头多,为方便管道接头损坏后的更换,不采用管道直接伸出的常用办法,而采用先接套管的办法,这样一旦接头管损坏可直接更换。另外,为防止管道在浇筑混凝土时漏浆堵塞,在混凝土浇筑完成后,混凝土凝固前应对管道进行通孔检查,发现管道发生堵塞时捣通或加压冲洗,直到管道畅通。

⑤横向管道。将多束预应力筋一头做成梨形自锚头后穿入扁波纹管,套上螺旋筋并安装好锚具后布置在钢筋夹层内,因其刚度很小,混凝土浇筑和振捣时要求特别注意保护,防止振捣时对波纹管破坏。

⑥竖向管道。竖向管道采用镀锌铁皮波纹管制孔,管道与精轧螺纹粗钢筋、锚垫板及螺母先组装后,一并安装埋设,为确保孔道畅通,需采取如下措施:

布置在管道上下口的排浆管和压浆管与钢管的连接均采用薄壁钢管焊制的三通,并保证焊接处不漏浆,排浆管和压浆管由 PVC 管引出模板外固定,并将管口预先密封。接头处用胶带包扎严密,以防漏浆。

上口锚垫板、锚具及竖向预应力筋之间的缝隙应做封闭处理,以防水和杂物进入,同时槽口模板内应用棉纱填实,外露的预应力筋用胶带包扎,以防混凝土浇筑时受到污染。

混凝土浇筑结束后,应及时对所有管道压风或压水进行清孔和检查,一旦发现堵塞及时进行处理,以保证孔道的畅通。

2.7 混凝土施工

2.7.1 配合比

根据试拌的混凝土确定的施工配合比。

2.7.2 准备工作

(1)混凝土浇筑前,必须对模板、钢筋间距、钢筋保护层、预埋件、构件轮廓几何尺寸等做认真检查,报监理批准后方可浇筑。

(2)浇筑前,对材料(水泥、石子、砂)及各岗位的人员、机械的备用一一落实。混凝土在拌和过程中,严格控制混凝土的仓位的配合比和坍落度。坍落度 20～22cm 时混凝土才能入仓。

(3)混凝土采用拖泵泵送运输，输送泵管安装必须牢固，要求泵送时泵管不左右摆动及上下晃动，并减少输送泵管的弯头，减小输送中的阻力和输送能量损失。

(4)尽量减小堵头板的槽口，换掉已变形及拼装不严密的钢模板，保证不漏浆。

(5)所有块段下料点要求均匀布置。下料点布置见图20。

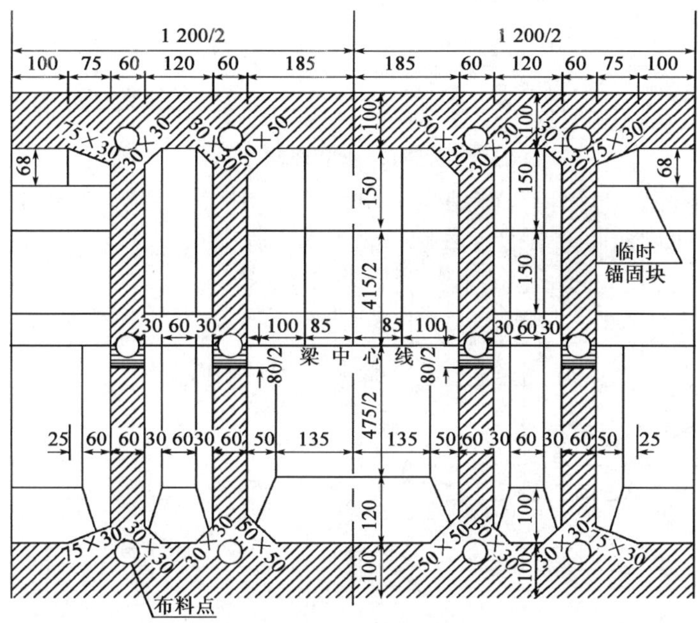

图20　下料点布置图(尺寸单位:cm)

为保证混凝土垂直下落高度不大于2m，每个布料点各设置1根串筒，串筒采用内径不小于ϕ20cm的PVC管。

2.7.3　混凝土拌和、输送与浇筑

1)拌制及运输

由于0号块首次浇筑混凝土方量约为400m^3，混凝土方量较大，浇筑时为了保证混凝土浇筑的速度和连续性，使用2个拌和站同时供应混凝土，从0号段两端对称浇筑。混凝土运输方案采用直接用2台输送泵泵送至0号段浇筑部位。为了防止施工过程中发生拌和站机械设备损坏、堵管、停电等非正常，拌和站易损易坏的设备须有备用件，以便及时修复；对于输送泵、发电机等主要设备在现场备用一台，以备急需。

采用混凝土输送泵将混凝土由墩底输送至墩顶作业面，施工中注意混凝土的自由卸落高度不能超过2m。在浇筑混凝土前在腹板、横隔板的位置事先安装混凝土入模导管，导管口距混凝土面不大于1m，导管的间距不大于2m，在钢筋密集处要适当增加导管数量。

2)混凝土浇筑

(1)凝土的浇筑顺序

0号块混凝土浇筑应遵循自两端向中间、均匀对称浇筑的原则。浇筑次序可分为三部分：底板浇筑→腹板浇筑→顶板浇筑。

①底板浇筑：首先浇筑0号段两端位置，然后由两端向中间对称浇筑，左右浇筑混凝土差

量为 $2m^3$，如此反复直至底板浇筑完成，见图 21。

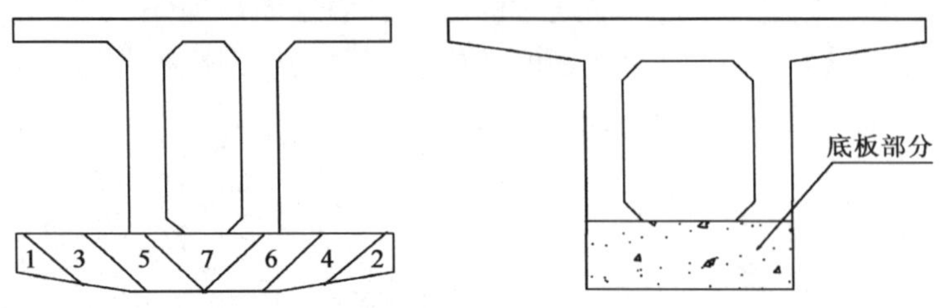

图 21　底板浇筑

②腹板浇筑（图 22）：纵向，由两端向中间对称、分层浇筑。左右对称浇筑混凝土差量为 $2m^3$，分层厚度 30cm。如此反复浇筑至最后的 N 块；横向，左右不对称高度不大于 30cm。

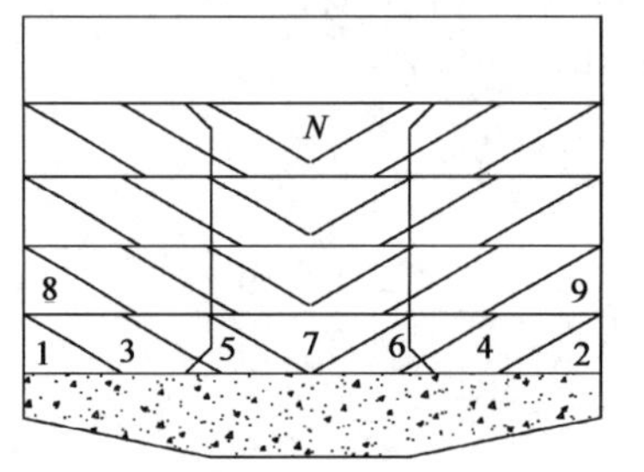

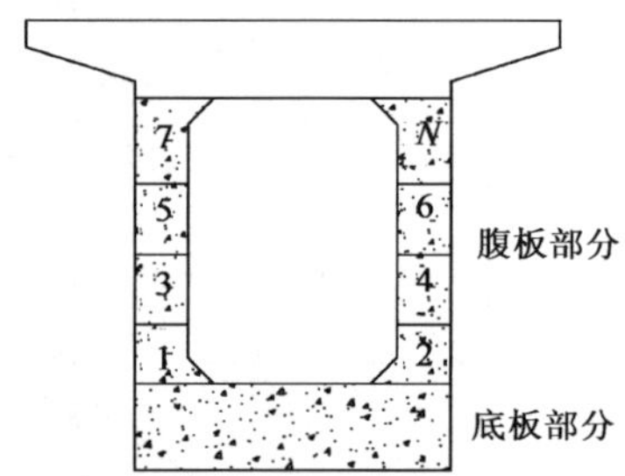

图 22　腹板浇筑

③顶板浇筑：由两端向中间对称、分层浇筑。左右对称浇筑混凝土差量为 $2m^3$，分层厚度 30cm。如此反复浇筑在中心合龙，见图 23。

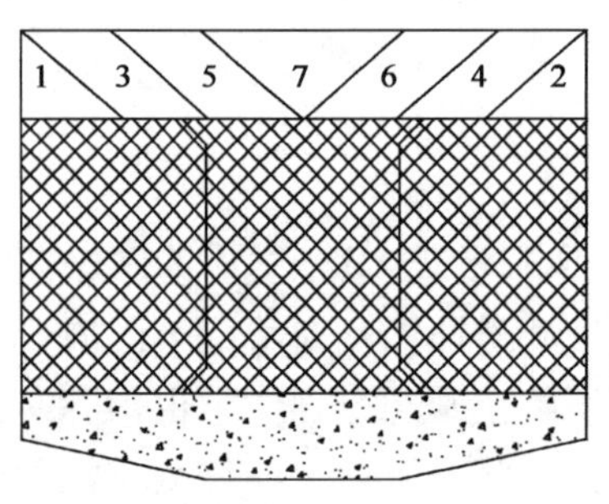

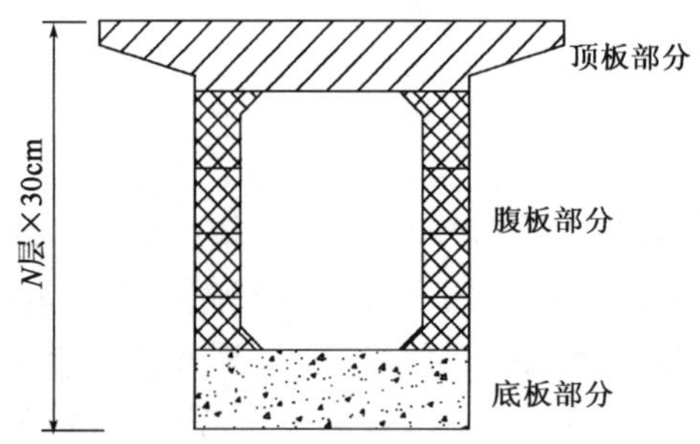

图 23　顶板浇筑

（2）混凝土的振捣

0 号段梁体混凝土采用插入式振捣器进行振捣。

底板、顶板及腹板顶部混凝土采用 ϕ50mm 或 ϕ30mm 插入式振捣器捣固。由于梁体钢筋、波纹管及各类预埋件较多较密，因此振捣过程中一定要切实注意振捣棒不得触碰到波纹管、预埋件、钢筋及模板等。

振动延续时间以混凝土获得良好的密实度，表面泛浆气泡消失为度。施工中应加强观察，防止漏振、欠振、过振等现象。

（3）混凝土养生

由于0号段为大体积、密封箱式结构，混凝土内部水化热大容易导致箱内温度急剧增高，在入洞口设置风扇加速空气的流通降温。同时辅以洒水降温措施(可在箱内内顶模、外侧模顶板上设置水管)。对于箱梁顶板，采取土工布覆盖洒水养生的办法，避免强光直射，同时又具备蓄水作用。混凝土的养生要安排专人专职负责，并要求有养生记录，同时进行温度跟踪监测。养护期间定时测定混凝土的内外温度，温差不得大于25℃。

2.8 预应力施工

2.8.1 一般要求

(1)张拉顺序：纵向预应力筋→前一节段竖向、横向预应力筋。

(2)梁段混凝土强度及弹性模量达到设计及规范要求。

(3)梁体如有影响承载力的缺陷，应事先整修，并达到规定强度后，方可施加预应力，所有缺陷修补前均应有缺陷记录，征得监理工程师同意后方可处理。

(4)预应力张拉前，应对操作人员进行技术交底，且在张拉时发放简明操作单。

(5)千斤顶和油压表必须按《公路桥涵施工技术规范》(JTG/T F50—2011)要求进行配套检验后方能进行正式张拉作业，其中千斤顶的校正系数一般应大于1.05，油压表不低于1.0级。

(6)所有进场的锚具按规定检验合格后方可使用。

(7)复核计算设计钢束理论伸长值，并根据张拉控制应力及超张拉应力换算张拉油压表读数。

2.8.2 预应力张拉

横、竖向预应力钢筋采用预穿束方案，纵向预应力钢绞线穿束前用梳板将钢绞线编成一束，每隔1～1.5m用镀锌铁丝绑扎，在钢绞线束两端各2m区段要加密至50cm。穿束时，可用卷扬机或穿束机进行穿束并且应在钢绞线端部设置牵引头，以免刺穿波纹管；在孔道穿入端浇中性肥皂水，以减少摩阻力。

箱梁混凝土的实测强度达到设计强度的90%，方可进行预应力张拉。张拉采用应力、伸长值双控制，两端对称张拉时，用对讲机互相联系，互报压力表读数和伸长值，以保持油压上升速度一致，并尽量使两端伸长量相等。当实际伸长值与理论伸长值不相符，且超过±6%时，应停止张拉，查明原因，采取措施且予以克服。施加预应力前，首先做好以下几项准备工作：预应力材料的检验，钢绞线、限位板、锚具的布置，千斤顶、油泵及压力表等机具的维修与检验标定、伸长值界限及控制图表管理、混凝土强度的检测等。

1)张拉锚固的操作程序

初始应力：先将预应力钢绞线穿过工作、工具锚具安装夹片，用管楔和手锤使夹片和预应力束至夹紧状态时，对主油缸充油，使钢绞线略微拉紧，并随时调整锚具及千斤顶位置，使其对准孔道轴线，同时调整卡紧钢绞线的楔片，使各根钢绞线受力均匀后，两端千斤顶同时加载到初始应力。

控制应力：钢绞线达到控制应力时，不关闭油泵，保持油压2min(以补偿钢绞线的松弛应力损失)。然后根据标定的记号，测算钢绞线的伸长量并与设计伸长值比较，如伸长量不足则应暂停张拉，分析原因；扁锚单根伸长值与设计伸长量校核，以平均伸长值与设计值相互校核作为评定标准。张拉控制应力与伸长量必须符合规范要求。

锚固：持荷 2min 油表读数无下降时即可关闭油泵进油阀，打开油泵回油阀对单端锚固；另一端补足应力后再锚固，然后退去楔片，卸去工具锚及千斤顶。观察钢绞线有无滑丝现象，用半干硬水泥砂浆堵封钢绞线间隙并压浆，再利用砂轮切割机切除多余的钢绞线。

2)张拉质量要求

锚固后两端钢绞线伸长量不得超过计算值的±6%。

每束钢绞线断丝、滑丝不得超过 1 根，每个张拉断面断丝之和不超过该断面的钢丝总数的 1%。

两端回缩量之和不得大于 6mm。

3)张拉注意事项

当气温下降到+5℃以下且无保温措施时，禁止进行张拉工作。

预应力张拉双控中，延伸量低于-6%或超过+6%时，要停止检查，分析原因并处理完后方可继续张拉。

预应力钢筋在张拉前要作检查，保证它们在管道内移动自由。

张拉时混凝土强度不得低于设计强度的 90%且养生时间不少于 5d。张拉力及张拉顺序按图纸规定进行。

预应力张拉从两端同时进行。

图纸所示的控制张拉力为在锚固前锚具内侧的拉力。在确定千斤顶的拉力时，要考虑锚具摩阻损失及千斤顶内摩阻损失。这些增加的损失根据采用的预应力系统及通过现场测验而定，但一般对钢绞线为 3%的千斤顶控制张拉力。

预应力钢材及预应力锚具进场后，分批严格检验和验收，妥善保管。锚具除检查外观、精度及质量出厂证明书外，对锚具的强度(包括疲劳强度)、锚固能力应进行抽验。

所有预应力钢材不许焊接。

钢绞线用圆盘切割机切割，不允许用电、气切割。钢绞线、锚具应避免生锈及局部损伤，以免脆性破坏。

预应力钢束和粗钢筋张拉完毕，严禁撞击锚头和钢束，钢绞线和粗钢筋多余的长度用切割机切割，钢绞线切割后留下的长度(超出夹片的长度)为 3～5cm。

为确保预应力质量，要求对定位钢筋、管道成型进行严格控制：

管道安装前检查管道质量及两端截面形状，遇到有可能漏浆部分割除、整形和除去两端毛刺后使用。

接管处及管道与喇叭管连接处，用胶带或冷缩塑料密封。

孔道定位必须准确可靠，严禁波纹管上浮。直线段 50cm，弯道部分每 10cm 设置定位钢筋一道，定位后管道轴线偏差不大于 5mm。切忌振捣棒碰穿孔道。

管道与喇叭口连接处管道应垂直于锚垫板。

2.9 压浆

孔道压浆是将水泥浆用压浆机压入孔内，使之填满预应力筋与孔道间的空隙，让预应力筋与混凝土牢固黏结为一整体。孔道压浆应采用纯水泥浆，强度不低于 C50，其水泥品种、强度等级与梁体一致，要求水灰比不大于 0.4，3h 泌水率不大于 2%，稠度控制为 14～18s。水泥浆中应掺入减水剂，以提高其流动度和减少泌水率，其产量和减水剂品种由试验决定，但水泥中不得使用含有氯盐的外加剂，也不得用过期和结块水泥，进入搅拌机的水泥应通过 2.5mm×2.5mm 的细筛。水泥浆自调制至压入孔道的延续时间，视气温情况而定，一般不宜超过 30～45min，水泥浆在使用前和压注过程中应经常搅动。

压浆前应使用砂轮切割锚外钢丝，预应力筋割切后的余留长度不得小于 30mm。切割钢绞线工作应在检查人员检查张拉记录并批准后方可进行。孔道在压浆前用压力水冲洗，以排除孔内粉渣等杂物，保证孔道畅通。冲洗后用空压机吹去孔内积水，压缩空气要无油分。但要保持孔道润湿，使水泥浆与孔壁的结合良好。压浆前应将锚环与夹片间的空隙填实，防止孔道压浆时冒浆。

压浆采用一次压浆工艺，灰浆泵输送压力为 0.6～0.7MPa，以保证压入的水泥浆饱满、密实为准，且另一端压出浓浆，持压 2min，水泥浆初凝后，方可拆卸压浆阀。梁段张拉完毕后，在 48h 内必须压浆。

参考文献

[1] 周水兴，何兆益，邹毅松，等. 路桥施工计算手册[M]. 北京：人民交通出版社，2001.

[2] 中华人民共和国国家标准. GB 50017—2003 钢结构设计规范[S]. 北京：人民交通出版社，2003.

[3] 中华人民共和国行业标准. JTG/T F50—2011 公路桥涵施工技术规范[S]. 北京：人民交通出版社，2011.

浅谈超前支护技术在陶村隧道施工中的应用

付　彬　张琳琪

（中交三公局第二工程有限公司宁绩项目）

摘　要：随着我国建设行业的不断发展，隧道技术在不断实践探索中也得到了不断的创新及改良。考虑隧道围岩的复杂性、不可预测性，开展隧道建设技术探讨、确保其长期运营安全的研究意义重大。宁绩高速公路十合同辖内陶村隧道基本为发育及较发育灰岩构成，围岩分为Ⅳ、Ⅴ级围岩。针对此种工程地质，采取针对性超前预支护，提高隧道工程质量。本文简要介绍超前支护的基本类型及一般处理方法，在总结同类工程施工经验的前提下，以期对以后的施工有一定的借鉴意义。

关键词：隧道施工　开挖　超前支护

超前支护手段主要用于辅助开挖，是保证隧道工程开挖工作面稳定而采取的超前于开挖的辅助措施。陶村隧道施工中表明，超前支护对于围岩的稳定有很重要的作用。

1　超前支护类型分类

结合工程地质水文，根据施工需求，我们简单地按支护材料分为：管棚、超前小导管、超前锚杆。按作用原理可分为：锲缝式、胀壳式、爆固式、树脂式、开缝管式。

2　超前支护的作用

对于未开挖面，超前支护的作用主要有如下几个方面：

(1)支承围岩，限制约束围岩变形，并向围岩施加压力，从而使开挖面附近的围岩处于二维应力状态状态，因而能制止围岩强度的恶化。

(2)由于超前支护的加固作用，使围岩中，尤其是松动区的节理裂缝、破裂面等得以连接。对于加固节理发育的岩体和围岩松动区是十分有效的，有助于裂隙岩体和松动区形成整体，成为“加固带”。

(3)提高层间摩阻力，形成“切割断面”。

对于水平或缓倾斜的层状围岩，用整环超前锚管(杆)支护，对于开挖面外的岩层连接在一起，预加固岩层。

3　超前管棚施工

陶村隧道断面开挖前在进出口 ZK41＋968～ZK41＋978，ZK42＋42＋585～ZK42＋591，K41＋968～K41＋974，K42＋582～K42＋593 段拱部 120°范围内设 ϕ89mm 超前大管棚，长 33m，环向间距 0.4m，外插角 1°～3°。

(1)施工队根据测量交底及现场桩点，安装洞口工字钢拱架。陶村隧道设计钢拱架为 2

榀，间距为 80cm，焊接牢固，用锁脚锚杆锁定锚固。用全站仪或经纬仪、水平仪将长为 2m 的 ϕ108mm×4mm 导向管按照 1°～3°的外插角精确定位，并用 ϕ20mm 连接钢筋与工字钢牢固焊接为一整体。导向管应紧贴岩面。模板安装合格后，浇筑套拱。在导向墙达到一定强度后，开始钻孔。

(2)施钻前，钻机大臂顶紧在套拱导向管上，当第一节钻杆钻入岩层时，尾部剩余 20cm 时停止钻进，连接第二根钻杆，用连接套把两根钻杆连接牢固，直至钻孔达到设计深度。根据孔口管的倾角和方向，利用钻杆的延伸和吊锤准确确定钻孔的方向，即可固定钻机。钻孔仰角的确定应视钻孔深度及钻杆强度而定，一般控制 1°～3°，利用钻机的变角度油缸，参照导向管的倾角确定钻机的倾角，确保钻杆线与开孔角度一致，以达到钻进的导向作用。钻机最大下沉量及左右偏移量为钢管长度的 1%左右，并控制在 20～30cm。

(3)清孔验孔：用地质岩芯钻杆配合钻头进行反复扫孔，清除浮渣，确保孔径、孔深符合要求，防止堵孔；用高压风从孔底向孔口清理钻渣；用经纬仪、测斜仪等检测孔深、倾角、外插角。

(4)采用 Z525-2A 型台式多用钻床对 ϕ89mm×4mm 的管棚进行加工，根据长管棚的长度，确定下料长度，一般长度控制在 4～6m 之间，丝扣长度为 15cm，丝扣为 2mm 的螺旋方丝，钢管一端为内丝，另一端为外丝，丝扣加工端正，不得偏位；钢管上每隔 15cm 交错钻孔直径为 12mm 的注浆孔。先下奇数管孔，第一节用 4m 长的钢管，偶数孔时第一节采用 6m 长的钢管，以后每节均采用 6m 长钢管。每孔第一节端头加工成锥形，长为 20cm，最后一节尾部焊 ϕ10mm 加强箍。末端加工丝扣，在距孔口 2m 内不得加工注浆孔。接长钢管应满足受力要求，相邻钢管的接头应前后错开。同一横断面内的接头数不大于 50%，相邻钢管接头至少错开 1m。

(5)注浆材料为水泥净浆液。水泥浆水灰比为 1∶1，注浆压力为 1.5～2.5MPa，必要时可在孔口处设置止浆塞，止浆塞应能承受最大注浆压力。当地下水较大时，采用压注水泥—水玻璃浆液，水泥浆水灰比为 1∶1，水泥浆与水玻璃体积比为 1∶0.5，水玻璃浓度 35 波美液。注浆量应满足设计要求，一般为钻孔圆柱体的 1.5 倍；若注浆量超限，未达到压力要求，应调整浆液浓度继续注浆，确保钻孔周围岩体与钢管周围孔隙充填饱满。注浆前首先检查套拱与成洞面之间是否有空隙，若有要采取措施进行封堵，避免注浆过称中跑浆，同时封堵导线管与管棚钢管之间空隙。注浆时先灌注“单”号孔，左右对称，再灌注“双”号孔，隔孔注浆。注浆从低向高，左右对称进行。浆液由稀到浓，当达到注浆压力时持续 15min 后，即可结束注浆，关闭止浆阀。

4 超前锚管(杆)施工

根据设计，主洞Ⅴ级围岩段采用 ϕ50mm 小导管，Ⅳ级围岩段 ϕ22mm 超前早强砂浆锚杆。超前导管配合型钢钢拱架使用，应用于隧道Ⅴ级浅埋段和Ⅳ级加强段拱部超前注浆预支护，其纵向搭接长度不小于 1m。

(1)超前导管小导管长 450mm，环向间距 40～50cm，外插角 20°～22°，设于拱部 120°范围。小导管前端做成尖锥形，尾部焊接加铁箍，管壁上每隔 15cm 梅花形钻眼，眼孔直径为 8mm，尾部长度不小于 30cm 作为不钻孔的止浆段。成孔后，将小导管按设计要求插入孔中，或用凿岩机直接将小导管从型钢钢架上部、中部打入，外露 30cm 支撑于开挖面后方的钢架上，与钢架共同组成预支护体系。注浆前先冲洗管内沉积物，由下至上顺序进行。注浆采用KBY-50/70注浆泵压注水泥浆或水泥砂浆。注浆前先喷射混凝土5～10cm后封闭掌子面，形成止浆盘。注浆压力：一般为0.5～1.0MPa。

(2)超前砂浆锚杆施工工艺流程为：钻孔→清孔→注浆→插入杆体→焊接固定→质量检查。按设计要求定出孔位；施工采用风动凿岩机钻孔，锚杆的钻孔直径应大于锚体直径15mm，钻孔应圆而直；锚杆钻孔深度应大于锚杆设计长度10cm，深度的允许误差应为±5cm。

(3)钻孔达到标准后，用高压风清除孔内岩屑；用注浆泵通过注浆管将水泥砂浆注入孔内，水泥砂浆强度等级不应低于M20。注浆管应先插至孔底50～100mm，开始注浆后，徐徐均匀的将注浆管往外抽出，并始终保持注浆管口埋在砂浆内，以免浆中出现空洞。注浆的体积应略多于需要的体积，将注浆管全部抽出后，应立即迅速插入杆体，可用锤击使杆体强行插入钻孔，当杆体插入后若孔口无砂浆溢出，应进行补浆。杆体插入孔内的长度不用小于设计长度的95%，锚杆安装后不得随意敲击。最后，将安装好的杆体与钢拱架焊接固定。

5 超前支护技术控制要点

施工中，应严格遵循“新奥法”施工原理。在施工过程中，坚持尽量保持围岩自有稳定性，做到“轻扰动”。根据以前的施工经验，总结了如下几点：

(1)地质预报准确性非常重要。地质预报在复杂地质隧道施工中是不可或缺的重要环节。有了这些较详实的数据，我们准确判断前方地质水文，拟定适宜的对策。这对于在保证安全的前提下，成功突破不良地质是很有必要的。

(2)超前支护中管棚、锚管(杆)的加工直接影响注浆的效果，需严格监控。

(3)超前支护中管棚、锚管(杆)的外插角应根据前方围岩的特性稍作调整，保证施工质量。

6 结语

我国地域辽阔，各个地区地质差异很大，所以对超前支护的研究显得尤为重要。在此针对陶村隧道的施工，提出较详细的施工措施，以期对施工有一定的指导作用。施工中要严格遵循处置原则，根据工程的实际地质情况进行合理的调整，在保证施工安全的基础上，创造最佳经济效益。

参考文献

[1] 中华人民共和国行业标准.JTG D70—2004 公路隧道设计规范[S].北京：人民交通出版社，2004.

[2] 关宝树.隧道工程施工要点集[M].北京：人民交通出版社，2003.

[3] 李宁军，等.隧道设计与施工百问[M].北京：人民交通出版社，2004.

[4] 郑景凡.山区高速公路勘察设计中的关键技术问题[J].公路与汽运，2008，5.

浅谈高墩施工技术

王天森

(中交三公局第二工程有限公司三灵项目)

摘 要: 本文结合三灵快速通道工程弘农涧河特大桥空心薄壁墩施工情况,浅谈高墩施工方案的选择。

关键词: 高墩 施工技术

1 概述

目前,在我国高墩施工过程中,最为常见的施工方法有三种:滑模、翻模、爬模,分别见图1~图3。在桥梁施工过程中,从桥梁的整体成本投入出发,施工单位多考虑翻模施工,这一方法的使用,不仅从根本上节约了施工成本,同时还大大提高了施工效率。

图1 滑模施工

通常情况下,墩身高度超过30m的情况下全部统称为高墩,而墩身也多以空心或薄壁为主要形式,形状多以为矩形为主。高墩桥一般在山岭中丘地区应用广泛,其施工难度大,技术高,在施工过程中需要多种大型机械配合,虽然操作较为不便,但其安全性能较好,并且混凝土的外观质量控制相对比较容易。

图2 翻模施工

图3 爬模施工

2 三种方案对比

三种方案的对比见表1。

三种方案对比表 表1

序号	项目	施工方法		
		滑模	爬模	翻模
1	工艺原理	滑模装置由模板系统、操作平台系统、液压提升系统和垂直运输系统四大系统组成。滑模施工工艺原理是预先在墩身混凝土结构中埋置钢管(称为支承杆),利用千斤顶与提升架将滑升模板的全部施工荷载转至支承杆上,待混凝土具备规定强度后,通过自身液压提升系统将整个装置沿支承杆上滑,模板定位后又继续浇筑混凝土并不断循环的一种施工工艺	爬模是综合大模板与滑升模板工艺特点的一种施工方法。爬模主要由爬升装置、外组合模板、移动模板支架、上爬架、下吊架、内爬架、模板及电器、液压控制系统等部分构成。液压自爬模板工艺原理为自爬模的顶升运动,通过液压油缸对导轨和爬架交替顶升来实现,导轨和爬模架互不关联,两者之间可进行相互运动。当爬模架工作时,导轨和爬模架都支撑在埋件支座上,两者之间无相对运动	翻模是大模板施工方法,以墩身作为支承主体,上层模板支承在下层模板上,循环交替上升。分为塔吊翻模和液压翻模两种,前者工作平台支撑于钢模板的牛腿支架或横竖肋背带上,通过塔吊提升模板及工作平台;后者工作平台与模板是分离的,工作平台支撑于提升架上,模板的提升靠固定于墩身主筋上的手动葫芦来完成
2	适用范围	适宜浇筑低流动度或半干硬性混凝土,同时由于其工作原理,滑模施工要求结构物结构形式单一、断面变化少、无局部凸出物及其他预埋件等物体,应用范围较为狭窄。适用于等截面或变截面的实体或薄壁空心墩	适用于浇筑钢筋混凝土竖直或倾斜结构,适用于墙体、桥梁墩柱、索塔塔柱等,范围较广	适用于等截面或变截面的实体或薄壁空心墩等,范围较广
3	优点	施工速度快,安全度高	实体及外观质量好	实体及外观质量好
4	缺点	投入较大,施工质量相对较差。不便于在施工和养护期间对桥墩混凝土进行保温和蒸汽养护	投入较大,施工进度相对较慢。不便于在施工和养护期间对桥墩混凝土进行保温和蒸汽养护	施工进度相对较慢。不便于在施工和养护期间对桥墩混凝土进行保温和蒸汽养护
5	施工效率	一般混凝土的浇筑及滑升速度为平均0.2m/h,模板高度为0.9～1.5m	每次混凝土浇筑高度为4.5～6m。5～6d一个循环,每天1m	塔吊翻模模板分2～3节,每次浇筑高度为4～6m;液压翻模模板分3节,每次浇筑高度约为1.5m。5～6d一个循环,每天1m
6	经济投入	较大	较大	较小
7	外观质量	因脱模时间早,所以滑模混凝土外观需经过涂抹才能达到比较光滑。施工当中墩身的垂直度控制好坏取决于千斤顶是否同步顶升,控制不好将发生墩身截面扭转和不规则错台现象	由于采用整体大块模板,并且脱模时间有保证,所以混凝土外观质量易于控制、施工接缝易于处理	由于采用整体大块钢模板,并且脱模时间有保证,所以混凝土外观质量易于控制、施工接缝易于处理

续上表

序号	项目	施工方法		
		滑模	爬模	翻模
8	机具	卷扬机提升系统	塔吊、缆索吊等	塔吊翻模：塔吊、缆索吊等；液压翻模：塔吊、缆索吊、卷扬机提升系统等
9	运输	卷扬机提升系统	输送泵、塔吊等	塔吊翻模：输送泵、塔吊等 液压翻模：输送泵、塔吊、卷扬机提升系统等
10	滑升	千斤顶顶升系统	液压爬升系统	塔吊翻模：塔吊； 液压翻模：手拉葫芦
11	脱模强度与时间	0.2～0.4MPa 3～4h	15MPa左右 2～3d	15MPa左右 2～3d
12	施工进度	0.2m/h	1.0～1.5m/d	1.0～1.5m/d
13	模板材质	钢模	木模、钢模	钢模、木模(内模)
14	施工人员上下	施工电梯、爬梯	施工电梯、爬梯	施工电梯、爬梯
15	养护措施	喷洒混凝土专用养护剂(外模)与蓄水养护(内模)相结合	喷洒混凝土专用养护剂(外模)与蓄水养护(内模)相结合	喷洒混凝土专用养护剂(外模)与蓄水养护(内模)相结合
16	垂直度	全站仪、铅垂仪、垂线	全站仪、铅垂仪、垂线	全站仪、铅垂仪、垂线

3 弘农涧河特大桥空心薄壁墩翻模施工工艺

3.1 承台施工阶段

在承台施工阶段，完成墩身竖向钢筋的预埋施工，根据相关规范，预埋钢筋外露承台顶面最小长度为3m，同时完成观测控制点位的预埋工作。

3.2 首段墩身施工

用全站仪在承台顶面精确放样出墩身四角点，并用墨线弹出墩身截面边线，作为模内尺寸线。找平墩身模板底部，清除墩身钢筋骨架内杂物。在基顶面设计位置开始绑扎钢筋，待钢筋绑扎完毕后，安装第1、2块共3m高墩身外模及施工平台，加固校正模板，自检并报监理工程师检验合格后，浇筑墩身实心段混凝土，高度2.5m，混凝土浇筑完毕后及时进行顶面覆盖并洒水养生，待混凝土强度达到2.5MPa后，人工清除浮浆，凿毛混凝土表面。

首节模板安装注意事项：

(1)模板安装前，通过全桥控制网测放每个墩柱中心点和墩身四角点，并更换测量人员，用全桥控制网中不同的控制点校核一次，确保无误后，在承台顶面用墨线弹出墩身截面轮廓线和立模控制十字轴线。

(2)沿墩身轮廓线做3cm厚的砂浆找平层，以调整基顶水平，达到顶面各点高差不大于2mm。第三节墩身施工完，可凿除砂浆找平层，以利于底节模板拆除。

(3)外模安装后再次进行找平、校正，达到模板顶面相对高差不大于2mm，对角线误差不大于5mm后，紧固所有螺栓、拉杆及支撑。

(4)承台混凝土施工时，在墩身轮廓线以外埋设ϕ22mm短钢筋，以利于墩身外模的支点加固。

3.3 第3、4节墩身施工

墩身外模采用厂制定型钢模板，内、外模采用翻模法施工，每个墩身用一套翻模，每套翻模4节模板，每节高1.5m，共计6m。内模等截面采用平面钢模、倒角采用定型钢模。墩身首段混凝土浇筑实心段高度2.5m以及0.5m高空心段，浇筑完成后第1、2节模板不拆卸，在第2节模板顶上依次安装支立好第3、4节共3m高内、外模板。第3、4节外模板利用吊车分块吊装，支撑依次就位于第2、3节模板顶上，同时安装内模。利用拉杆对拉加固墩身模板。搭设内模施工平台，接长墩身脚手架施工平台，采用吊车提升墩身钢筋。泵送浇筑第3、4节3m高墩身混凝土。采用吊机、塔吊、墩外托架平台与爬梯联合施工。施工时注意在实心段墩身顶部预留泄水孔及通气孔，以利上面各节墩身施工期间养生水和雨水流出。

3.4 组装翻模

第3、4节墩身施工完成，待混凝土达到一定强度后，利用塔吊或吊车先后拆除第1、2、3节模板，依次安装在第4节模板顶上，连接墩身钢筋，绑扎钢筋骨架，支立内模，浇筑4.5m高空心段等截面墩身混凝土。循环交替翻升模板、绑扎钢筋、浇筑混凝土，每次翻升3块共4.5m高模板，浇筑4.5m高墩身混凝土，依次循环直至浇筑完整个墩身。最终墩身高度按设计高程控制，完成墩身施工。

当大块模板组拼成型后，所有螺栓不必拧紧，留出少量松动余地。模板前后方向偏斜的调整通过手拉葫芦拉至正确位置，左右偏斜的调整则在模板底边靠倾斜方向的一端塞加垫片实现。模板之间的缝隙塞有橡胶条，防止漏浆。由于模板制作及起始第1节模板调整的精度都很高，以后每次调整幅度很小。调整完毕后，拧紧全部螺栓，即可浇筑混凝土。

3.5 横隔梁、墩顶实心段施工

提前按照图纸尺寸，预制不低于墩身强度等级的混凝土盖板，厚度10cm，铺设一层钢筋网片，其盖板作为横隔梁、封顶处的底模。

3.6 翻模拆除

拆除按照与组装的相反顺序进行。先支的后拆，后支的先拆。拆除模板时，在墩顶用短钢管搭设一脚手架平台，人工配合塔吊、吊车，先用塔吊、吊车吊住模板，人工松动拉丝杆，用液压千斤顶将模板松动，再拆除拉丝杆，塔吊、吊车整体吊装。

4 翻模法的质量控制要点

4.1 测量放线及凿毛

测放墩身十字线，将墩身底口轮廓线放出并弹出墨线，进行弹线凿毛，凿毛深度比承台顶面低不小于 4cm 且必须露出新鲜集料；墩身由于采用分节浇筑方式，其施工缝的处理极为重要，要露出足够新鲜集料，在次节混凝土浇筑时要对施工缝进行充分湿润并将凿毛区混凝土碎屑清理干净，经验收合格后方可进行混凝土的浇筑。

4.2 钢筋加工、安装

(1)对钢筋下料表进行核实，无误后方可加工。

(2)钢筋表面无无锈蚀、油污现象；钢筋应平直，不允许有局部弯折；加工后的钢筋不允许有削弱钢筋截面的伤痕。

(3)受拉带肋钢筋的末端，应采用直角弯钩，弯钩直线段长度不小于 $10d$。

(4)主筋直径不小于 25mm 全部采用滚轧直螺纹套筒接头连接，尽可能避免现场焊接，套筒两端露丝不宜超过 2 个。

(5)钢筋保护层不允许出现负误差，垫块采用塑料垫块支垫，厚度不少于 4cm，垫块互相错开，分散布置，垫块数量不少于 4 个/m^2；垫块要与钢筋绑扎牢固，避免在施工过程中脱落。

(6)在钢筋交叉点处用扎丝按照十字形或梅花形方式扎结，保证所绑扎钢筋有足够的稳定性，绑扎钢筋的铁丝丝头不得进入混凝土保护层内。

(7)安装钢筋时钢筋接头按规范要求错开，在同一截面接头数量不超过 50%；接头错开长度不小于 $35d$。

(8)墩底(露出承台顶)、墩顶 3m 范围内 N1、N2 严禁连接。

4.3 模板安装

(1)为保证墩身模板的平整度以及墩身根部混凝土质量，要求模板根据项目部下发的作业指导书必须试拼，并且对试拼好模板进行编号，避免今后安装时混淆。

(2)墩身支模前在应在模板底口抹 8～10cm 宽找平层，找平层高程要经过准确水准测量，找平层制作要密实牢固，坚决不允许进入墩身范围，内侧面平整光洁且和模板面一致，并结合密贴。为防止找平层在将来拆模时和墩身混凝土黏连，找平层内侧面在浇筑混凝土前需涂刷脱模剂。

(3)混凝土浇筑前拉杆孔必须采取有效的防漏浆措施，建议采用锥形塑料模板堵头进行封堵，拆模后用同一颜色砂浆修补凹陷堵塞拉杆孔部位，并且防止钢锈污染墩面。要求逐根检查对拉杆拧紧情况，对拉杆要逐根拧紧，并对模板间连接螺栓进行全面检查、拧紧，以此确保模板整体刚度，确保混凝土浇筑期间不变形。

(4)脱模剂严禁采用废机油，所使用脱模剂保证对混凝土表面无腐蚀，不改变混凝土表面原有色泽为标准。

(5)在施工过程中，如发现模板有损坏变形，要及时处理，处理合格后再投入使用。

4.4 混凝土浇筑

(1)在混凝土浇筑现场应严格控制混凝土的入模温度,入模温度确保在5～30℃区间;控制混凝土的含气量和坍落度指标,坍落度以14～18cm为宜,严格按照规定频次进行检测,指标不合格严禁入模。

(2)混凝土下料高度超过2m则必须采用串筒软管下料,避免混凝土离析。

(3)混凝土采取水平分层进行摊铺,分层厚度30～50cm,分层时注意尽量使混凝土面四周高、中间低,振捣时要快插慢拔,采取先四周后中间的原则,以防止稀浆汇集在模板边角处。

(4)振捣棒与模板要保持10cm左右的距离,当振捣模板缝口处混凝土时,振捣棒距模板缝口适当偏大,约20cm,避免振动棒碰撞模板、钢筋骨架及预埋件;同时应注意振动棒振捣时插入下层混凝土5～10cm。

(5)避免混凝土漏振,漏振后混凝土中的水泥浆不能充分包裹集料,气泡不能充分排除,即形成蜂窝、麻面、气泡病害。因此要求振捣人员及专门负责观察振捣情况的人员必须密切注意振捣时的混凝土状态。当混凝土不再显著下沉,平坦泛浆,不再出气泡,并将模板边角填满充实时,即可认为混凝土已经振好。

(6)避免混凝土过振,过振主要通过振捣人员和观察振捣状况的人员认真观察混凝土振捣状态来避免,当发现混凝土振捣状态已经达到要求,应立刻停止振捣。对振点进行编号也能有效避免对混凝土重复振捣,避免因重复振捣产生的过振情况。

(7)主、引桥墩身顺、横桥向两侧各布置两排直径10cm通气孔,间距5m,两侧通气孔高度错开布置。实心段与空心段交界处,墩身横桥向方向两侧各预留直径10cm,1%纵坡的泄水孔,便于施工过程中降雨、养生用水得到及时排出。

(8)每次浇筑前对模板顶平面位置及高程需进行测量放线,保证浇筑混凝土顶面在同一水平面上。

(9)在浇筑过程中,要派专人对模板进行看护,浇筑期间如果出现异常响动或者其他情况,要及时采取有效措施;因为其他原因造成停盘浇筑混凝土时,要及时对施工缝进行处理;要控制浇筑速度,速度控制为1～2m/h,严禁在浇筑过程中出现施工冷缝。

4.5 混凝土拆模及养护

(1)拆模时避免过猛过急,以免对混凝土表面产生破坏,尤其对墩身棱角要特别注意加强保护,吊运时严禁模板碰撞棱角。

(2)混凝土拆模后,应采取适当的保温措施,防止混凝土产生过大的温差应力,同时做好保湿工作,利用塑料薄膜整体包裹混凝土墩身,当温度过高时,可在塑料薄膜外喷洒冷水以降低混凝土表面温度,最低养护期不少于7d。

5 结语

三灵项目高墩采用了翻模法的施工方案,不仅节约了弘农涧河特大桥的施工成本,还提高了施工效率,保质保量完成了空心薄壁墩的施工任务,获得了质监站、业主、监理单位的一致好评,在桥梁施工中发挥了重大的作用。

参考文献

[1] 田克平.公路桥涵施工技术规范实施手册[M].北京:人民交通出版社,2011.
[2] 交通部第一公路工程总公司.桥涵(上册)[M].北京:人民交通出版社,2000.

五河定淮淮河特大桥大直径圆形钢板桩围堰施工分析

刘　伟　梁思益

（中交三公局第二工程有限公司徐明项目部）

摘　要：五河定淮淮河特大桥20号主墩承台施工采用圆形钢板桩围堰，围堰直径达31.333m，内由七道围檩支撑，施工难度较大，是目前安徽省建成最大的圆形钢板桩围堰。本文针对钢板桩施工存在的问题进行了分析研究。

关键词：钢板桩　大直径圆形围堰　施工方法　质量控制

1　工程概况

根据定淮淮河特大桥桥位处的水文地质情况，进行了钢板桩围堰施工方案的结构设计，根据施工进度计划，主桥20号承台施工周期在枯水季节期，根据现场的施工条件、施工图纸及岩土工程勘察报告，结合拉森钢板桩宽度适中，抗弯性能好、施工安全等方面考虑，20号主墩打设水中钢板桩围堰，围堰采用直径31.333m的圆形，总高度为27m，其顶面控制高程为＋17.0m，桩底高程为－10.0m。钢板桩选用德国单面拉森S－IV型，套型锁口，锁口内涂上润滑黄油，两桩锁口连接转角10°～15°，摩阻力小，防渗性较好，钢板桩周圈咬合紧密，止水效果好。

经设计计算，围堰基坑开挖深度16.9m，开挖尺寸为31.333m直径圆形，围堰为从上而下共布置七道环形钢围檩，第1、2、3道围檩均采用单根H型钢(700mm×300mm×13mm×24mm)，支撑连杆采用H型钢(300mm×150mm×6.5mm×9mm)；第4、5、6、7道围檩采用两根H型钢(700mm×300mm×13mm×24mm)双拼，支撑连杆采用单根H型钢(300mm×150mm×6.5mm×9mm)，内侧环形支撑采用H型钢(300mm×150mm×6.5mm×9mm)。第1道围檩的底面与设计防洪水位平齐，第1～4道围檩中心距2.8m，第4道围檩至第5道围檩2.0m，第5道围檩至第6道围檩1.6m，第6道围檩至第7道围檩1.7m。第1道支撑距围堰顶0.300m；第2道距围堰顶3.1m；第3道距围堰顶5.9m；第4道距围堰顶8.7m；第5道距围堰顶10.7m；第6道距围堰顶12.3m，第7道距围堰顶14.0m，如图1所示。

2　圆形钢板桩围堰的施工工艺

2.1　桩的进场检测

将新旧钢板桩运到工地后，详细对其检查、丈量、分类、编号，同时对两侧锁口用一块同型号长2～3m的短桩做通过试验，以2～3人拉动通过为宜，或采用卷扬机拖拉。锁口通不过或桩身有弯曲、扭曲、死弯等缺陷，采用冷弯、热敲(温度不超过800～1 000℃)、焊补、铆补、割除、接长等方法加以整修。同时接头强度与其他断面相等，接长焊接时，用坚固夹具夹平，以免变形；在焊接时，先对焊，再焊接加固板。

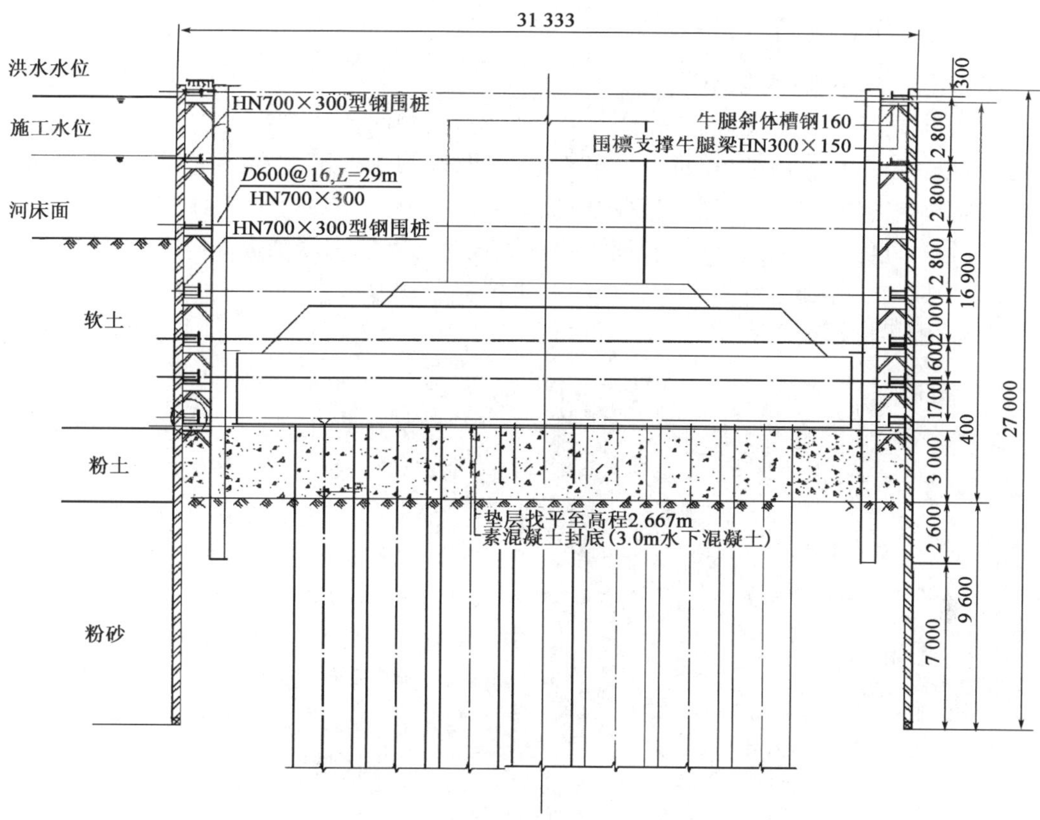

图1　围堰纵断面图(尺寸单位:mm)

2.2　施工放样及施打定位桩

将施工区域控制点标明并经过复核无误后,对钢栈桥进行拆除,为钢板桩施工提供空间。钢管立柱定位及插打以现有 HN700×300H 型钢搭设打桩施工平台(图 2),采用全站仪在限位器上准确放出控制坐标点后打入钢管桩作为定位桩,打桩时在互相垂直的两个方向用吊用垂球吊线,将管桩的倾斜度控制在 1%以内(图 3)。在钢管桩露出水面部分刷上标志并焊上牛腿,作为打桩导向位置及高程控制标志。设计时应考虑第一道围檩牛腿位置和施工水位的关系,避免水下焊接的施工。

图2　打桩施工平台图

图3　钢管立柱插打

2.3 导向框安装

安装导向框时应注意以下几点：

(1)导向框架由I36型钢组成，分为内外导向，其中间空挡为钢板桩的插打位置。本工程导向架的安装，先打定位桩，在桩上做第1道围檩，以第1道围檩和外围的导向架为钢板桩的定位装置。导框现场分段制作，在钢栈桥上组装，固定在定位桩上(图4)。

(2)导向框的高度要适宜，要有利于控制钢板桩的施工高度和提高施工工效。

(3)导向框不能随着钢板桩的打设而产生位移和变形。

(4)外围导向框循环利用。

图4 导向架图

2.4 圆形钢围堰打桩顺序选取

从图5中看出，图5a)与图5b)较图5c)少一个合龙点，图5b)的累计误差大于图5a)、c)，图5a)、b)都可能在合龙前遭受回流影响而使桩脚外移，造成合龙困难；图5c)受回流影响较小，在流速较大处，用图5c)式插打。在图5a)式插打方式中，由两侧对称向下游按顺序加插，到下游合龙，两侧增插数大致相等，最多允许相差8根。本工程施工时为淮河枯水期，水流缓慢，通过以上分析，故采用图5a)顺序插打。

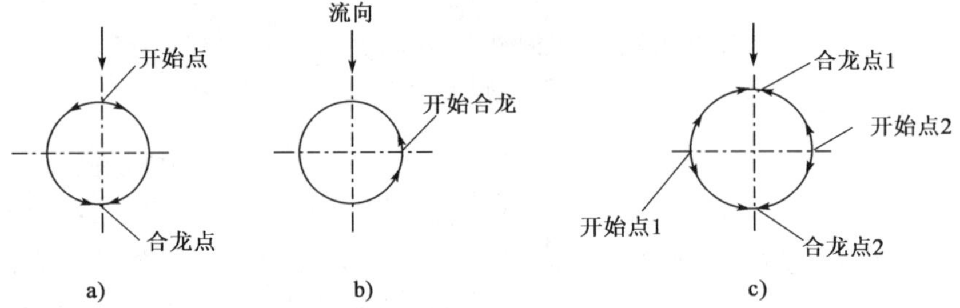

图5 钢板桩开始合龙位置示意图

2.5 首片刚板桩插打

为了确保插打位置准确，第一片钢板桩是插打的关键。在导向架上设置一个限桩框架(图6)，大小比钢板桩每边放大1cm，插打时钢板桩背紧靠导向架，边插打边将吊钩缓慢下放。这时应在互相垂直的两个方向用吊用垂球吊线，将钢板桩的倾斜度控制在1%以内，超过限定的倾斜度应纠偏插打。现场控制，以确保钢板桩插正、插直，然后以第1根钢板桩为基准，再向两边对称插打钢板桩。

2.6 钢板桩的插打

钢板桩检查合格后，由履带吊调至栈桥上，按插桩顺序堆码，最多允许堆放四层，每层用垫木隔开，高差不得大于10mm，上下层垫木中线要在同一垂直线上，允许误差不得大于20mm。

安插钢板桩使用履带吊对钢板桩进行水平和垂直运输,将钢板桩运至指定位置,然后用小钩吊钩的吊起和放下,使钢板桩成垂直状态,吊起后用人工扶持插入前一块锁口后继续下插。起吊作业时,钢板桩下部须设缆风绳人工控制。这时应在互相垂直的两个方向用吊用垂球吊线,将钢板桩的倾斜度控制在1%以内,超过限定的倾斜度应纠偏(一次性纠偏不能太多,以免锁口卡住,影响下一片钢板桩的插打)。最先施工的钢板桩不得一次性到位,由于钢板桩锁扣的摩擦力,会出现打入后一片时带动上一片一起下沉。施工时往往打至比设计高程高30~50cm时停止,然后施工下一片,以此类推。至打完一侧时,然后调整高程。钢板桩的插打见图7。

图6 限桩器

图7 钢板桩插打

2.7 合龙前的准备

在即将合龙时,开始测量并计算出钢板桩底部的直线距离,再根据钢板桩的宽度,计算出所需钢板桩的片数,按此确定下一步钢板桩如何插打(即是增加钢板桩还是钢板桩插打时向外绕圆弧)。

2.8 合龙时桩的调整处理

为了便于合龙,合龙处的两片桩应一高一低,合龙时往往出现“上小下大”(下端有土挤压,上端是自由的)的情况,因此当合龙两边都差4~6根桩的距离时,两边各打入异型桩,使合龙桩的两边接近平行,再将合龙桩插入,打到设计高程。

3 钢板桩施工难点及处理办法

3.1 打桩阻力过大不易贯入

这由两种原因造成。一是在坚实的砂层或砂砾层中打桩,桩的阻力过大;二是钢板桩连接锁口锈蚀,变形,致使板桩不能顺利沿锁口而下。

第一种原因,需在打桩前对地质情况作详细分析,充分研究贯入的可能性,在施工时可伴以高压冲水或振动法沉桩,不能用锤硬打。

第二种原因,应在打桩前对板桩逐根检查,有锈蚀或变形的及时调整。还可在锁口内涂以油脂,以减少阻力(锁口内嵌填黄油沥青混合料,质量配合比为:黄油:沥青:干锯末:干黏土=2:2:2:1),以减少插打时的摩阻力,并加强锁扣防渗性能(图8)。

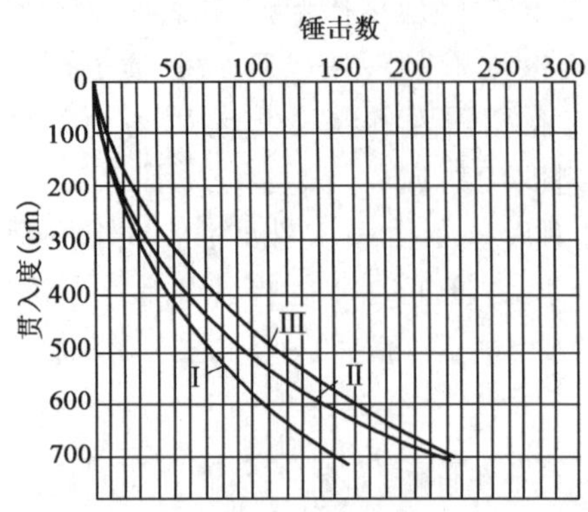

图 8　涂油脂与不涂油脂的贯入情况比较
Ⅰ-单根板桩；Ⅱ-拼接的板桩(锁口有润滑油)；
Ⅲ-拼接的板桩(锁口无润滑油)

本工程由于在坚实的砂层打桩，桩的阻力过大，钢板桩难以打到设计高程，为此我项目部采用“水刀”引孔的方法，实施后效果显著。

(1)加工“水刀”(图 9)。在钢板桩内侧安装两根直径为 2cm 的钢管，钢板桩上部与高压水泵相连，钢板桩下部加工成三角形，桩尖设置高压水喷头(图 10)。

(2)“水刀”引孔。“水刀”对槽打到设计高程，抽出“水刀”，再将要打钢板桩对槽打下。

原理分析：钢板桩下部三角形能减小桩的阻力，高压水射流使土壤疏松，并带走松散的土石，使桩尖的阻力降低，并降低桩表面及锁扣处的摩擦力，从而易于沉桩，减少桩、设备的损坏。

图 9　“水刀”图

图 10　三角形桩头和高压水枪头

3.2　钢板桩向打桩方向倾斜

在软土中打板桩时，由于连接锁口处的阻力大于板桩周围的土体阻力，形成不均衡力，使板桩向前进方向倾斜，这种倾斜要尽早调整，可用卷扬机钢索将板桩反向拉住后再锤击，或可以改变锤击方向(图 11)。当倾斜过大，靠上述方法不能纠正时，根据倾斜的实际尺寸制造楔形钢板桩。但要控制异形钢板桩上下宽度之差不超过桩长的 2%。达到纠偏的目的(图 12)。

当多根钢板桩累计倾斜过大，靠上述方法不能纠正时，根据倾斜的角度制作楔形钢板桩，使桩位的倾斜大幅减小，桩位趋于垂直。

(1)确定楔形钢板桩的宽度。水平尺与地平面垂直，一端靠在倾斜的钢板桩上，量下端水平尺与钢板桩的水平距离，根据相似三角形的原理确定异型桩的宽度。

如水平尺 1m 位置，水平尺与钢板桩的水平距离为 3cm，则 24m 刚板桩下口为 72cm。

(2)加工楔形钢板桩。

①将钢板桩从中间位置割开，割 50cm 留 3～5cm，钢板桩为锰钢，防止温度过高，钢板桩变形过大，不易焊接(图 13)。

②根据确定好的下口宽度对钢板桩进行放角，并对位置进行固定(图 14)。

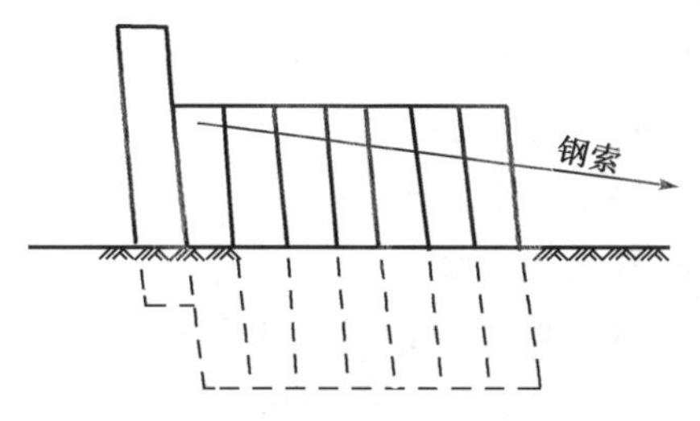

图 11　板桩倾斜及钢索纠偏

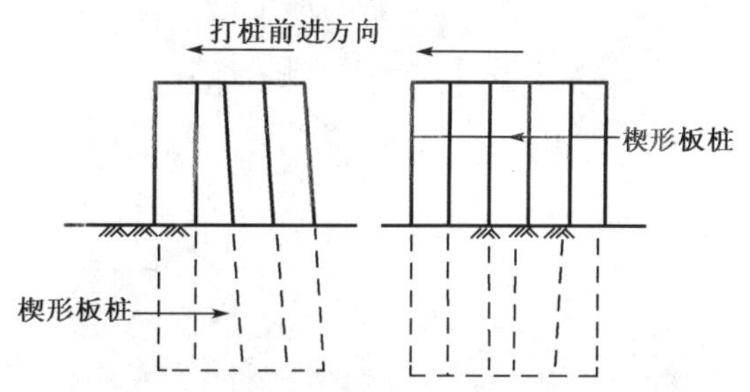

图 12　楔形钢板桩纠偏

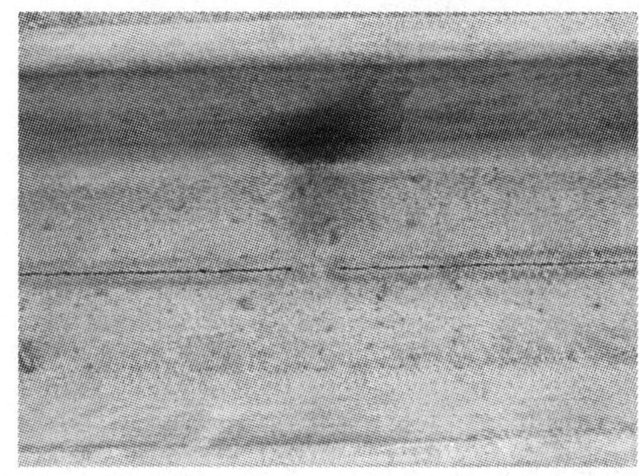

图 13　分割钢板桩

图 14　定位钢板桩

③每隔 2m 用厚为 1.6cm、宽为 30cm 的梯形钢板于切开的钢板桩进行焊接，起到支撑的作用(图 15)。

④在钢板桩内侧焊接厚为 1.6cm 的钢板，以保证钢板桩的强度(图 16)。

图 15　焊接钢板桩

图 16　加固钢板桩

(3)插打楔形钢板桩。由于楔形桩体较大，摩擦阻力大，插打时应时刻关注振动锤电流值，不能硬打，减少桩、设备的损坏。

3.3　将相邻板桩带入

这种现象常发生在软土中打板桩，当遇到了不明障碍物、孤石或板桩倾斜等情况时，板桩

图 17　完工后围堰俯视图

阻力增加，便会把相邻板桩带入。可以按下列措施处理：

(1)不是一次把板桩打到高程，留一部分在地面，待全部板桩入土后，再把余下部分打入土中。

(2)把相邻板桩焊牢在围檩上。

(3)数根板桩用型钢连在一起。

(4)在连接锁口上涂以黄油等油脂，减少阻力。板桩被带入土中后，应在其顶部焊以同类型的板桩以补充不足的长度。

完工后的围堰见图 17。

4　结语

圆形钢板桩围堰有以下主要特点：

(1)围堰环形内支撑设计对承台施工空间作业便利，围檩由多边形工字型钢连接组成，多边形数越多越接近于圆形，其钢板桩受力越均匀稳定。

(2)施工工艺、机械组合简单。

(3)材料占用量少、缩短承台工期，减少施工平台作业面积；圆形围堰内无横纵向交错支撑，对承台钢筋、混凝土吊运施工无影响，从而加快承台施工进度，缩短水下承台施工时间，降低施工成本。

随着公路铁路建设大规模开展，涉及钢板桩施工越来越多，对于工程的安全、工期、质量等要求也越来越高。五河定淮淮河特大桥水中大直径圆形钢板桩围堰施工技术，使得工期紧凑，施工组织方便、安全，具有过程可控性，对今后类似工程的施工起到一定的参考价值。

参 考 文 献

[1] 凌治平，易经武. 基础工程[M]. 北京：人民交通出版社，2002.

[2] 史佩栋. 实用桩基工程手册[M]. 北京：中国建筑工业出版社，2000.

八盘峡黄河特大桥桩基处理补强施工工艺

喻 佳

（中交三公局第二工程有限公司兰新项目）

摘 要：本文介绍了八盘峡黄河特大桥施工中桩基出现的缺陷及成因，并提出了处理及补强的措施，达到了预期的效果。

关键词：桥梁 桩基 缺陷 补强

1 工程概况

八盘峡黄河特大桥从八盘峡库区通过，距八盘峡水电站 5.5km，距既有兰青线新建黄河特大桥约 1.49km，上游距焦家川黄河公路大桥 1.85km，桥位处黄河两岸分布有阶地，大多为果树林，阶地之外为低山。桥址河段地形平坦开阔，河水平静，水面开阔，河宽约 284m，主河槽最大水深 13m，流速 0.5m/s。黄河通航等级为Ⅴ级，最高通航水位为水库正常蓄水水位 1 577.16m，最低通航水位为 1 574.86m。桥址处涉及地层主要为：填土、粉砂、粉土、细砂、黏质黄土、砂质黄土、砾石土、卵石土、全风化岩泥岩、强风化泥岩、弱风化泥岩等。

主桥的起止桩号为：DK37＋542.972（7 号墩）～DK37＋882.472（11 号墩），桥型布置为(70＋100＋100＋70)m 的预应力混凝土连续刚构桥，按照设计要求采用挂篮悬臂灌注施工。连续刚构主墩基础采用 ϕ1.80m、ϕ1.50m 群桩承台，边墩基础采用 ϕ1.25m 群桩承台；墩身为矩形墩，主墩 8 号墩高 22.5m，9 号墩高 25.0m，10 号墩高 24.0m；边墩 7 号墩高 18m，11 号墩高 25.5m。其中 9 号、10 号墩是水中墩，设计水位为 1 578.01m，其中 9 号墩承台顶高程 1 577.569m，10 号墩承台顶高程 1 577.569m，10 号墩在北岸边浅滩处。

2 现场情况说明

八盘峡黄河特大桥 10～15 号桩基设计孔深 62.132m，桩长 55m，为摩擦桩设计。成孔深度 62.2m，清孔后孔深 62.1m。符合桩基混凝土灌注前的施工要求。

2010 年 11 月 03 日 23:15 左右开始灌注混凝土，第二车灌注完毕后一切正常，拆除导管后，导管埋深约 2.1m。护筒到混凝土面深度为 57.4m。两车混凝土共计 16.59m^3。23:55，第三车刚灌注不到 1m^3 混凝土时就出现灌注受阻，采用边灌注边用吊车提管活动导管，此过程持续近 30min，但是混凝土依然顽固不动，此时导管提程大约 1.1m。导管埋深在 1m 左右，即将超过规范埋深要求，最后采用边串动导管边上提的办法，每频次上提 20cm 左右，混凝土下沉少许后依然堵管，最后当导管埋深在 30cm 左右时混凝土开始缓慢下漏，导管停止活动，缓慢灌入混凝土近 2.5 方左右后，导管埋深增加至 1m 左右，孔深至混凝土面 56m。又上提导管近 20cm。混凝土开始急剧流入，灌注施工才进入正常环节，第三车灌注完毕为 01:20，此后施工一切正常。直至整个桩基灌注完毕。

3 检测情况

由第三方检测得出结果：依据波列图与波列影像可以看出，在桩身 49.5m 处各剖面均存在缺陷，经分析，49.5m 处整个断面存在缺陷，无测试信号，49.0m 以上桩身完整无缺陷。

4 原因分析

结合现场技术人员施工记录以及第三方检测数据表明问题出现在距设计桩顶高程 57.4m 处，通过对现场技术人员的询问和施工记录数据的分析，认定以下几点为造成此次事件的主要原因。

4.1 特殊地质条件

在 10～15 号桩基钻进施工过程中，成桩下好钢筋笼出现塌孔涌沙，河床沙从护筒底涌满至孔深 18m。对桩基进行过气举法二次清孔，后采用振动锤继续下沉护筒至 22m，直至振动无法下沉为止，此时护筒入岩 1m 左右，各项指标符合灌注要求后开始灌注混凝土。在浇筑至距设计桩顶 57.4m 处时，出现异常堵管，提管过程中混凝土突然下沉，孔内泥浆对护筒底部流沙与泥岩连接处搅动过大，使部分流沙从护筒与泥岩缝隙流入，并在泥浆中迅速沉淀，从而使技术人员难以准确判断混凝土实际高程，导致桩基在此处产生断桩。

4.2 特殊作业环境

10～15 号桩基浇筑是在 2010 年 11 月 3 日的晚间 23:15 分开始，时至隆冬，温度在零摄氏度以下且施工地点位于黄河水面之上，环境比较恶劣。拌和站距浇筑现场 3km 左右，罐车一个行程的时间为 15min。拌和站为了冬季施工采取了必要的保温措施，对砂、石料仓进行了封闭，对蓄水池进行了电器加热，但是蓄水池容量太小，满水情况下只能够 20m^3 混凝土的拌和用水，其余方量混凝土的拌和用水只能从黄河里抽至蓄水池，经过简短时间的加热，拌和用水的水温不能够得到有效的保证。拌和站的上料料仓没有进行封闭保温，料仓和皮带或多或少的冷凝水分或者冰块将部分砂、石料凝结，送至搅拌仓与温度得不到保证的拌和用水在规定的搅拌时间内得不到充分的融化，所以送至现场的混凝土中间夹杂大块砂石料块导致混凝土在导管中下行不顺畅，造成堵管。

5 确定处理方案

八盘峡黄河特大桥 10～15 号桩基设计桩径 1.8m，桩长 55m，桩底高程 1 518.57m，由于实际地质情况变化，1 559.3m 高程位置受流沙影响。声测法检测结果显示桩深 49.8～50.4m 处有一定的异常。

由于缺陷桩基位于水中且承台采用钢吊箱施工，钢吊箱已下放完毕，钻机无法在吊箱内摆置，因此不适用于凿出法。经讨论后，确定处理方案为对缺陷桩钻芯取样，采用高压水旋喷清洗、气举排渣、高压旋喷注浆、压密注浆的补强方案进行处理。压浆法处理桩基缺陷的优点在于压浆过程工时较短，对桩身其余部分无损伤，能够改善桩身混凝土的胶结质量，实现了补强的目的，最终达到要求。

6　作业原理及工艺特点

6.1　作业原理

钻芯压浆处理的原理是：利用钻机的环刀钻取出芯样，根据芯样与超声波检测位置判断异常位置。然后利用高压泵产生高压水喷射流，对钻芯孔内进行高压水喷射清洗，高压射水使抽芯孔附近桩身混凝土缺陷部位离析松散的碎石、砂以及夹泥等脱落，再采用气举法将被剥落的泥沙排出，形成缺陷段内的"空体"，然后再采用压密注浆法向"空体"内压注高浓度水泥浆液，固结后改善桩身混凝土的胶结质量，达到补强的目的。

6.2　钻芯压浆的工艺特点

(1)施工方便、工艺简单、设备较简单、轻便、施工噪声低、振动小。

(2)补强见效快、施工工期短。

(3)可提高桩基的承载力及抗剪强度，补强而不扰动附近土体。

7　施工作业

(1)现场清理：清除桩头淤泥、沉渣及杂物，凿平桩头。

(2)钻孔设备安装：钻机安放至孔位，安装要平稳牢固、水平，基座水平调试完成后，用水平仪校核。立柱垂直，保证钻孔垂直不偏移。设备调垂直后，利用水准仪竖丝与钻杆关系进行校核。

(3)钻孔：钻孔孔位布置如图 1 所示。钻具采用 ϕ89mm 金刚石钻孔抽芯钻头，钻进要稳定，做好施工记录，钻进过程中要时刻注意钻进垂直度，发现有偏孔或钻取到钢筋笼时，要压满水泥浆，等强后进行角度纠偏，重新钻孔，或者重新放点位钻孔。通过钻芯取芯样并结合检测报告，进一步落实桩基缺陷段的位置，钻孔到达检测缺陷位置附近取得不合格芯样，继续钻进，直至到取得合格芯样，钻孔孔深要求达到补强位置以下最少 1m。

为保证桩身缺陷段内压浆补强固结体的强度及压浆质量，将孔口扩孔至＋110mm，桩顶面孔口附近凿毛，埋入 ϕ110mm 的孔口管，管长 0.5m，管口位于桩顶以上 0.2m，孔口及管与孔壁的空隙用水泥砂浆封固，要求强度达到 3MPa 时不泄漏，并安上闸门开关，以备压浆时关紧闷浆之用。

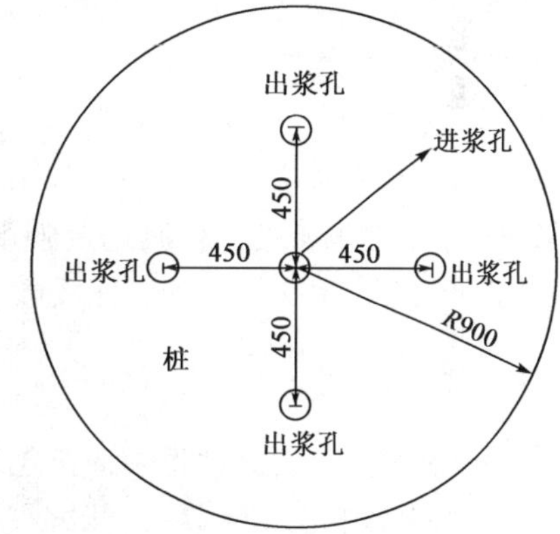

图 1　钻孔孔位布置图(尺寸单位：mm)

(4)洗孔、清孔：将高压旋喷器下入抽芯孔内，对已找出的各缺陷段严格按设计的旋转、提升速度进行高压水旋喷清洗。对清洗段深度，原则上按检测资料提供的缺陷段深度上、下各增加 0.2m 确定，以消除深度误差。然后，使用空压机进行气举排渣，将夹泥和松散的混凝土碎渣从孔内冲出来，直到排出清水为止。

通过洗孔、清孔保证孔内无杂物，压浆管上下畅通无阻。

(5)浆液配制：依梁体孔道压浆配合比(加入微量膨胀剂)及强度进行压浆，浆液用水泥、外加剂等要保证质量，浆液要测定比重，浓度要达到施工要求，要过筛清除杂质。

(6)压浆：将两根压浆高压管分别作为压浆管、出浆管，压浆管下至孔底，出口压浆管仅插到桩顶5cm位置，如图2所示。通过入口压浆管向孔底注入预先配制好的浆液。压浆分为三个过程。

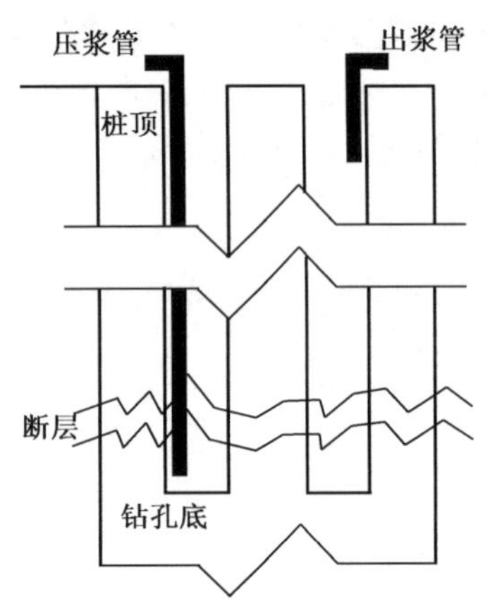

图2 压浆管、出浆管布置图

①将3个出浆孔用麻絮堵塞，流出1个出浆孔。采用高压旋喷注浆或压浆泵压浆。第一次压入水灰比0.8的纯水泥稀浆。进浆管应插入进浆孔内1m以上，用麻絮等将进浆管周围塞紧，防止浆液从进浆孔冒出；压浆压力要求达到0.5～1MPa，彻底排出孔内的清水和空气，直到孔口返出的浆液水灰比与进口浆液水灰比一致(现场检测以比重作为衡量指标)。

②压密注浆。再用水灰比0.45～0.50的浓水泥浆压入，压浆压力为0.5～1MPa。为使浆液得到充分扩散，应压一阵，停一阵，当浓浆液从出浆孔冒出后，可停止压浆，并用碎石将出浆孔填封，并用麻袋堵死。

③最后压入水灰比0.4的水泥浆，并增大注浆压力至1MPa，关闭扣空管阀门，稳压闷浆约30min，压浆工作即可结束。

按照以上三步，依次循环完成别的3个孔的注浆工作。

待水泥浆硬化，应再作一次超声波检测，检查补强效果，检测合格后，可进行下一道工序承台施工。

8 复检情况

补强压浆后由第三方及第四方共同检测。得出：

通过对声波透射法检测曲线及对比的分析，桩基在43.0～53.0m处处理前声速为4 288m/s，压浆处理后声速为4 661m/s，在缺陷处(49.0～49.6m处)处理前处理前声速为3 498m/s，压浆处理后声速为4 293m/s，压浆处理后声速明显上升。补强处理后该桩原缺陷位置桩身混凝土能够连续，波速及强度有一定程度的上升，但桩身仍存在个别测点声学参数异常，判定该桩基49.0～49.6m处轻微缺陷，为Ⅱ类桩。

9 施工要点

(1)钻机安装、钻进过程中应严格控制垂直度，确保钻孔倾斜度不大于0.93°，发现倾斜度超限，立即停止作业，处理后方能继续。

(2)压浆前逐一检查机具设备，正式施工前应进行调试。

(3)压浆时做好压力、流量和冒浆稠度的测定。

(4)压浆过程应连续，不得中断。

(5)浆液水灰比一旦确定不得随意更改。在压浆过程中应防止水泥浆沉淀造成浓度降低或堵塞压浆管，严禁使用不合格水泥。

(6)压浆前要测算空体的体积与排出剥落物的体积是否相差过大，否则压浆的质量得不到保证。

10 结语

在桥梁施工中，我们首先要从思想上重视桩基质量的控制，通过对桩基各种缺陷的成因的学习了解，尽可能减少桩基缺陷的形成。对已形成的缺陷，必须结合缺陷类型、严重程度、位置、桩基设计参数等因素，综合考虑成本、工期、治理效果等，选择最有效、最经济、最快捷的方式进行治理。

参 考 文 献

[1] 中华人民共和国行业标准. TB 10218—2008 铁路工程基桩检测技术规程[S]. 北京：中国铁道出版社，2008.

[2] 中华人民共和国行业标准. TZ 203—2008 客货共线铁路桥涵工程施工技术指南[S]. 北京：中国铁道出版社，2008.

[3] 中华人民共和国行业标准. 铁路后张法预应力混凝土梁管道压浆技术条件[S]. 北京：中国铁道出版社，2008.

隧道塌方处理方法浅析

季　楠

（中交三公局第二工程有限公司大丽高速18-2B合同段）

摘　要：随着我国加快交通基础设施建设步伐，公路、铁路、隧道施工增加，同时施工过程中也总结了各种围岩的处置方法，为施工积累了宝贵的经验。隧道施工过程中掘进是控制总体施工进度的关键工序，而掘进过程中塌方控制和处理是保证隧道施工进度和质量的前提。在隧道掘进施工中，由于地质水文条件不良或施工方法不当，经常出现各种形式的塌方现象，致使施工成本大幅上升，施工人员生命受到严重威胁，企业财产受到巨大损失。正确分析塌方产生的各种主要原因，及时监控围岩变化情况，积极采取预防性措施，避免掘进施工过程产生大面积塌方，减少损失，提高掘进速度与质量，才能达到预期效果。

关键词：隧道　塌方　预防及处理　方法

1　隧道塌方产生原因

（1）地质因素造成塌方的有以下方面：

①隧道收到偏压，并且通过各种堆积体时，由于结构松散，颗粒间胶结能力差或无胶结，成松散状，开挖后易引起坍塌。

②隧道穿过断层及其破碎带，开挖造成潜在应力（能量）释放，承压块、围岩局部失稳而产生坍塌。

③薄层岩体在构造运动的作用下，形成的小褶曲错动发育地段，施工中经常发生坍塌。

④在挤压破碎带，岩脉穿插带、节理密集带等碎裂结构地层中，岩块间相互挤压钳制，一经开挖即会出现岩块坍落失稳现象。在软弱结构面发育的情况下，或泥质充填物过多，均易产生较大的坍塌。

⑤早期形成的溶盐洞穴，其强度较低，易破碎，掘进施工中易产生坍塌。

⑥隧道竖向轴面与岩体斜向错动，挤压面夹角大于30°及以上，且隧道整体位置偏于山体下半部，掘进施工中因地下水丰富或爆破震动力影响，使洞壁易产生位移或大面积坍塌。

⑦岩层软硬相间，或有软弱夹层的岩体，在地下水作用下，软弱面的强度大大降低，因而发生坍塌。

⑧地下涌水、渗透水的软化、浸泡，冲蚀、溶解等作用，加剧岩体的失稳和坍塌。

（2）施工方法和措施不当因素造成塌方有以下几方面：

①施工方法选择不当，或工序间距安排不合理。各工序间距拉的过长，地层暴露时间过久，如上下导洞距离过大，初期支护滞后，不能紧跟作业面（掌子面），二次衬砌距掌子面距离较远，或超前小导管支护不到位，均易导致围岩松动风化，产生坍塌。

②喷锚不及时,及喷射混凝土质量、厚度不符合要求,拱顶与侧墙锚杆锚固间距过大,或锚固深度不足,挂网连接点过少,锁脚锚杆数量不足,锁脚效果不佳,致使初期支护与岩体没有形成有机整体,易产生坍塌。

③采用钢支撑时,支撑架设质量和制作连接质量差,支撑与围岩不密贴,两者之间的空隙填塞不密实,连接不牢靠,不能满足围岩侧压力所需的强度要求。

④处理危石措施不当,引起危石坠落,牵动岩层坍塌。

⑤爆破作业不当,用药量过多。周边孔钻爆角度偏差过大。

⑥有时抽换支撑操作不当,或者当支撑已出现受力过大的现象而未及时加固。

2　隧道塌方前的征兆

(1)监控量测数据反映的围岩变形速度或数值超过允许值。

(2)喷射混凝土产生纵横向的裂纹或龟裂。

(3)在拱顶或拱壁发现有掉块现象或初期支护支撑间隙不断漏出砂、石屑。

(4)岩层的层理、节理缝或裂隙变大、张开。

(5)开挖面坑道或初期支护渗水、滴水突然加剧或变浑。

3　预防塌方的措施

隧道施工预防塌方首先建立应急预案,做好地质预报,选择相应的安全合理的施工方法和措施。除派专职安全人员昼夜巡检外,在施工中注意掌握下述要点:

(1)先排水:在施工前和施工中均采取相应的防水措施,尽可能将坑外之水截于坑道之外。

(2)短开挖:各部开挖工序间的距离要尽量缩短,以减少围岩暴露时间。

(3)弱爆破:在爆破时,要用浅眼、密眼、并严格控制用药量或用微差毫秒爆破。

(4)强支护:针对地压情况,确保支护结构有足够的强度。

(5)快衬砌:衬砌工作须紧跟开挖工作面进行,力求衬砌断面尽快成环。

(6)勤量测:对围岩发现有变形或异状,要立即采取加强支护等有效措施,及时处理隐患。

4　塌方处理方法

(1)防止塌方扩大:塌方发生后,首先应防止塌方范围继续扩大。

①在塌方范围的顶部与侧壁危石及大裂缝处,应先行清除或锚固,如遇较大塌方及时回填洞渣反压掌子面,防止塌方范围扩大。

②加强原有支护。对塌方范围前后原有的支护进行加固,以防止塌方扩大。

③在塌方范围内架设支撑或喷射混凝土,必要时加设锚杆。

④加快衬砌。对塌方两端应尽快做好局部衬砌,以保证塌方不再扩大。

(2)处理塌方:如塌方面积较小,且塌方范围内已进行喷锚或已架设好较为牢固的构件支撑时,可有两端或一端先上后下地逐步清除塌渣,随挖随喷射混凝土,随架设临时构件支撑支顶;如塌方体较大,或地表已下沉,或因塌方体堵塞无法进入塌方范围进行支护时,则可注浆加固塌方体,然后用“穿”的办法在塌方体内进行开挖、衬砌。

①喷锚处理塌方的支护方法。

采用喷锚处理较大型的塌方,较之采用架设支撑,更加安全、快速,且省工省料。

a. 由外向内、由上而下,逐段随清塌渣随向岩壁先喷射一薄层砂浆,然后再喷射混凝土。混凝土宜分层喷射,每层厚 5cm 左右。

b. 喷射 1～2 层混凝土后,可随即加设锚杆再喷射混凝土。

c. 塌渣清除后,随即做好衬砌。

②构件支撑处理。

a. 在塌体不太高、塌穴略呈锥形、塌壁不太松散的情况下,可使用人字架支撑。

b. 当塌体较高,但塌体两侧壁形状校整齐时,可按垂直于隧道中线的方向架设横向排架。先将塌体顶的石渣扒平,铺上横梁,再在其上架设排架。排架间距根据塌穴围岩情况而定,一般为 1～2m。需注意在排架间用剪刀撑撑稳,下部横梁要随塌渣的清除随时倒换撑稳。

c. 当塌方面积较大,且围岩压力也较大时,宜在塌方范围内全部用纵向横架支撑,或者回填反压洞渣,确保塌方范围不扩大。然后将塌渣顶部适当扒平,形成工作平台,对塌方周围范围进行塌方处理前的加固处理。

③衬砌措施与回填方法。

a. 随着塌渣的逐步清除,衬砌逐段推进,快速成环。最好由塌体的两端对向施工,随即回填密实。塌穴最高处或两端衬砌接头处应预留回填有进出料孔,以便下一步注浆加固或者混凝土回填密实。

b. 塌方范围的围岩不够稳定,在处理塌方中有继续坍塌的可能时,可在塌方范围内选择适当位置做塌体护拱。护拱上应以碎渣铺填 2m 厚左右作为缓冲层。

c. 如塌体未进行预先注浆加固而采用“穿过”的施工方法时,拱脚处的衬砌圬工应加宽至开挖轮廓壁(开挖轮廓不过大时),以便保证拱脚稳固。

④塌体回填。

a. 塌方清除渣后,空腔应以泵送混凝土进行回填。

b. 在塌体的护拱与拱圈间应全部回填密实,塌体护拱以上回填厚度根据具体情况定,但不应小于 2m。

c. 如塌方范围高大,在塌穴内进行回填操作不便时,可选择适当位置另行开凿专供回填用的坑道。

d. 如塌方直达地表,除按规定做好拱部回填外,另用一般土回填夯实至距地表 1～2m,再用黏土回填至略高于地表并向四周倾斜,周围做好排水沟。

5 结语

随着隧道施工技术的不断进步,隧道塌方处理经验的不断积累,对隧道塌方预防和处理水平也在不断的提高,以上只是本人在施工中总结的经验,不足之处请各方人士提出,以求共同提高。

参考文献

［1］刘会迎.公路隧道病害成因机理及防治措施研究[D].西南交通大学,2007.

［2］舒华.怀化分水坳隧道塌方处理[J].湖南交通科技,2003,02.

［3］杨明举.公路隧道坍塌区地质勘察及处理措施[C]//中国土木工程学会第十二届年会暨隧道及地下工程分会第十四届年会论文集,2006.

［4］张金柱,郝文广.黄土隧道塌方情况及病害原因分析[C]//第六届海峡两岸隧道与地下工程学术及技术研讨会论文集,2007.

浅谈预制箱梁、T梁施工要点

付 彬 琚永利 邢 辉

(中交三公局第二工程有限公司宁绩项目)

摘 要:箱梁、T梁质量在桥梁施工中尤为重要。影响预制箱梁、T梁质量的主要因素有:施工工艺、原材料质量、施工人员的业务水平和素质等。本文着重从箱梁、T梁预制施工过程分析质量控制要点,就施工时需注意的问题进行了浅析,不仅对同类工程的施工具有参考意义,同时也为采用预应力混凝土简支梁提供了施工经验。

关键词:预制箱梁 T梁 内在和外观质量 施工工艺 施工要点

后张法预应力混凝土箱梁、T梁作为桥梁的主要外露承重构件,其内在和外观质量在桥梁施工中尤为重要,现就从箱梁、T梁台座制作、立模、混凝土浇筑,到预应力钢束张拉、灌浆、封锚全过程的施工工艺进行总结,结合在建项目实例,分析其在预制过程中需要重点控制的施工要点。

1 预制场地及梁底座施工

梁场场地需做硬化处理,预制场梁区内填40cm的砾料碾压后,面层采用20cm厚C20混凝土封顶。砂石料场采用10cm厚C20混凝土作面层,场面排水设1%纵坡。

2 预制梁模板的制作和安装

箱梁模板外模采用大块整体式定型钢模板,强度和刚度满足规范要求,模板中间部分每节长3m,端模根据角度、长度不同做成定型组合钢模。两节模板间接缝采用法兰式错台“企口”缝对接,缝内夹橡胶条并用螺栓拉、压紧严密。内模采用定型钢模板组拼而成,顶面开人孔,顶部设活动盖板,便于浇筑底板混凝土。内模底模由两块拼装式模板组成,中间用栓钉连接。

3 钢筋的制作与绑扎

钢筋在钢筋加工厂制作,台座上现场绑扎成型,钢筋焊接采用电弧焊,焊接质量及焊缝长度、搭接长度均需满足规范要求。将加工好的钢筋,人工运至台座上,绑扎底板、腹板及顶板钢筋并安装预应力管道。预应力管道采用定型的金属钢波纹管。安装管道时,要求接头严密不漏浆,直线段每1m、曲线段每0.5m设置一组“井”形定位筋固定,防止浇筑混凝土时的预应力管道上浮或下沉。

4 混凝土的浇筑和拆模

(1)在钢筋、模板、预埋件、预应力孔道、混凝土保护层厚度等检查合格后才能浇筑混凝土,在浇筑混凝土前必须清除模板中的杂物和灰尘,清除方法采用空压机配合人工清理吹除等。

(2)在浇筑前,检查施工机具的完好性及各种设施的安全性是否达到安全规定要求;附着式振捣器是否正常工作。

(3)现场技术负责人在浇筑前检查拌和后的混凝土的和易性和坍落度是否满足规范及设计要求,对于不合格的混凝土应重新拌和或清理出场。

(4)箱梁混凝土浇筑顺序为先浇底板混凝土,从梁的一端开始向另一端逐渐推进施工,底板或肋板浇筑完毕,进行腹板混凝土施工时,需附着式振动器和50型振捣棒配合使用。

(5)T梁混凝土施工整体分层,两次浇筑。第一次斜面分层,先浇筑至倒角部位(距离底板35cm处),在放料时附着式振捣器就开始振动,直至混凝土放完后20s,待气泡完全振出后,再进行混凝土浇筑至马蹄部位(25cm厚度),然后分三次浇筑至腹板顶。在腹板分段浇筑完成时,且混凝土不再向前流动,用50型振捣棒从端头开始振捣,以防止高频振动器振捣不到位的地方出现。在一段腹板混凝土振捣完成时,可拆除高频向前移动,移动高频时从端头分次序进行,先拆马蹄部位,后拆除上腹板部位。混凝土形成斜面向前流动,及时振捣流动到前一段模内的混凝土,防止混凝土过早凝固。

(6)混凝土的浇筑应连续进行,混凝土密实的标志是混凝土停止下沉不再冒出气泡,表面呈平坦泛浆。在浇筑过程中应防止模板、钢筋、波纹管等松动、变形、破裂和移位,安排专人负责检查和维护。

(7)在混凝土终凝24h后,便可拆除内模、外模,拆除内模时模板工梁端箱室内,用手捶打开连接点,模板在自重作用下会自动脱离混凝土,卷扬机送出箱室,在拆除过程中应注意模板轻拿轻放,不能损坏梁身混凝土。

5 箱梁、T梁养生

箱梁、T梁混凝土浇筑完成,表面收浆干燥后,应及时养护。养护方法常规采用麻袋布或草帘覆盖,用水管洒水7d,安排专人负责养生。箱梁内模拆除后,覆盖两端头,并对箱室内洒水养生。

冬季施工箱梁采用蒸汽养生,并搭设角钢支架,帆布覆盖,形成一个温室空间。

6 预应力施工

根据以后季节性的温差变化,该工序必须设计规定预制混凝土强度达到设计强度的90%(箱梁)、85%(T梁)及龄期达到7d以上时,方可张拉。

6.1 张拉机具

根据预应力筋的所处位置不同以及要求的张拉吨位选择与之相匹配的张拉千斤顶;张拉纵向钢绞线用YCW150B型千斤顶,油泵采用与之配套的ZB4-500型油泵,工作油表采用1.5级,最大量程为100MPa。

6.2 钢绞线制作

预应力钢绞线在台座上根据计算下料长度用砂轮切割机切割,切割前用黑色胶布将切割部位缠紧,防止切割时“炸头”,将切好的钢绞线编束,并每隔1.5～2.0m用20号铅丝绑扎。钢绞线应随用随下料,防止因存放时间过长锈蚀。

6.3 预应力钢绞线的张拉

6.3.1 张拉前的准备工作

(1)待混凝土强度达到设计强度的90%、85%及龄期达到7d以上时方可张拉，张拉顺序是纵向对称均匀张拉。穿束张拉前，对构件的质量、几何尺寸等进行检查，预留孔道应用通孔器或压气、压水等方法进行检查。端头钢垫板安放时注意其端面与束向垂直。箱梁、T梁端部预埋钢板与锚具和垫板接触处的焊渣、毛刺、混凝土残渣等要清理干净。

(2)标定千斤顶油表读数，依据设计张拉力吨位进行现场标定或到有资质的试验压力机上标定，施工过程中定期校验，依据标定的曲线计算各张拉力对应的油表读数作为张拉力控制依据。

(3)计算张拉力及预应力损失。由于钢绞线是高强低松弛型，采用夹片式等具有自锚性能的锚具，所以施工中不需要采用超张拉，以免钢绞线张拉力过大。张拉采取双控，用张拉吨位对应的油表读数进行主控，以钢束伸长量进行校核。

(4)穿入钢绞线。对加工好的钢绞线进行编号，钢绞线穿束时，将一端打齐套上穿束器，将穿束器的引线穿过孔道，然后向前拉动，直至两端均露出70cm的工作长度，穿束后检查两端编号，防止钢绞线在孔道内交叉扭结。

(5)夹片与锚环锥孔不应黏附泥浆或其他杂物，且不允许锈蚀(若有轻微浮锈，应彻底清除)。对表面有锈的钢绞线，张拉前应彻底除锈。锚具安装到位后，应及时张拉，以防止因锈蚀而产生滑丝、断丝。

6.3.2 预应力的张拉程序

钢绞线的张拉程序如下：0→初应力($0.1\delta_{con}$)→$1.0\delta_{con}$(持荷2min)→锚固。实测伸长值与理论伸长值的差值应控制在±6%以内，否则应暂停张拉，查明原因提出解决方案措施调整后，待监理工程师批准后方可继续张拉。

6.3.3 张拉的操作步骤

四人配备一套张拉千斤顶，张拉人员持证上岗。一人负责油泵，两人负责千斤顶，一人观测并记录读数，张拉按设计要求的顺序进行，并保证对称张拉。

(1)安装锚具，将锚具套在钢绞线上，使分布均匀，防止钢绞线扭结。

(2)将清洗过的夹片，按顺序依次嵌入锚孔钢绞线周围，夹片嵌入后，人工用手锤轻轻敲击，使其夹紧预应力钢绞线，夹片外露长度要整齐一致，并标下夹片尾部钢绞线的初始位置；然后套入限位板，使其与夹片端部垂直接触。

(3)安装千斤顶，将千斤顶套入钢绞线内，使其端部顶紧限位板，然后装入工具锚及夹片，进行初张拉，开动高压油泵，使千斤顶大缸进油，千斤顶活塞伸出，开始张拉钢绞线。张拉过程中调整千斤顶位置，使其对准孔道轴线，当油表读数达到标定初应力张拉吨位($10\%\delta_k$)的数值时，并记下千斤顶活塞伸长读数和油表读数。

(4)初始张拉后，继续张拉，到达20%张拉应力时，记下千斤顶活塞伸长读数。两者读数差即为钢绞线初张拉的理论伸长量ΔL_2。

(5)继续张拉至钢束的控制应力δ_k时，持荷2min然后记下此时千斤顶活塞伸长值读数。计算出ΔL_1，最后计算出钢丝束的实测伸长量$\Delta L=\Delta L_1+\Delta L_2$，并与理论值比较，如果超过±6%应停止张拉，分析原因，采取相应措施调整后再继续张拉。

(6)使张拉油缸缓慢回油,夹片将自动锚固钢绞线,如果发生断丝滑丝超过规范允许范围,则应进行换束,重新张拉。

(7)张拉油表慢慢回油,关闭油泵,拆除工具锚、千斤顶及限位板。

6.3.4 箱梁、T梁预拱度的观测

张拉完成后,在箱梁、T梁的顶面中心线跨中位置、5m间距位置共布设5点,用水准仪观测其上拱值,并做好记录,给出其变化曲线并注意与理论值相比较,看梁底座制作时设置的预拱度值及曲线是否合理;同时也可间接判断箱梁、T梁施加预应力的大小情况。

7 灌浆、封锚

采用真空辅助压浆技术,水泥采用P·O42.5以上普通硅酸盐水泥,掺入高强硅灰掺量为20.0kg/m^3,选用HP-13型灰浆泵(最大工作压力为1.8MPa,垂直输送距离为150m,输送量3m^3/h),配以HJ200型灰浆拌和机。

张拉完成后,应在24h之内进行孔道压浆,防止钢绞线在预应力状态下与空气长时间接触,被空气中的水汽锈蚀。所以张拉后,应立即着手准备孔道压浆。首先用无齿锯切割掉张拉时用于工作的那部分钢绞线,切割时剩下的长度不宜过短,防止夹片滑脱,也不宜过长,增加封锚的难度,一般以3~5cm为宜。灌浆完成后,待水泥浆达到一定强度后,除去锚具上的玻璃胶并将锚具冲洗干净。对梁端混凝土凿毛,设置钢筋网,而后浇筑封锚混凝土。

8 在建项目施工总结

胡乐铁路大桥上部结构跨径组合为3×40m+5×35m+4×35m+4×30m配式预应力混凝土连续T梁+箱梁,其中,40mT梁36片,35m箱梁72片,30m箱梁48片。在预制梁施工实践工程中,遇见众多问题,采用常规方法无法完成施工任务,为了实现工程实体,提高生产率及经济效益,改进了众多施工工艺及工法。

(1)在预制场临建中,由于K40+280~K40+582段路基位于曲线段上,且多为挖方段,龙门吊轨道间距为24m,外加5m施工便道,路基宽度为26m,在保证施工便道宽度的同时,K40+464~K40+582段存梁区的龙门吊轨道基础侵入路基护坡当中,无法进行轨道开挖。

改进方案:根据线形开挖出40m的轨道基础,在K40+700~K40+850段路基上,制作出四排存梁区,两排T梁(可存T梁14片),两排箱梁(存梁24片),以供后续存量之用。

(2)台座边缘做成槽钢形式,外贴5cm橡胶条,混凝土浇筑完成,拆模后容易漏浆;而槽钢开口朝向内侧,外贴1cm橡胶条造成材料浪费;边缘做成角钢形式,外贴1cm橡胶条,混凝土浇筑效果最好。

改进方案:在台座修改过程中,与监理工程师沟通,倒角做成角钢形式,浇筑出的箱梁底部不漏浆。

(3)在腹板变截面处马蹄部位倒角筋与波纹管位置发生冲突,波纹管难以穿束定位。

改进方案:马蹄部位倒角筋与波纹管位置冲突处,马蹄部位的倒角筋可不设倒角,模板外部尺寸不变,钢筋尺寸沿外边缘变化,确保保护层厚度。

(4)36片T梁,模板为一套中梁,一套翼缘板,且翼缘板只有高边模板,如果增加一套翼缘低边模板,一套3号墩(伸缩缝)高边、低边翼缘模板,需增加成本30万元。

改进方案：翼缘板高边模板可调节法兰，高度降低 1.8cm，使高边、低边翼缘板高度调中，模板可通用，边梁宽 1.85m，2％横坡，剩余 1.8cm 的高度可在桥面现浇层中调出。中跨模板可用于边跨梁预制，可减少 30 万元模板费用。

(5)ϕ12 净保护层为 3cm，ϕ10 纵向水平筋保护层为 2cm，在高频振动时，保护块容易振脱落，钢筋骨架易偏位，易导致漏筋。

改进方案：箍筋宽度缩小 1cm，保护块变 2.5cm 厚度，扎丝从垫块中心穿束，绑扎在箍筋上，加密保护块，并加焊定位筋，箱梁、T 梁保护层的合格率较高。

(6)T 梁高度 2.5m，箱梁高度为 1.8m，混凝土落到梁底时易离析，拆模后梁跟有漏石现象。

改进方案：根据现场混凝土情况，检测砂子中小石子含量，按比例减少小碎石用量，增加砂子用量，减水剂用量，使混凝土在模板内流动性、和易性完好。

(7)在 T 梁边跨梁预埋钢板施工时，由于支座形式为 GPZ(II)1.5DX 盆式支座，梁底需预埋螺栓孔，为使施工方便，盆式支座上钢板与梁底预埋钢板可采用断焊的形式进行焊接。

(8)在 T 梁、箱梁张拉时，由于梁端混凝土的振捣不密实，使锚垫板容易缩进，影响张拉质量，遇到问题时需退锚，在退锚过程中，可在一端加垫板，使千斤顶的受力作用于垫板上，在另一端退锚，增加了安全程度，对松散的混凝土将其凿除，固定好锚垫板、螺旋筋的位置，用环氧砂浆(加小石子)补强，达到设计强度后可完成张拉。

(9)在张拉施工中，钢绞线先穿，因各种原因未能及时张拉，导致钢绞线、夹片生锈，张拉后夹片容易蹦出，为确保施工安全，在箱梁、T 梁两端需设张拉挡板(要具有一定的强度)，需更换钢绞线、夹片、锚环，按要求进行张拉。

(10)在梁场规划时，路基纵坡为 2％，且为挖方路段，梁场 200m 长度，高差为 4m，如果一次性开挖到路床顶，龙门吊轨道基础需调平，不仅挖方量大，且增加调平梁场地基的费用，在施工时，经测量，原地面高程基本满足梁场规划高程要求，在大桩号处，开挖到距路床顶 1m 处，小桩号处开挖到梁场地基调平后高程，省去了二次填筑的费用，加快了梁场建设。

9 结语

本文全面总结了从箱梁台座制作、立模、混凝土浇筑，到预应力钢束张拉、灌浆、封锚全过程的施工工艺，说明施工工艺对工程质量有直接而重大的影响，要提高箱梁、T 梁的施工质量就必须有好的施工工艺，并使其不断完善。

参 考 文 献

[1] 中华人民共和国行业标准. JTG/T F50—2011 公路桥涵施工技术规范[S]. 北京：人民交通出版社，2011.

[2] 中华人民共和国行业标准. JTG F80/1—2004 公路工程质量检验评定标准[S]. 北京：人民交通出版社，2004.

浅谈沉降观测质量控制

刘　虎

（中交三公局第二工程有限公司兰新项目）

摘　要：本文针对隧道、桥梁施工期沉降的沉降观测，结合工程实践，介绍了隧道、桥梁施工中沉降观测设置的方法及沉降观测的要求和方法，通过具体工程实例对观测数据进行了分析，提出了提高隧道、桥梁工程质量的措施，从而保证铁路施工质量。

关键词：铁路　隧道　桥梁　观测

1　工程概况

中国港湾经理部二工区承建兰州至乌鲁木齐甘青段第二客运双线DK30＋725～DK38＋646段施工，为无砟轨道，需要在桥梁、隧道施工过程当中进行沉降观测。本段有一座隧道、一座连续刚构桥，一座简支梁桥，桥梁均采用现浇方式施工。

2　沉降观测方案

2.1　水准基点的布置

水准基点以中铁第一勘察设计院提供的CPI、CPII高程点为基准，按二等水准测量的方法进行加密，水准基点要求有较高的稳定性，其埋设深度应在冻土层以下0.5m为宜，顶部应为不锈钢钢头。

2.2　观测点布置原则

观测点直接埋设在要测定的沉降变形体上。点位应设立在能反映沉降变形体沉降变形的特征部位，不但要求设置牢固，便于观测，还要求形式美观，结构合理，且不破坏沉降变形体的外观和使用。沉降变形点按路基、桥涵、隧道等各专业布点要求进行。

(1)隧道洞门结构范围内应布设一个观测断面，隧道内围岩变化处应布设一个观测断面，隧道内一般地段观测断面的布设应根据地质围岩级别确定，Ⅱ级围岩原则上不设变形观测点，必要时每800m设一处变形观测断面，Ⅲ级围岩每400m、Ⅳ级围岩每300m、Ⅴ级围岩每200m布设一个观测断面，地应力较大、断层破碎带等不良和复杂地质区段应适当加密布设，隧道洞口、明暗分界处和变形缝处均应进行沉降观测。每个观测断面在仰拱填充面距离水沟电缆槽侧壁10cm处埋设一对沉降观测点。

(2)为满足桥梁变形观测的需要，应在梁体及每个桥梁承台及墩身上设置观测标。观测标埋设应符合以下原则：

①桥台观测标应设置在台顶(台帽及背墙顶)，观测数量不少于4个，分别设在台帽两侧及背墙两侧(横桥向)。

②承台观测标为临时观测标，当墩身观测标正常使用后、承台观测标随基坑回填将不再使用。承台观测标分为观测标-1、观测标-2，承台观测标-1 设置于承台左侧小里程角上；观测标-2 设置于承台右侧大里程角上。

③墩身观测标埋设，当墩身全高大于 14m 时(指承台顶至墩台垫石顶)，需要埋设两个墩身观测标；当墩身全高不大于 14m 时，埋设一个墩身观测标。墩身观测标一般设置在墩底部高出地面或常水位 0.5m 左右的位置；当墩身较矮，梁底距离地面净空较低不方便于立尺观测时，墩身观测标可设置在对应墩身埋设位置的顶帽上。特殊情况可按照确保观测精度、观测方便、利于测点保护的原则，确定相应的位置。

④梁体变形观测点的布设应符合下列规定。

a. 现浇梁逐孔设置观测标。

b. 简支梁的 1 孔梁设置观测标 6 个，分别位于两侧支点及跨中；连续梁上的观测标，根据不同跨度，分别在支点、中跨跨中及边跨 1/4 跨中附近设置，3 跨以上连续梁中跨布置点相同。

3 沉降标的制作

3.1 隧道、桥梁承台沉降变形观测标

观测标采用直径为 20mm 的不锈钢棒，钢棒露出部分需要磨圆处理，如图 1 所示。

3.2 墩身沉降变形观测标

墩身观测标为集中加工的不锈钢预埋件。具体构造如图 1 所示。

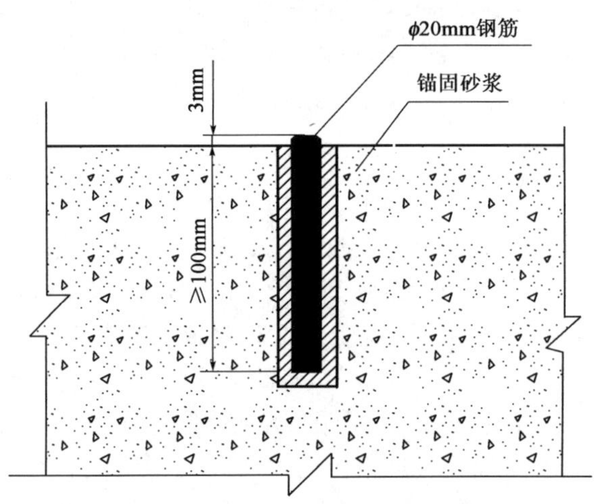

图 1 承台变形观测点设置参考图

4 观测仪器及精度方法

(1)观测仪器采用精密电子水准仪，及配套 3m 铟瓦条码水准尺和 7.5kg 尺垫，水准仪和水准尺均在有效合格检定期内。水准仪与水准尺在使用前及使用过程中，经常规检校合格，水准仪视准轴与水准管轴的夹角均不超过 15″。仪器各种设置正确，其中有限差要求的项目按

规范要求在仪器中进行设置，并在数据采集时自动控制，不满足要求的在现场进行提示并进行重测。

(2)采用单路线往返观测，一条路线的往返测必须使用同一类型仪器和转点尺垫，沿同一路线进行。观测成果的重测和取舍按《国家一、二等水准测量规范》(GB/T 12897—2006)有关要求执行。

(3)观测时，视线长度不小于 3m 且不大于 50m，前后视距差不大于 1m，前后视距累积差不大于 3m，视线高度不小于 0.3m；测站限差：两次读数差不大于 0.2mm，两次所测高差之差不大于 0.6mm，检测间歇点高差之差不大于 1.0mm；观测读数和记录的数字取位：读数记至 0.01mm。

(4)观测时，每测段往测与返测的测站数均为偶数，往测时奇数站按后→前→前→后，偶数站按前→后→后→前的顺序进行，返测时奇、偶站观测顺序与往测时偶、奇站相同，每一测段应为偶数测站。一组往返测宜安排在不同的时间段进行；由往测转向返测时，应互换前后尺再进行观测。

(5)观测前 30min，将仪器置于露天阴影处，使仪器与外界气温趋于一致；对于数字式水准仪，进行不少于 20 次单次测量，达到仪器预热的目的。测量中避免望远镜直接对着太阳；避免视线被遮挡，遮挡不超过标尺在望远镜中截长的 20%。观测时用测伞遮蔽阳光，对于电子水准仪，施测时均装遮光罩。

(6)自动安平水准仪的圆水准器，严格置平。在连续各测站上安置水准仪时，使其中两脚螺旋与水准路线方向平行，第三脚螺旋轮换置于路线方向的左侧与右侧。除路线拐弯处外，每一测站上仪器与前后视标尺的三个位置，一般为一条直线。

(7)观测过程中为保证水准尺的稳定性，选用 7.5kg 的尺垫，水准观测路线必须路面硬实，观测过程中尺垫踩实以避免尺垫下沉。同时观测过程中避免仪器安置在容易震动的地方，如果临时有震动，确认震动源造成的震动消失后，再激发测量键。水准尺均借助尺撑整平扶直，确保水准尺气泡居中、垂直。

(8)观测精度应符合表 1 的规定。

观测精度表 表 1

等级	每千米水准测量偶然中误差 M_Δ	每千米水准测量全中误差 M_v	限差		
			检测已测段高差之差	往返测不符值	符合路线或环线闭合差
二等水准	≤1.0	≤2.0	$6\sqrt{L}$	$4\sqrt{L}$	$4\sqrt{L}$

5 沉降观测阶段的划分

5.1 梁体徐变变形观测

自梁体预应力张拉开始至无砟轨道铺设前，应系统观测梁体的竖向变形。预应力张拉前为变形起始点，变形观测的阶段及频次要满足表 2 要求。

梁体徐变观测频次 表 2

梁体测量间隔表	
观测阶段	观测周期
预应力张拉期间	张拉前后各 1 次
桥梁附属设施安装	安装前后各 1 次
预应力张拉完成至无砟轨道铺设前	张拉完成后第 1d
	张拉完成后第 3d
	张拉完成后第 5d
	张拉完成后 1～3 月，每 7d 为一测量周期
无砟轨道铺设期间	每天 1 次
无砟轨道铺设完成后	第 0～3 个月，每 1 个月为一测量周期
	第 4～24 个月，每 3 个月为一测量周期

5.2 墩台沉降观测

每个墩台从承台施工后，就要开始进行沉降首次观测，以后根据表 3 中要求的时间间隔进行观测。

墩台沉降观测频次 表 3

观测阶段		观测频次		备注
		观测期限	观测周期	
墩台基础施工完成		—	—	设置观测点、进行首次观测
墩台混凝土施工		全程	荷载变化前后各 1 次，1 次/周	承台回填时，临时观测点取消
预制桥梁	架梁前	全程	1 次/周	
	预制梁架设	全程	荷载变化前后各 1 次	架梁后期荷载变化观测
	附属设施施工	全程	荷载变化前后各 1 次，1 次/周	
桥位施工梁桥梁	制梁前	全程	荷载变化前后各 1 次	
	上部结构施工中	全程	荷载变化前后各 1 次，1 次/周	
	附属设施施工	全程	荷载变化前后各 1 次，1 次/周	
架桥机（运梁车）通过		全程	前两次通过前后各 1 次，其后每 1 次/d，连续两次，其后 1 次/3d，连续 3 次，以后 1 次/周	至少进行 2 次架桥机（运梁车）通过前后的观测

续上表

<table>
<tr><th rowspan="2">观 测 阶 段</th><th colspan="3">观 测 频 次</th><th rowspan="2">备　注</th></tr>
<tr><th colspan="2">观测期限</th><th>观测周期</th></tr>
<tr><td>桥梁主体工程完工至无砟轨道铺设前</td><td colspan="2">≥6 个月</td><td>1 次/周</td><td>岩石地基的梁，一般不宜少于 2 个月观测周期</td></tr>
<tr><td>无砟轨道铺设期间</td><td colspan="2">全程</td><td>1 次/d</td><td></td></tr>
<tr><td rowspan="3">无砟轨道铺设完成后</td><td rowspan="3">24 个月</td><td>0～3 个月</td><td>1 次/周</td><td rowspan="3">工后沉降观测 24 个月之后，每 1 次/12 个月，要长期观测</td></tr>
<tr><td>4～12 个月</td><td>1 次/3 个月</td></tr>
<tr><td>13～24 个月</td><td>1 次/6 个月</td></tr>
</table>

注：观测墩台沉降时，应同时记录结构荷载状态、环境温度及天气日常情况。

5.3　隧道沉降观测

隧道变形测量应在隧道主体工程完工后进行，变形观测期一般不应少于 3 个月。观测数据不足或工后沉降评估不能满足设计要求时，应适当延长观测期。隧道基础沉降观测的频次不应低于表 4 的规定。

隧道基础沉降观测频次　　表 4

<table>
<tr><th rowspan="2">观测阶段</th><th colspan="3">观 测 频 次</th></tr>
<tr><th>观测期限</th><th colspan="2">观测周期</th></tr>
<tr><td>隧底工程完成后</td><td>3 个月</td><td colspan="2">1 次/周</td></tr>
<tr><td rowspan="2">无砟轨道铺设后</td><td rowspan="2">3 个月</td><td>0～1 个月</td><td>1 次/周</td></tr>
<tr><td>2～3 个月</td><td>1 次/2 周</td></tr>
</table>

6　观测资料整理

(1)采用统一的沉降观测记录表，做好观测数据的记录与整理。根据观测资料，及时绘制每个观测标志点的时间—沉降曲线，见图 2。

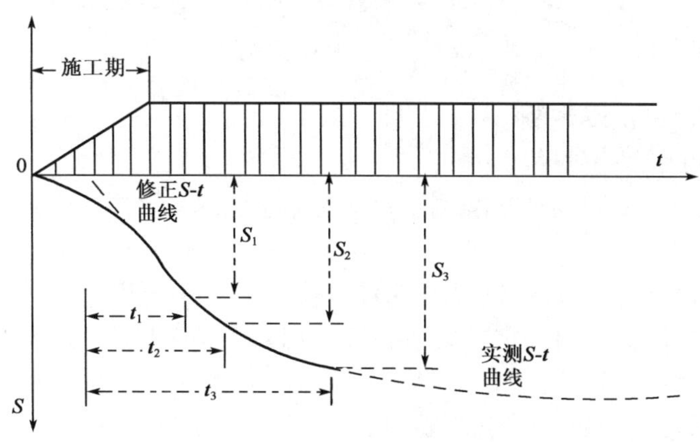

图 2　时间—沉降曲线

(2)分析评估前应收集下列资料。

桥涵及隧道基础沉降观测资料。

桥涵、隧道地段线路纵断面图、工程地质纵横断面图、桥涵设计图纸和说明书、沉降计算报告等相关设计资料。

施工过程、施工核查、施工记录和原材料检验情况等施工资料。

隧道开挖地质描述及开挖围岩分级记录、Ⅳ～Ⅵ级围岩地段基底承载力检测情况、施工监控量测资料、仰拱施工分项工程验收记录等施工资料。

施工质量控制过程和抽检情况等监理资料。

7 数据分析及成果

7.1 单一墩台

对于单一墩台的观测数据分以下四个阶段进行归纳、分析：架梁之前、架梁后至铺设二期恒载前、铺设二期恒载后至钢轨锁定前、钢轨锁定以后。

7.2 区段分析

对于一座桥不仅要控制每个墩台的沉降，同时也要控制相邻桥墩的不均匀沉降，从而得出全桥的整体分析。

7.3 评估分析

(1)桥涵沉降预测采用曲线回归法。对于预制梁桥，基础沉降应按桥墩台混凝土施工后、架梁前及架梁后三阶段进行；对于原位施工的桥梁及涵洞，基础沉降应根据实际施工状态及荷载变化情况，划分为基础施工完成至桥墩完成、架梁前后、架梁后至铺设钢轨之前、铺设钢轨至钢轨锁定之前、钢轨锁定之后至正式运营之前、正式运营之后等多个阶段。

(2)根据桥涵实际荷载情况及观测数据，应做回归分析及预测，综合确定沉降变形的趋势，曲线回归的相关系数不应低于 0.92。

沉降预测的可靠性应经过验证，间隔不少于 3 个月的两次预测最终沉降的差值不应大于 8mm。

(3)桥梁主体结构完工至无砟轨道铺设前，沉降预测的时间应满足下列条件：

$$\frac{S(t)}{S(t=\infty)} \geqslant 75\%$$

式中：$S(t)$——预测时的沉降观测值；

$S(t=\infty)$——预测的最终沉降值。

(4)设计预测的总沉降量与通过实测资料预测的总沉降量之差不宜大于 10mm。

(5)梁体。

根据《客运专线铁路无砟轨道铺设条件评估技术指南》(铁建设〔2006〕158 号)中对预应力混凝土桥梁上部结构变形的规定："终张拉完成时，梁体跨中弹性变形不宜大于设计值的 1.05倍；扣除各项弹性变形、终张拉 60d 后，$L \leqslant 50$m 梁体跨中徐变上拱度实测值不应大于 7mm；$L>50$m 梁体跨中徐变变形实测值不应大于 $L/7\,000$ 或 14mm；不能满足上述要求时，应根据梁体变形的实测结果，确定梁体的实际弹性变形及徐变系数，并估算无砟轨道的铺设时间。”

(6)隧道基础的沉降较小,经过 3～6 个月的沉降观测后,如沉降稳定可不再进行观测,对于地质条件较好的隧道,考虑到其整体沉降较小,因此规定当观测沉降总量不大于 5mm 时,可判定满足无砟轨道铺设要求,但观测期一般不应少于 60d。当对沉降预测有充分依据时,观测期可适当缩短,但不应少于 30d。

8 沉降观测的几点要求

(1)保证测量工作基点的准确性,应定期进行复测。

(2)保证观测点位置在施工过程中不致移动和破坏,在埋设观测点过程当中应保证其垂直度,并保证连接杆件紧密,安装完成后应使用铁架或木架保护观测设施。

(3)在观测过程中注意观测方法,观测应连续进行,严格按二等水准测量精度进行。

(4)如果在观测当中土质比较软,尺垫无法踩实时,应在路面上做牢固的混凝土标志,以供在观测时作为支点传递高程使用。

(5)数据及时处理,发现不合格数据及时剔除补测。

参 考 文 献

[1] 中华人民共和国行业标准.铁建设〔2006〕158 号　客运专线铁路无砟轨道铺设条件评估技术指南[S].北京:中国铁道出版社,2006.

[2] 中华人民共和国国家标准.GB/T 12897—2006　国家一、二等水准测量规范[S].北京:中国标准出版社,2006.

[3] 中华人民共和国行业标准.TB 10601—2009　高速铁路工程测量规范[S].北京:中国铁道出版社,2009.

[4] 中华人民共和国行业标准.TB 10101—1999　新建铁路工程测量规范[S].北京:中国铁道出版社,1999.

论黄土隧道两种不同的开挖支护施工方式

王利光

（中交三公局第二工程有限公司新沂河项目）

摘　要：黄土隧道是我国陕北地区高速公路施工中常见的一种隧道类型，由于其独特的黄土地质围岩特点，施工中采用何种开挖支护方式将直接影响工程质量及施工经济效益。本文从一线施工角度出发，总结分析了两种不同的开挖支护施工方式。

关键词：黄土隧道　开挖支护　施工

1　前言

黄土隧道是我国西北地区高速公路施工中常见的一种隧道类型，在陕西北部黄土高原及山西等地分布较为广泛。黄土隧道由于其独特的地质围岩特点，施工中采用不同的开挖支护方式将直接影响工程施工质量及工程经济效益。下面以作者施工的青兰高速陕西境某标段黄土隧道为例，对两种不同的开挖支护施工方式进行总结分析。

2　工程概况

吉家村隧道为左右分离式隧道，单洞净宽 10.25m，净高 7.0m，建筑限界高度 5.0m。隧道左线全长 2 550m，右线全长 2 440m，隧道平面进口位于圆曲线上，出口位于直线上。该隧道属于黄土深埋隧道，其穿越黄土塬面区，最大埋深 145～154m，且隧道埋深在地下水位以下，以Ⅴ级围岩为主，隧道工程地质问题主要表现为黄土陷穴、落水洞、湿陷性黄土、膨胀土、滑坡、崩塌及隧道浅埋段稳定问题等。设计主要采用复合式衬砌，按“新奥法原理”，施工中严格遵循“短进尺、少扰动、强支护、严治水、勤量测、早封闭”的施工原则，紧凑施工工序，精心组织施工。

3　两种开挖支护施工方式详解

根据本隧道设计图纸及实际围岩情况，结合工程施工进度，施工中先后采用了两种不同的开挖支护施工方式，分别为“三台阶七步流水施工法”及“两台阶预留核心土法”。两种均采用机械开挖为主、人工开挖为辅的方式进行施工。

下面分别就两种不同的开挖施工作详细叙述，总结两种施工方式的优缺点，以供施工参考。

3.1　三台阶七步流水施工法

施工中，将隧道整体断面由上至下划分为四个层次，隧道拱脚以上为上、中、下三台阶，拱脚至隧底为仰拱部分，施工顺序按照由上而下，左右交错分台阶开挖支护的方式进行。

首先开挖上台阶拱顶部分，对该部分进行初期支护施工，一般采用钢拱架及锚杆、钢筋网片、喷射混凝土衬砌。上台阶开挖高度由拱顶往下 1.5～2.0m，以满足人员操作平台空间。上台阶掘进 5m 左右，然后组织中部边墙跟进开挖支护，按左右顺序错开施工。上、中台阶依次在纵向拉开距离，再跟进下台阶左右边墙开挖支护施工，拱架支护至拱脚。最后再进行仰拱开挖支护、整个断面封闭成环，隧道断面形成稳固的环状初支结构。

施工步骤图如图 1 所示。

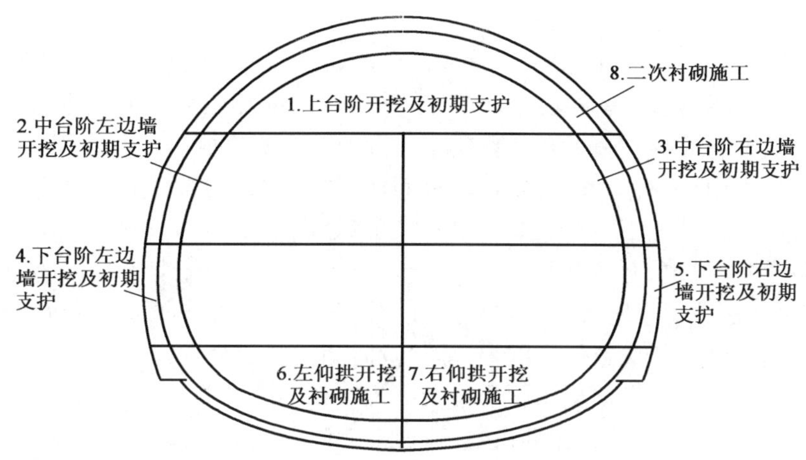

图 1　上中下“三台阶七步流水施工法”施工步骤图

3.2　两台阶预留核心土法

按该方法施工，隧道拱脚以上总体为上、下两个台阶，拱脚至隧底为仰拱部分，施工顺序仍按照由上而下的顺序进行，但在上台阶开挖时，先对隧道环向部分进行开挖支护施工，预留掌子面前核心土，核心土预留不宜过大，环状开挖部分宽度约 1m，以便于进行挖掘机操作施工，减少人工开挖量。待环向施工支护完毕，再行挖除核心土，然后分左右边墙交替开挖支护施工。最后进行仰拱开挖，封闭成环施工。

施工步骤图如图 2 所示。

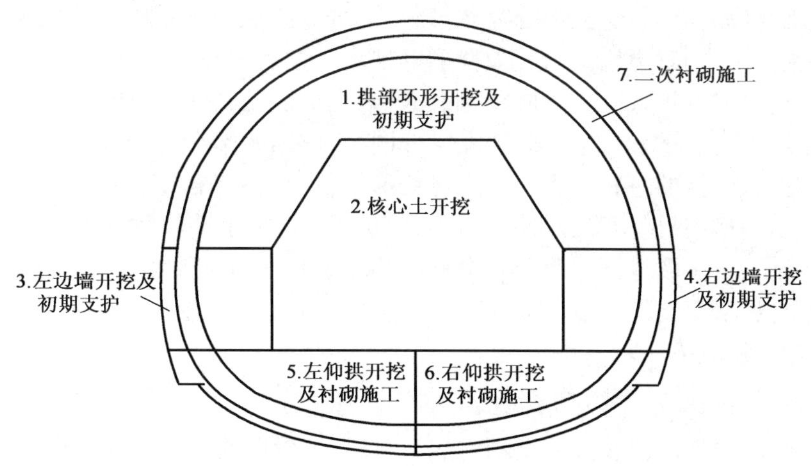

图 2　上下“两台阶预留核心土法”施工步骤图

3.3 两种施工方式的异同点分析

这两种不同的方式，经实际应用，均能够有效满足黄土隧道开挖支护施工需要。其共同的特点是均以机械开挖为主、人工配合为辅的方式进行施工，隧道拱脚以上 2～3m 范围的边墙开挖支护及隧底仰拱开挖支护中，两种施工方式基本相同。其显著的不同点在于隧道上半断面的施工。具体到实际施工中有如下几点：

(1)三台阶施工法，上半断面按上下分两个台阶，开挖分两次进行，拱架支护及喷射混凝土施工需要施作两个循环；而预留核心土法施工，上半断面按环向分内外两个层次，开挖分两次进行，拱架支护及喷射混凝土施工则在环向土方开挖后一次完成。

(2)三台阶施工中，单次土方开挖量较小，而预留核心土施工时，由于边墙一次开挖至拱脚以上 2～3m 位置，故环向开挖土方量较大，开挖难度亦增大。

(3)三台阶拱架支护在上半断面分三次进行，单次拱架支护难度小，喷射混凝土施工量小，边墙部分工序循环次数相应增多；预留核心土法施工，一次拱架支护周长增加，支护时间长，喷射混凝土量大，但总体循环次数仅一次，总体作业时间较之前缩短。

(4)三台阶开挖时能将拱顶至拱腰部位及时进行初期支护施工，有利于隧道拱顶范围的施工安全，但整体看，由于开挖支护循环次数的增加，对隧道土体扰动次数相应增加，由边墙分次开挖引起的拱顶施工沉降量明显变大，拱架上下难以连接圆顺；而预留核心土法施工，拱架一次支护加大后，能减少开挖支护循环次数，同时拱架连接线形易于控制，其垂直度也较前者有较大提高，同时也避免了多次边墙土体扰动而形成的施工拱顶沉降。故三台阶施工要求的隧道预留变形量一般情况下明显大于预留核心土法的预留沉降量。

4 黄土隧道开挖施工的控制点

在两种不同的开挖支护施工中，黄土隧道较之一般岩石隧道，控制点关键在于以下三个方面：

4.1 充分考虑预留沉降变形量

黄土隧道因其围岩软弱，绝大部分为老黄土，部分为膨胀土，开挖后，围岩自稳能力差，因此容易产生拱顶下沉，同时边墙向内收敛变形等现象。这就要求开挖支护施工中充分考虑预留沉降变形量，可以采取扩大开挖轮廓线，加大拱架支护半径的措施来确保后续二次衬砌施工空间及支护结构尺寸。考虑沉降变形量主要分两个部分，一部分是施工开挖时，由于土体扰动，边墙拱架与拱顶顺接的过程中产生的沉降变形；另一部分是初期支护完成后，二次衬砌施工之前，由于隧道山体围岩本身的自然压力，向内挤压产生的沉降收敛变形。

在实际施工中，黄土隧道开挖后至二次衬砌施工前的沉降变形量局部能达到 30cm，按正常施工工序，开挖后初期支护要及时，二次衬砌与掌子面距离控制尽量在 50m 以内。因此预留变形量是关键控制点之一。

4.2 初期支护拱架锁脚锚杆施工

在黄土隧道中，拱架支护一般采用刚性的型钢拱架，确保型钢拱架支护作用的关键点在于锁脚锚杆。一般设计中，锁脚锚杆与拱架之间连接采用焊接方式。在实际施工中，锁脚锚杆可以在外露端头加工成“L”形，将直角弯钩部分穿过拱架工字钢腹板。这样能有效避免因焊接不到位而导致锁脚锚杆失效，增强拱架的稳定性。经喷射混凝土施工后，锁脚锚杆能与钢拱架形成有效的整体支护体系，控制初期支护变形。

4.3 隧道掌子面排水

黄土隧道在开挖过程中，掌子面的排水施工是重要的控制点之一。在含水率较大的地段，需要进行预排水及开挖后排水。所谓预排水，即在开挖之前，将掌子面土体中的水通过插入管预先导出，一般采用钻孔花钢管作为导流管。

在二次衬砌施工完成前，掌子面及初期支护段均可能出现不同程度的渗水，甚至形成细流，可以采用集中导排的方式将其及时引入排水沟，排出洞外。严格控制因掌子面及拱脚因积水浸泡而导致围岩松软、初期支护变形。

5 两种施工方式的适用范围

两种开挖支护方式均能较好地应用于黄土隧道施工中，但也存在一定的差别。具体地讲，对于围岩土质含水率较小的地段，预留核心土法施工既能确保施工安全质量，又能减少边墙支护次数，单个工作日内施工循环增加，施工进度比三台阶法明显加快。但对于稳定性较差且含水率较大的地段，三台阶施工一次开挖范围小、支护时间短，能更好地确保施工过程中的安全。

在笔者所施工的隧道中，上述两种施工方式都得到了应用。比较来看，在施工组织连贯紧凑的前提下，预留核心土法日均可作3.5个施工循环，掌子面月进尺最快能达到100m，而三台阶施工月进尺约90m。因此预留核心土法更能缩短工期，提高工程经济效益。

6 结语

黄土隧道的不同于一般岩石隧道，其最大区别就在于开挖初支施工，分析上述两种不同的施工方式，目的在于进一步加深其特点认识，希望有助于同类型隧道施工参考借鉴。

参考文献

[1] 关宝树.隧道工程施工要点集[M].北京：人民交通出版社，2003.

淮河斜拉桥主墩圆形钢板桩围堰施工技术

黄紫跃 刘 伟

（中交三公局第二工程有限公司）

摘 要：淮河斜拉桥主墩基础采用围堰施工，为克服深水、粉砂土、硬黏土等不利的地质因素，加快工程进度，经计算分析比较和结构设计，使用了无内支撑的圆形钢板桩围堰，围堰直径为31.64m，采用了H型钢制作围檩，成功完成了基础施工任务。

关键词：圆形围堰 钢板桩 H型钢围檩 无内支撑

1 工程概况

1.1 桥型结构

徐州至明光高速公路淮河特大桥为独塔双索面斜拉桥，拉索采用了同截面回转的受力体系，为世界首创。主跨为246m的分离式钢箱梁，副跨为125m的分离式混凝土箱梁，基础采用圆形承台+18根直径2.5m的群桩基础。淮河斜拉桥见图1。

图1 淮河斜拉桥

主墩承台位于淮河主河道中，承台平面尺寸为直径26.0m的圆形承台。

1.2 水文气象情况

淮河6～8月份为丰水期，11月至翌年2月为枯水期。汛期淮河水位升幅较大，常淹没两岸的低洼地区。淮河设计防洪水位为+16.50m，警戒水位为+19.0m，枯水季节水位在+12.5m左右，方案设计时，考虑到施工期处于丰水季节，设计洪水位按+16.5m考虑，围堰顶高程为17.0m。

1.3 地质条件

桥位区附近地貌单元分别为淮河冲积平原的河漫滩、一级阶地及江淮波状平原的二级阶地，地势平坦，河水平静，水面开阔，河宽约450m，主河槽最大水深13m，流速4.0m/s。承台处涉及地层主要为：软土、粉土、粉砂、细砂、砂质硬黏土、砾石土等，地质条件差，见图2。

根据淮河特大桥工程地质报告显示，钢围堰埋深范围内地质情况：

(1)层软土，灰色，流塑，主要由淤泥质粉质黏土和粉土组成，层厚2.6～6.0m。

(2)层砂质硬黏土，硬塑，密实坚硬，含少量锰铁结核，偶见砾片，层厚2～3.0m。

(3)层粉砂，灰黄色，饱和，密实，局部夹粉质黏土和粉土薄层，层厚6.0～11.5m。

图 2　工程地质情况

2　施工方案比选

为了确保质量、安全和工期，施工单位设计了两种不同的围堰施工方案：圆形钢板桩围堰；双壁钢套箱。两种方案的工程造价及施工难度见表 1。

两种方案的工程造价及施工难度　　表 1

项　　目	施工难易及工期比较	经济性比较
钢板桩围堰	围堰有足够的刚度抵抗外侧土、水压力。钢板桩为标准锁口中，咬合紧密，止水好。钢板桩为定型产品，施工方便，进度快。宜穿过硬质黏土层	钢板桩可重复利用
双壁钢套箱	刚度大，但体形庞大，由于要穿过硬质黏土层，下沉困难，不宜纠偏，需新加工，加工时间较长	钢材回收难度大且无法再利用

通过从工程造价、工期、施工风险等方面比较，圆形钢板桩围堰为首选。

3　圆形钢板桩围堰的主要特点及难点

(1)围堰平面为圆形，对比其他形状的围堰具有受力均衡，材料用量少特点。

(2)围堰无内支撑，内部操作空间大，减少了改装内支撑的时间，为承台施工提供了方便条件。

(3)钢板桩的围檩为 H 型钢焊接成的圆形。外侧的土、水压力传递到围檩，靠围檩的自身抗压来达到围堰的受力平衡。相比较钢筋混凝土围檩，H 型钢围檩制作快，完成焊接后即可进行下道工序的施工。

(4)该桥围堰的直径为 31.64m，是目前国内施工最大的圆形钢板桩围堰。无施工经验可循。

4 围堰的结构设计与计算

4.1 计算主要参数

最高洪水位为16.5m的状态下进行验算和设计；河床顶面高程为10.5m，承台底高程为2.667m，钢板桩长度为24m，其中，顶面高程为+17m，桩底高程为-7m，钢板桩有效入土深度为9.6m(含封底混凝土厚度为3m)。基坑总深度为13.83m，按二级基坑、依据《建筑基坑支护技术规程》(JGJ 120—2012)进行设计计算。外荷载为围堰外水土压力，单元简化为有限长条形基坑。

相关参数取值如表2所示。

计算参数表 表2

序　　号	土层名称	厚度(m)	重度γ(kN/m^3)	黏聚力c(kPa)	内摩擦角φ(°)	系数m(MN/m^4)
1	水	2.5	10	0	0	1
2	软土	7.9	19.5	15.6	9.2	2.3
3	亚黏土	3.2	19.9	21	15	5.1
4	粉砂	10.3	19.5	5	30	15.5
5	中砂	10	19	1	32	17.4

4.2 围堰结构设计

围堰填径为31.64m，内侧用18根钢管桩做导向架，导向架上焊接牛腿，牛腿上放置围檩，围檩由36根H型钢拼接而成。第一、二、三道围檩均采用单根H型钢(型钢型号为700×300×13×24)，第四、五、六道围檩采用两根H型钢(型钢型号为700×300×13×24)双拼。支撑布置具体见图3。

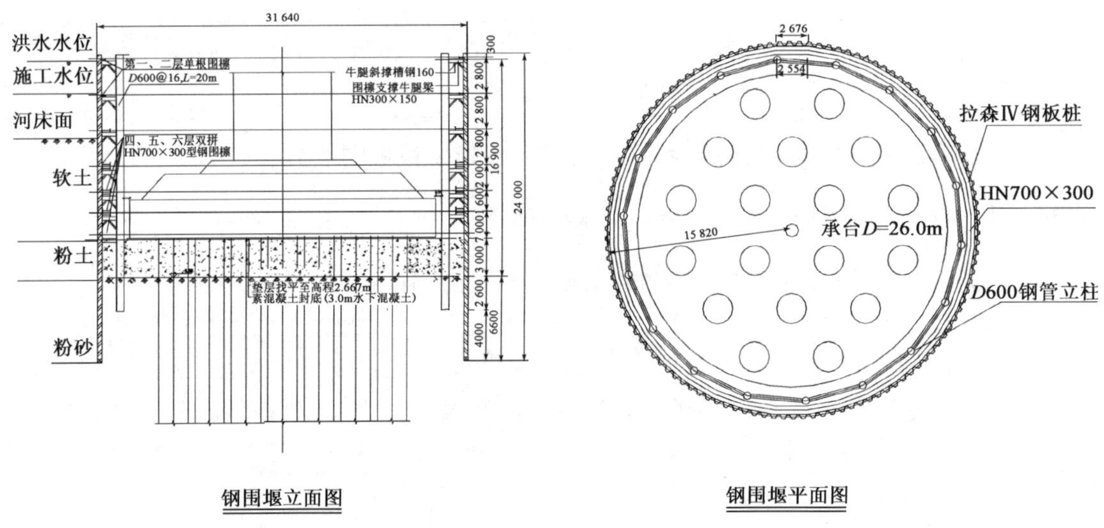

图3 钢围堰立面图与平面图(尺寸单位：mm)

4.3　各工况受力验算

钢管桩作为安全储备，在结构受力分析不参与受力，围堰的稳定全部靠围檩承受。在结构计算时，根据施工工序验算了13种工况下的受力情况。工况如下：

工况1：围堰基坑内部抽水开挖至16.4m(深度0.1m)；

工况2：设置第一道(16.7m)围檩支撑；

工况3：围堰基坑内部抽水开挖至13.6m(深度2.9m)；

工况4：设置第二道(13.9m)围檩支撑；

工况5：围堰基坑开挖至10.8m(深度5.7m)；

工况6：设置第三道(11.1m)围檩支撑；

工况7：围堰基坑开挖至8.00m(深度8.5m)；

工况8：设置第四道(8.3m)围檩支撑；

工况9：围堰基坑开挖至6.00m；

工况10：设置第五道(6.30m)围檩支撑；

工况11：围堰基坑水下封底后抽水至4.40m；

工况12：设置第六道(4.70m)围檩支撑；

工况13：围堰基坑抽水至2.70m。

在分工况连续计算中，位移和应力是逐次累加的，上一工况的位移和应力作为下一工况的初始应力和位移状态。

在工况分析计算时，我们采用了PLAXIS(version8.2)软件对钢板桩、支撑的内力、变形及稳定进行计算。同时邀请了同济大学和安徽工业大学分别对围堰进行了不同的建模和复核。通过计算：围堰整体稳定性系数$K=1.92$，坑底抗隆起系数$K=2.72$，桩底抗隆起系数$K=6.13$，抗倾覆稳定系数$K=1.92$，钢板桩在基坑开挖过程中最大变形为$21\text{mm}<0.3H=41\text{mm}$，钢板桩的最大弯矩为197.6kN·m，钢支撑最大轴力为190.9kN，钢板桩、内支撑结构设计均满足强度要求。

5　施工工艺

(1)搭设施工平台，由于浮船的费用比较高，考虑到主墩施工完成后围堰的拆除。在承台位置的四周搭设钢平台。

(2)插打18根钢管桩，钢管桩上口焊设牛腿，牛腿上焊接第一道H型钢围檩作为导向架。

(3)在导向架外侧插打钢板桩。

6　开挖方式

(1)干挖：从地质资料分析，由于在第四道围檩下方有一层黏土，此黏土抗渗性较好，决定用干挖方式挖至第四围檩。

(2)湿挖：待第四道围檩完成后，围堰注水达到内外水头高度一致，再进行水下开挖至封底混凝土高程。

(3)硬质黏土的湿挖方式：当开挖至高程为7.5m处时，由于地质为黏土层，土质较硬且含砂砾石，部分已形成沉积岩。水下开挖难度大，高压水枪难以把黏土液化，项目采用了“水刀”的方式进行切碎，然后再用抓斗进行抓土。具体做法如下：

①由于黏土层厚度为3m，下为砂层，利用振动锤把钢管打到黏土层下方，然后再把钢管拔出来，钢管内的黏土随钢管一并带出，形成一个孔。把吸泥泵放进孔内，抽孔黏土下方的砂层，使黏土与砂土分开，制孔间距为1m，呈梅花形布置。

②制作水刀，水刀所用材料为工字钢或钢板桩。就是在钢板桩两侧布置两个高压水枪，如图4所示。

图4 制作水刀的示意图

③用振动锤夹住水刀往下振，如同切豆腐一样，一块块把黏土切下来。由于黏土层下方是空的，水刀切黏土时亦变得非常容易。

7 围堰成型后的图片

围堰封底、抽水完成后，经过观测，围堰最大位移为15mm，小于计算的结果，止水效果良好。围堰成型的图片见图5。

图5 围堰成型后的图

8 结语

围堰广泛用于桥梁基础施工，其结构形式丰富多样，设计和结构受力计算复杂，施工时一定要因地制宜，并结合自身材料和机械，严格筛选施工方案，并综合考虑工期、风险、质量、成本、环境保护，航道安全、防洪防汛等各方面因素，选取合理的围堰结构和合理的施工工艺。

参 考 文 献

[1] 中华人民共和国行业标准. JGJ 120—2012 建筑基坑支护技术规程[S]. 北京:中国建筑工业出版社,2012.

[2] 中华人民共和国行业标准. YB 9258—1997 建筑基坑工程技术规范[S]. 北京:冶金工业出版社,1997.

[3] 中华人民共和国国家标准. GB 50497—2009 建筑基坑工程监测技术规范[S]. 北京:中国计划出版社,2009.

[4] 刘国彬,王卫东. 基坑工程手册[M]. 2 版. 北京:中国建筑工业出版社,2009.

[5] 中华人民共和国行业标准. JTG F80/1—2004 公路工程质量检验评定标准[S]. 北京:人民交通出版社,2004.

预制T梁质量通病的成因及防治措施

刘　伟　张立鹏

（中交第三公路工程局有限公司）

摘　要:随着我国高速公路建设的不断发展,混凝土预制T梁的生产、应用从取得较大的进展,但是其质量控制仍存在一定的不足,混凝土预制T梁作为高速路桥上部构造中最大的构件,在高速桥梁施工建设中常存在表观质量差等问题。如何解决质量通病是一项重要课题,因此,预制T梁混凝土质量与防治显得尤为重要。

关键词:T梁混凝土　质量通病　预防

1　工程概述

徐明高速淮河特大桥主桥为独墩双索面斜拉桥,引桥有41孔的简支连续T梁,预制T梁长40m,半幅每跨5片,共计410片。

T梁采用C50混凝土,模板采用外加工定型钢模。拌和站集中拌和混凝土,罐车运输,龙门吊打灰,附着式振捣器配合振捣棒振捣。预制台座采用钢筋混凝土浇筑台座,槽钢包边,上铺置1cm厚钢板,台座混凝土的宽度比预制梁底钢板小4mm,并预留拉杆孔。

2　T梁质量通病

预制T梁常见的质量通病有以下几种情况:

(1)马蹄根部露浆、烂根。

(2)端部、横隔板及齿板外露浆。

(3)负弯矩波纹管根部折断。

(4)钢筋间距及垂直度不好控制。

(5)波纹管定位不准确。

(6)T梁表面气泡、马蹄上口斜面气泡较多,造成麻面。

(7)波纹管处易出现水波纹。

3　防治措施

对于上述易出现的质量通病,我项目部对其病理做了认真的分析,并逐一采取了克服通病的措施。

3.1　马蹄根部露浆、烂根

3.1.1　成因分析

台座钢板外侧所黏的止浆带不牢固,对拉杆未拉紧或对拉杆在混凝土压力作用下有变形。

3.1.2 治理措施

(1)在施工台座时,在其上端预埋槽钢,槽钢内放置软橡胶管,橡胶管的质量要好,弹性要大,便于拆模后恢复到原状。橡胶管粘贴完成后,再用橡胶泥填补台座钢板与橡胶管之间的空隙。橡胶管相比较常用的止水带有较大的变形空间,能很好地弥补台座与侧模因之间对拉不紧而留下的空隙,从而达到防露浆的效果。止浆橡胶管见图1。

(2)对位杆采用ϕ32mm精轧螺纹钢筋,精轧螺纹钢筋的抗拉强度比普通钢筋做的对拉杆要大,不宜变形,见图2。

图1 止浆橡胶管

图2 精轧螺纹钢筋做对拉杆

治理前后效果对比如图3和图4所示。

图3 治理前底角露浆

图4 治理好底角未见露浆

3.2 端部、横隔板及齿板处露浆

3.2.1 成因分析

模板与模板之间所用的止浆材料效果差,从而在模板结合处留下空隙。

3.2.2 治理措施

我项目采用了空调管所用的保温海绵作为止浆材料,此种保温海绵相比较普通海绵不宜破碎,遇水后不宜变形。对于齿板处用了宽皮带的方式进行堵露,软皮带的好处是便于安放,同时软皮带能够与齿板模板充分接触,并能够多次周转使用。对于预埋钢筋与模板之间的空隙采用泡沫胶进行填充,见图5。

治理效果:拆模后未见端部倒角处露浆,外观较好。齿板处的止浆效果很好,见图6。

图5 泡沫胶封堵钢筋周围空隙

图6 施工后的梁端外观

3.3 负弯矩波纹管根部折断和变形

3.3.1 成因分析

拆模时碰坏,安装时碰到钢筋。

3.3.2 治理措施

在梁端头处增加一个接头,波纹管接头离梁端头10cm左右。一旦波纹管断掉,负弯矩施工时可以再拧上一节波纹管。

3.4 钢筋间距及垂直度不好控制

3.4.1 成因分析

由于T梁高度为2.5m,钢筋的垂直度不好控制,加之腹板处又薄,钢筋宜扭曲。尤其是水平钢筋难以控制在同一个水平高度。

3.4.2 治理措施

架设钢筋胎具,胎具的模式如图7所示。通过台座的对位杆孔进行固定,此种胎具制作及搬运都简单,便于人工操作。

3.5 波纹管定位

3.5.1 成因分析

由于定位方法不精确,只是对照图纸用钢尺大概量一下,随意性较大。

3.5.2 治理措施

根据波纹管的设计线形，在主要控制点设计好编号，编号用红漆写在底座侧面上，用ϕ12 钢筋焊接一小块钢板，钢板上写上同样的编号，根据图纸及波纹管的直径分别算出不同层次的波纹管定位钢筋离底板的高度。使用电动砂轮按照算出的数值分别左钢筋上打磨凹槽，并用红油漆做标志。这样就把波纹管定位器做出来了。施工时，竖立定位器，确保其竖直后，直接将波纹管下部定位筋对准凹槽即可，定位尺见图 8。经使用，该施工方法定位准确，而且操作简单，加快波纹管的安装速度。

图 7 胎具的模式

3.6 水波纹、砂线

3.6.1 成因分析

由于T梁腹板仅有 20cm 宽，同时波纹管和钢筋又占据了大部分空间，振捣棒难以下出，造成了新旧混凝土的接合性差，同时混凝土下沉过程中受波纹管的阻碍，混凝土的原有级配组合顺序会被打乱。如果混凝土的性能指标差，再加之振捣不好，混凝土很容量出现水波纹和砂线。

3.6.2 防治的措施

(1)严格控制混凝土配合比与拌和时间，经常检查，做到计量准确，混凝土拌和均匀，坍落度适合；混凝土下料高度超过 2m 应设串筒或溜槽：浇灌应分层下料，分层振捣，防止漏振。

(2)施工时振捣严格控制分层振捣的高度与振捣的时间。高频振捣器的使用时间由混凝土班长视混凝土质量现场确定振捣时间，确保振捣密实，最大限度地降低或消除气泡。附着振捣器见图 9。

图 8 定位尺

图 9 附着振捣器

4 结语

预防混凝土通病的方法和途径还很多，还要在施工过程中不断总结，努力提高施工技术水平。

参考文献

[1] 中华人民共和国行业标准. JTG/T F50—2011 公路桥涵施工技术规范[S]. 北京：人民交通出版社，2011.

[2] 中华人民共和国国家标准. GB 50204—2002 混凝土结构工程施工质量验收规范[S]. 北京：中国建筑工业出版社，2002.

浅谈高家山隧道防排水施工技术措施

周远超　李作举

（中交三公局第二工程有限公司兰新项目）

摘　要：随着中国高速铁路的快速发展，隧道建设安全质量责任事关重大，隧道防排水施工更是重中之重，但实践证明，“十隧九漏”成为通病，隧道建成后的修补维修难度大、效果差，往往是事倍功半，浪费极大。本文通过介绍高家山隧道防排水施工经验以及施工中采取的技术措施，浅谈隧道防排水施工控制要点。

关键词：高家山隧道　隧道施工　防排水　施工技术　技术措施

1　工程概况

高家山隧道位于甘肃省兰州市西固区及永靖县境内，走行于低中山区及山间沟谷内，穿行咸水沟、清杨水沟、赵家沟、马歧沟、颜家沟、小咸水沟、大沟、小沟 8 条黄河一级或二级支沟。该区属黄河水系，垂直于线路的冲沟较发育，除赵家沟、马歧沟和颜家沟外，冲沟内一般均有常年性地表径流。隧道洞身穿越地层主要为白垩系砂岩夹泥岩、泥岩夹砂岩、第四系全新统、上更新统风积、冲积黄土、坡积物覆盖层，冲、洪积卵（块）石土岩性较为单一，节理裂隙呈微张或闭合状，总体上岩石自身含水性差。地下水的补给主要依赖于大气降水的补给，深部基岩裂隙水同时接受表层风化裂隙水的补给。地下水径流受构造裂隙及水文网的强烈切割作用，风化裂隙、构造裂隙发育密度、张开性、连同性等多种因素控制，其他地下水径流首先沿裂隙走向流动，汇聚于岩性分界带，节理密集带等储水构造中，最后以泉形式或向附近沟谷排泄。单位正常涌水量为 269.63m^3/d，隧道正常涌水量分别为 2 640.52m^3/d 及 466.47m^3/d，出现的最大涌水量分别为 7 921.56m^3/d 及 1 399.41m^3/d。隧道通过地段的环境水化学类型为：SO_4 · Cl^-（Na＋K）型水，水中不含有侵蚀性 CO_2，SO_4^{2-} 侵蚀等级为 H2，Cl^- 侵蚀等级为 L1～L2，局部具有 Mg^{2+} 侵蚀，环境等级为 H1，pH 值不具侵蚀性。

2　高家山隧道防排水设计

2.1　设计原则

隧道防排水遵循“防、排、截、堵结合，因地制宜，综合治理”的原则，采取切实可靠的措施，达到防水可靠、排水畅通、经济合理的目的。

2.2　洞外防排水

（1）两端洞口洞顶截水沟设在刷坡线以外 10m，边仰坡开挖线以外 5～10m 设置截水沟，以拦截地表水。

（2）明洞衬砌外缘应敷设外贴式防水层；明洞与隧道接头处、明洞衬砌施工缝、变形缝按规范要求做好防水处理。

(3)隧道洞身下穿清杨水沟最小埋深约6m,对冲沟上下游30m采用M10浆砌片石进行铺砌,厚30cm,防止积水下渗,影响隧道。

2.3 洞内防排水

(1)全隧道设置双侧水沟及矩形中心水沟排水。隧道进出口两端各500m范围设置双层盖板保温侧沟及中心保温水沟,盖板间夹聚氨酯泡沫保温材料,两端洞口外均设深埋保温暗管,采用端墙式保温出水口排水,出水口纵坡不小于2%。

(2)复合衬砌初期支护变形基本稳定并经验收合格后,在初期支护和二次衬砌之间(拱墙背后)铺设1.5mm厚EVA防水板,内衬无纺布(密度不小于400g/m^2),采用无钉铺设,搭接缝为双焊缝。防水板搭接处与施工缝错开布置,错开的距离不小于100cm。

(3)止水带设计。

环向施工缝:中埋橡胶止水带+外贴止水带的复合防水构造;

纵向施工缝:中埋钢边橡胶止水带+外贴止水带的复合防水构造;

变形缝:中埋橡胶止水带+外贴止水带+嵌缝材料的复合防水构造。

(4)隧道防水应充分利用混凝土衬砌结构自防水能力,混凝土衬砌抗渗等级不低于P12。隧道衬砌混凝土应连续灌注,拱圈、仰拱、底板不得留纵向施工缝。

(5)拱墙环向、墙脚纵向设盲管,与边墙进水孔、洞内排水沟一起组成完整的排水系统。环向盲管与纵向盲管连接,纵向盲管与边墙进水孔连接,边墙进水孔与洞内排水沟连接。

2.4 明洞渡槽

(1)通过隧道顶部的渡槽采用0.3m厚的钢筋混凝土,每隔10～15m设置沉降缝一道,缝宽2～3cm,采用沥青麻筋填塞。

(2)为防止渡槽下沉开裂,渡槽通过正洞段下方采用M10浆砌片石砌筑,其余段落的渡槽下铺设50cm厚的砂卵石垫层,采用回填土石夯填密实。

(3)为防止渡槽或铺砌末端因地表水淘刷而遭破坏,在沟床铺砌及渡槽两端设置垂裙。

(4)渡槽应与上下游沟床顺接,避免积水。

(5)渡槽的施工宜选在旱季进行,雨季施工时应做好地表排水及防洪措施,确保施工安全。

3 高家山隧道防排水施工控制要点

隧道结构防水施工已接缝防水为施工控制重点,衬砌背后排水系统由排水盲管、土工布、防水板、引水孔等组合而成;环向盲管及引水孔排水至纵向盲管,再统一排至侧沟内,再通过侧沟内横向泄水孔引排至中心水沟,顺着设计纵坡排至洞外,形成良好的排水系统。

(1)为考虑隧道结构的防水性能及耐久性能,衬砌、仰拱采用抗渗等级不小于P12的混凝土,施工配合比设计抗渗等级增加到P14;C30二次衬砌素混凝土在高性能混凝土基础上,增加0.9kg/m^{3}的纤维素纤维和胶材用量5%的WQ-6防腐剂。

(2)铺设防水板、排水盲管前,对初期支护的表面及渗漏水情况检查,并记录留设影像资料,处理措施如下:

①初期支护表面应平整、密实，无空鼓、裂缝、松酥、漏喷、漏筋，并用喷混凝土（或砂浆）对基面进行找平处理。

②钢筋网、注浆管头、锚杆、锁脚锚管、监控量测点钢筋头等凸出部分应先切断、遮盖或铆平后，用砂浆或喷混凝土找平。

③初期支护表面平整度应符合 $D/L \leqslant 1/10$ 的要求（D 为初期支护基面相邻两凸面凹进去的深度；L 为基层相邻两凸面间的距离，且 $L \leqslant 1m$）。

④基面出现股状涌水时，采用局部注浆、围截注浆法进行封堵，封堵后的剩余水量可用排水盲管或 PVC 管集中将水引入侧沟排出。

⑤初期支护经第三方雷达检测合格后，方能进行二次衬砌施工，如有空鼓等质量缺陷，需及时进行处理，并复测至合格。

(3)排水盲管采用 HDPE 打孔波纹管，横向排水管及泄水孔采用 PVC 管，应具有一定的弹性，透水性好，能承受不小于 0.5MPa 的压力，且不易锈蚀。排水盲管及泄水孔施工中需注意：

①衬砌背后设置环向为 ϕ50mm、纵向为 ϕ80mm 的 HDPE 打孔波纹管，仰拱填充内预埋横向 ϕ100mm 的 PVC 排水管，环向盲管布设间距为 6～12m，纵向盲管通畅设置，并分段 12～20m 引入隧道侧沟，横向泄水管设置间距为 30～50m，导水管坡度不小于 2%，布设间距可根据渗漏水情况适当增设、调整。

②排水盲管采用 5cm 长的锚固钉机土工布固定在初期支护岩面上，锚固钉间距按 50cm 布置，铺设顺直。

③纵环向盲管、泄水管、排水管按设计连同，管体间应采用变径三通连接，组成完整有效的排水系统。

④边墙泄水管施工时，采取土工布包裹填塞等措施防止异物堵塞孔口，盲管出水弯头段应用 PVC 硬质弯管套在上面，以起保护作用。

⑤衬砌背后排水系统通过通水试验检验排水效果，效果良好后方能施行，否则检查原因并重新采取措施，直至排水通畅。

(4)隧道防水板采用分离式，先铺设土工布缓冲层，再铺设防水板，土工布要求不小于 400g/m^2，1.5mmEVA 防水板，施工时注意事项：

①防水板铺设应超前衬砌施工，并与开挖工作面保持一定的安全距离。

②防水板铺设前在洞外检查防水板及土工布缓冲层材料有无破损，搬运至洞内时避免破损。

③土工布缓冲层铺设时，用射钉枪将热塑性圆垫圈和土工布固定在基面上，固定点间距根据基面平整情况而确定，拱部为 0.5～0.8m，边墙为 0.8～1.5m，呈梅花形布置。局部凹凸较大时，应在凹处加密固定点，使土工布与基面紧贴；土工布接缝搭接宽度不小于 5cm。

④防水板环向铺设时应先拱后墙，先于拱顶垫层上正确标出隧道纵向中线，再使防水板横向中线与标定线重合，将拱顶部与热塑性圆垫圈焊热熔接，向两侧下垂铺设，根据基面的圆顺程度留足余量，边铺边焊，下部防水板应压住上部防水板。

⑤防水板纵向搭接与环向搭接处应采用“T”字形接头，不准采用“十”字形接头，两条焊缝之间间距不得小于 30cm。

⑥防水板采用热熔双焊缝焊接，搭接宽度不小于 15cm，并采用热合机进行双焊缝焊接，每

条单焊缝宽度不应小于1.5cm,不得存在假焊、漏焊、焊焦、焊穿现象。每板检查防水板焊接质量,环向一处,纵向至少两处。检测方法:先堵住空气道的一端,然后用空气检测器从另一端打气加压,直至压力达到0.25MPa,保持15min,允许压力下降10%;如达到要求,说明完全黏合,否则需用检测液找出漏气部位,用手动热熔器焊接修补后再次检测,直至完全黏合。

⑦分段铺设的防水板边缘部位预留至少60cm搭接余量,搭接缝与衬砌施工缝错开不小于100cm的距离。

⑧焊接二次衬砌钢筋时在其周围用石棉水泥板进行遮挡,以免溅出火花烧坏防水层;灌注二次衬砌混凝土时,输送泵管不得直接对着防水板,避免混凝土冲击防水板引起防水板被带滑脱,防水板下滑。

⑨洞身与附属洞室连接处在转角1m范围内布设双层防水板,不得形成水囊、积水槽;明洞与隧道防水层搭接时,隧道防水层延伸至明洞,并且与明洞防水层搭接良好。

(5)环向施工缝采用背贴式止水带、中埋式止水带复合防水方式,纵向施工缝采用背贴式止水带、中埋式橡胶钢边止水带复合防水方式,施工缝防水处理符合下列要求:

①环向施工缝应避开地下水和裂隙水较多的地段,并宜与变形缝相结合。

②止水带埋设位置要求准确,其中心位置应与施工缝重合;中埋止水带埋设于仰拱或二次衬砌厚度的中心位置。

③二次衬砌浇筑混凝土前,纵向施工缝表面进行凿毛,高压水枪冲洗干净并保持湿润;浇筑振捣靠近止水带附近时,不得破坏止水带,同时还应该充分振捣,混凝土应与止水带紧密结合。

④止水带长度事先与厂家定制为30m/卷,尽量避免接头;如需接头,应选在二次衬砌结构应力较小的部位,采取热硫化焊接形式,搭接长度不小于30cm,焊缝长度不小于10cm,接头黏结做好表面的清刷与打毛。

⑤止水带的上下压茬应排水通畅、将水引向外侧,不允许用射钉固定。

⑥止水带对称安装,伸入模内和外露部分宽度必须相等,沿环向每0.5m设两根ϕ8mm短钢筋夹住,以保证止水带在整个施工过程中位置的正确。止水带处混凝土表面质量应达到宽度均匀、缝身竖直,环向贯通,填塞密实,外表光洁。

⑦二次衬砌素混凝土段中埋式橡胶止水带安装方法:挡头模板环向由两块组成,止水带从中间穿过。素混凝土中采用钢筋卡固定止水带,钢筋卡采用ϕ6mm钢筋制作,第一节衬砌通过铁丝将钢筋卡固定在挡头模板上,钢筋卡按环向间距为30cm设置;在浇筑第二节衬砌时,扳直钢筋卡垂直固定第二节衬砌内的止水带。

⑧二次衬砌钢筋混凝土段中埋式止水带安装方法:环向挡头模板由两块组成,止水带从中间穿过。钢筋混凝土中采用特殊箍筋及铁丝来固定止水带,在第一节衬砌通过铁丝和特殊箍筋将止水带固定在U形孔内,特殊箍筋环向间距同环向箍筋间距;第二节衬砌通过在衬砌挡头钉水泥钉、铁丝及特殊箍筋将止水带垂直固定在U形孔内。

(6)中心水沟按照设计2%的坡度,将洞内积水排至出口洞外;中心水沟在仰拱及填充浇筑时施作,预留宽度及深度应略大于设计的80cm,横向泄水管及泄水孔应保持畅通。

(7)侧沟靠两侧电缆槽底部,每间隔30m各设ϕ20cm的PVC泄水管,由电缆槽底部贯通至侧沟内。

(8)防排水系统健全后，进行通水试验，发现漏水、积水，立即处理，直至合格。

4 隧道常见水害的种类及其产生的原因

4.1 隧道漏水和涌水

(1)隧道围岩的地下水，不论直接还是间接以渗漏或涌出的形式进入隧道内造成的围岩，称为漏水或涌水病害。这类病害因气候因素、地质条件、隧道结构、牵引类型、洞内设备种类和漏水与渗水规模不同而异。如：

①电力牵引区段和有电力配线时，会使绝缘失效、发生短路、跳闸、放电而危及行车安全和漏电伤害事故。

②局部地段仰拱发生不均匀沉降，二次初砌施工缝开裂。

③承压水的涌出，岩溶水的突然涌出，都会造成衬砌破裂，冒水翻砂。

④钢轨及扣件、轨枕、通信、信号、照明、通风等设备的锈蚀腐烂。

⑤衬砌钢筋保护层过小，造成预埋件及钢筋锈蚀。

(2)产生漏水和涌水的原因：

①衬砌背后有积水形成水囊，且衬砌防水系统不良或已失效。

②衬砌的混凝土抗渗能力低、施工缝防水不良。

③衬砌施工有缺陷，衬砌发生裂损破坏。

④排水设备断面不足或被堵塞(包括淤塞及冰塞)。

⑤隧道通过有溶洞和暗河系统的地层，有季节性的地下水向隧道内涌水。

4.2 隧道周围积水

(1)隧道建成后，地表水或地下水向隧道周围渗流汇聚，如不能迅速排走而引起的病害，叫做积水病害，如：

①因水压太大，压破衬砌导致整体破坏。

②软弱围岩浸水发生泥化和软化而失去承载能力或产生塑性流动，对衬砌的压力增大，导致衬砌及整体道床破坏。

③膨胀性围岩浸水发生体积膨胀，导致衬砌及整体破坏。

④寒冷及严寒地区的隧道会发生冰胀和围岩冻胀。

⑤围岩软弱夹层因浸水发生软化、滑移失稳，对衬砌压强增大，导致衬砌及整体破坏。

(2)产生积水水害的原因：

①衬砌周围有承压水作用。

②衬砌背后的超挖没有回填或回填不密实，局部滞水无法排除。

③施工时采取只防不排的治水方法或者中心水沟排水不畅。

④排水设备的排水能力不足，在平面位置和高程位置上选择不当，构造不良，不能有效地降低水位，未能达到排水作用。

⑤衬砌背后排水设备断面不足或被堵塞(包括淤塞及冰塞)。

4.3 潜流冲刷

(1)由于地下水渗流和流动而产生的冲刷和溶蚀作用，叫做潜流冲刷，它所引起的病害有：

①仰拱或整体衬砌开裂下沉，边墙断裂。

②围岩滑移错动导致衬砌变形开裂。

③衬砌拱部未全部回填部分发生隐落塌方，导致衬砌裂损。

(2)产生潜流冲刷的原因：

①围岩雨水软化、崩裂和易溶于水的矿物成分，有易被水流带走的黏土、粉土和细小的颗粒。

②排水设备周围未根据围岩的水理性质设置合适的反滤层。

③对通过隧道的流沙层没有采取稳固措施或有措施但已失效。

④围岩的裂隙、层面和软弱夹层存在渗流速度较大的潜流。

⑤采用含土和小颗粒的松散土石做超挖回填，特别是仰拱虚渣未清除干净或者虚土回填。

4.4 水侵蚀影响

水中含有的 $SO_4 \cdot Cl^-(Na+K)$，Cl^-，局部具有 Mg^{2+} 侵蚀成分，对混凝土进行化学侵蚀，并造成松散、膨胀、脱落、开裂甚至破坏。产生的原因主要是混凝土的耐久性能不满足要求，集料的碱活性、胶材的碱含量及抗蚀系数、混凝土的氯离子含量及三氧化硫含量、抗渗等级等参数存在问题。

5 高家山隧道重要部位防排水措施

5.1 施工缝防水

隧道施工缝是隧道渗水的常见部位，针对这一问题，高家山隧道技术人员对施工缝施工尤其关注，主要的措施：

(1)按照台车设计位置施工，不随意留置施工缝，二次衬砌不留置纵向施工缝。

(2)防水板是隧道防水的重点屏障，其铺设及搭接质量直接影响隧道防水效果，故其搭接焊缝距施工缝至少 1m 以上距离，且对所有防水板漏洞、破损处进行圆补丁焊接封密。

(3)施工缝采取中埋钢边橡胶止水带＋外贴止水带或者中埋橡胶止水带＋外贴止水带的复合防水构造，止水带尽量避免搭接，搭接处进行热熔焊接并铆黏牢固，达到防水的第二层屏障。

(4)混凝土采用 P12 抗渗混凝土，C30 混凝土添加纤维素纤维；仰拱与二次衬砌施工缝要进行凿毛处理，并用高压水枪冲刷干净，混凝土浇筑时加强施工缝振捣。

(5)二次衬砌环向施工缝外侧均匀涂刷 2cm 宽的聚氨酯防水涂料，以防渗水。

(6)施工缝如若有裂缝，立即对裂缝原因进行分析，并注入化学浆液，达到防水作用。

5.2 渗漏水处防排水

(1)富水断层破碎地段施作初期支护前，岩面如有涌水和渗漏水，必须进行处理，预防塌方或者掉块，根据渗漏水情况采用不同措施。

①在少量集中渗水、淋水地段，在将要通过的透水层部位，可采用排水孔法或排水管法，布置一定数量的排水孔或埋设排水管，将渗水、淋水集中到中心水沟内导出；也可采用金属网法，通过在钢筋网背后过滤层或隔水层，将其固定在围岩上，通过软管排水，随即喷射混凝土。

②当涌水较大时，可对主要涌水口暂不进行封堵支护，先行引排，施作衬砌后再对涌水封堵。

(2)喷射混凝土作业前，岩面如有渗漏水应做下列处理：

①对于大股涌水宜采用注浆堵水后再喷射混凝土，一般情况下可顺涌水出露点打孔，压注速凝浆液(如水泥—水玻璃浆液)进行封堵。

②对小股或裂隙渗漏水，视具体情况进行岩面注浆(布孔宜紧密，钻孔宜浅)或采用小导管沿隧道周边环形注浆进行封堵。

③对集中出水点可顺水路(节理、裂隙)设置排水盲管或线性排水板，将水引到纵向排水沟，切不可浸泡拱脚或者仰拱。

(3)基面出现股状涌水时，宜采用局部注浆、围截注浆法进行封堵，防止大量涌水夹带泥沙淘蚀地层，造成围岩失稳；封堵后的剩余水量用排水盲管引至中心水沟排出。

5.3 衬砌结构防排水

(1)衬砌施工时严格控制混凝土按照施工配合比生产，到达现场后不得加水或者其他外加剂，加强振捣，特别是施工缝或者厚度薄弱部位。

(2)衬砌存在缺陷及时进行处理，特别是蜂窝、麻面、漏筋处，用同强度等级的防水砂浆进行处理，漏筋部分二次衬砌涂刷聚氨酯或者环氧树脂等防腐蚀材料，以防止钢筋腐蚀或二次衬砌渗水、漏水。

(3)严格控制仰拱沉降或者偏压造成的混凝土裂缝，虽混凝土自身存在抗渗防裂等耐久性性能，但仍易出现漏水；发现裂缝后，注入水泥浆液或化学浆液(水泥—水玻璃双浆液、超细水泥浆液、聚氨酯浆液等)，组织经验丰富的技术人员对裂缝进行监控量测，分析原因并避免日后施工再次发生。

6 结语

随着科学技术的发展，隧道工程防排水的新材料、新工艺、新技术也不断出现，铁路隧道防排水施工领域取得较好的成果。高家山隧道认真总结多条铁路隧道防排水施工的经验和教训，学习和借鉴国际先进标准，重点对施工过程中的工艺、方法、措施和质量进行严格控制，确保隧道防排水系统畅通无阻。

参考文献

[1] 中华人民共和国行业标准. TZ 331—2009 铁路隧道防排水施工技术指南[S]. 北京：中国铁道出版社，2009.

[2] 中华人民共和国行业标准. TB 10424—2010 铁路混凝土工程施工质量验收标准[S]. 北京：中国铁道出版社，2010.

[3] 中华人民共和国行业标准. 铁建设〔2010〕241号 高速铁路隧道施工技术指南[S]. 北京：中国铁道出版社，2010.

减水缓凝剂超掺对混凝土凝结时间和强度的影响

李国兴

（中交三公局第二工程有限公司三淅项目）

摘　要：合理使用外加剂能改善混凝土的工作性能和力学性能，但使用不当将导致混凝土不能在规定的时间内正常凝结硬化，甚至造成混凝土强度的降低，最终导致混凝土结构出现质量问题。本文通过一系列试验分析了减水缓凝剂超掺对混凝土性能的影响，总结了超掺不同倍数时对混凝土凝结时间和强度的影响。

关键词：减水缓凝剂　超掺　凝结时间　混凝土强度

在混凝土中掺入不同的外加剂，可以改善和提高新拌混凝土的流变性能和硬化后的力学性能及耐久性能。目前在施工混凝土中最常用的外加剂就是缓凝剂和减水剂。在混凝土中掺入缓凝剂，能抑制水泥水化反应，延长新拌混凝土的初凝时间，防止坍落度过早损失；掺入减水剂，可以得到较低的水灰比，较高的抗压强度和弯拉强度。合理使用外加剂能改善混凝土的工作性能和力学性能，但使用不当导致混凝土结构施工出现质量事故的情况也屡有发生。比如由于工作失误或计量不准致使外加剂掺量超过正常掺量，将导致混凝土不能在规定的时间内正常凝结硬化，影响工程进度，甚至造成混凝土强度的降低。本文研究了试验室在试配正常配合比掺量的基础上，不同程度的超掺缓凝剂和减水剂对添加掺和料的施工混凝土终凝时间和不同龄期强度的影响。

1　试验材料

水泥采用河南锦荣水泥有限公司崤山牌P·O42.5R级水泥，外掺料采用三门峡唐润资源综合利用有限公司F类1级粉煤灰。石子采用河南三门峡市卢氏县磨上石料厂5～25mm碎石，砂子采用卢氏洛河河沙，砂石集料试验前均经过烘干，完全干燥。外加剂采用山东华伟银凯建材有限公司复配生产的复合型减水缓凝剂，其中，葡萄糖酸钠是山东华伟银凯建材生产，高效减水剂是山东华伟银凯建材生产。经试验检定各种材料的化学成分和性能指标均在正常范围之内。

试验用混凝土搅拌机采用平卧立轴强制式搅拌机，出料容量20L。拌制混凝土时各种材料每次投料量为：水泥5.96kg，粉煤灰1.46kg，砂子15.74kg，石子21.72kg，水3.22kg。外加剂标准掺量为胶凝材料用量的1.0%，超掺试验外加剂掺量分别为胶凝材料用量的2.20%、3.27%、4.33%和5.40%。

2　试验方法

2.1　混凝土拌和物和易性测定

湿润坍落度筒及其他工具，并把坍落度筒放在不吸水的刚性水平底板上，然后用脚踩住两边的脚踏板，使坍落度筒在装料时保持位置固定。

把按要求取得的混凝土拌和物试样用小铲分三层均匀地装入筒内，使捣实后每层高度为筒高的 1/3 左右。每层用捣棒插捣 25 次，插捣应沿螺旋方向由外向中心进行，各次插捣应在截面上均匀分布。插捣筒在混凝土拌和物时，捣棒可以稍稍倾斜。插捣底层时，捣棒应贯穿整个深度。插捣第二层和顶层时，捣棒应插透本层和下一层的表面。浇灌顶层时，混凝土拌和物应灌到高出筒口。插捣过程中，如混凝土拌和物沉落到低于筒口，则应随时添加。顶层插捣完成后，刮去多余的混凝土拌和物并用镘刀抹平。

清除筒边底板上的混凝土拌和物，垂直平稳地提起坍落度筒。坍落度筒的提离过程应在 5～10s 内完成。从开始装料到提起坍落度筒的整个进程应不间断地进行，并应在 150s 内完成。

提起坍落度筒后，测量筒高与坍落后混凝土拌和物试体最高点之间的高度差，即为该混凝土拌和物的坍落度值。试验过程中对混凝土拌和物进行动态观测和静态观测，观测混凝土拌和物的形态变化，并观察坍落后混凝土拌和物试体的黏聚性和保水性。

2.2 混凝土拌和物凝结时间测定

采用贯入阻力法测定混凝土拌和物凝结时间，这种方法适用于各种水泥和外加剂以及不同气温环境下的混凝土拌和物凝结时间的测定。

测定时，测针距试模边缘至少 25mm，测针贯入砂浆各点间净距至少为所用测针直径的两倍。三个试模每次各测 1～2 点，取其算术平均值作为该时间的贯入阻力值。

每个试样做贯入试验应不少于 6 次，最后一次的单位面积贯入阻力应不低于 28MPa。从加水拌和时算起，常温下普通混凝土 3h 后开始测定，以后每次间隔为 1h 测一次。因本次试验为缓凝型混凝土，故 5h 后开始测定，以后每隔 2h 测一次。

2.3 混凝土立方体抗压强度测定

按照《普通混凝土力学性能试验方法标准》(GB/T 50081—2002)，测定掺外加剂的混凝土 3d、7d、28d 抗压强度。混凝土立方体抗压强度：

$$\sigma = \frac{P}{A}$$

式中：σ——混凝土立方体试件抗压强度(MPa)，精确至 0.01MPa；

P——破坏荷载(N)；

A——试件受压面积(mm^2)。

试件从养护地点取出后应及时进行试验，以免试件内部的温、湿度发生显著变化。试压前应先将试件擦拭干净，检查外观，并测量尺寸。测量试件尺寸精确到 1mm，并据此计算试件的承压面积值 A。要求试件不得有明显缺损，其承压面的不平度要求不超过 0.05%，承压面与相临面的不垂直偏差不超过±1°。

将标准养护至规定龄期的试件安放在试验机下压板中心，并将与成型时的顶面垂直的侧面作为试件的承压面。开动试验机，当上压板与试件接近时，调整球座，使承压面与上压板接触均匀。加压时，应持续均匀加荷。本试验混凝土强度等级 C25，取加荷速度为 0.3～0.5MPa/s。当试件接近破坏变形时，停止调整试验机油门，直至试件破坏，然后记录破坏荷载 P。

3 试验结果分析

本次试验是在混凝土原始配合比和外加剂基准掺量基础上，共调整4次外加剂掺量(分别在基准掺量的基础上超掺0.5倍、1倍、1.5倍和2倍)，每次分别测定3d、7d、28d混凝土立方体强度值，每组试件3块。为了更好地分析和对比外加剂超掺对混凝土结构最终强度的影响，增加基准配比和超掺外加剂时试验的试件组数，测定60d龄期混凝土立方体抗压强度，作为混凝土结构最终强度的参考。本次试验共计测试试件60块。在试验过程中，由于增加外加剂掺量以后混凝土出现缓凝现象，部分试验混凝土试件3d强度非常低，故改测14d强度以作分析比较。

3.1 混凝土拌和物和易性

对混凝土拌和物进行了和易性测定，具体数值如表1所示。第一组标准配比的混凝土拌和物坍落度值为160mm，其余四组外加剂超掺的混凝土拌和物坍落度值均超过180mm。在坍落度试验中，经动态观测混凝土拌和物颜色状态正常，坍落度稍大。动态停顿时，泛浆、起沫、有气泡。经静态观测混凝土拌和物颜色变黄，发黏，有流动性，抓底，和易性较差(图1)。可见，复合减水缓凝剂的掺量对混凝土的施工和易性有一定影响，超掺将导致混凝土施工和易性不良。

混凝土拌和物坍落度 表1

序　号	外加剂掺量(%)	坍　落　度　(mm)
C-1	1.00	160
C-2	2.20	>180
C-3	3.27	>180
C-4	4.33	>180
C-5	5.40	>180

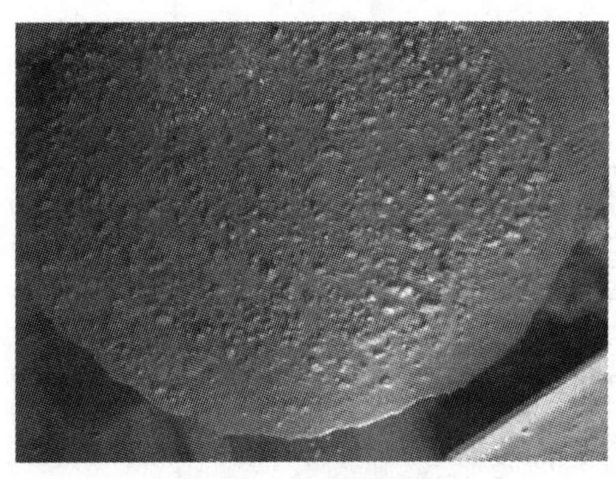

图1 混凝土拌和物的和易性

3.2 混凝土拌和物凝结时间

采用贯入阻力法测定混凝土拌和物凝结时间，经试验测定混凝土拌和物凝结时间如表2所示。第一组标准配比的混凝土拌和物初凝时间和终凝时间均在正常范围内，并能满足混凝土运输、浇筑和强度发展的要求。后面复合减水缓凝剂超掺的四组试样，随着复合减水缓凝剂掺量的增加，混凝土拌和物初凝时间和终凝时间均向后推延。当复合减水缓凝剂超掺1倍以上时，混凝土拌和物终凝时间接近或超过48h，当复合减水缓凝剂超掺2倍时，混凝土拌和物终凝时间超过72h，这些都直接影响了后续工序的正常开展，并最终影响到了施工项目的工期。可见，复合减水缓凝剂的掺量对混凝土拌和物的凝结时间非常敏感，超掺将导致混凝土不能在规定时间内终凝并发展强度，并最终导致施工项目工期的延长。

混凝土拌和物凝结时间 表2

序　号	外加剂掺量(%)	初凝时间(h)	终凝时间(h)
C-1	1.00	6	13
C-2	2.20	9	19
C-3	3.27	19	44
C-4	4.33	27	65
C-5	5.40	32	74

3.3 混凝土立方体抗压强度标准值

复合减水缓凝剂的掺量为标准掺量、超掺0.5倍和超掺1倍时，混凝土立方体试块外形规则，不影响抗压强度。当复合减水缓凝剂超掺1.5倍和超掺2倍时，混凝土立方体标养试块外形不规则，影响抗压强度。放水养时，试块表面浆体脱落(图2)。对标准养护到相应龄期的混凝土立方体标准试件进行抗压试验，并经过计算得出不同复合减水缓凝剂掺量的试件在不同龄期的立方体抗压强度标准值，如表3所示。通过数据对比可见，随着复合减水缓凝剂掺量的增加，相同龄期的混凝土立方体抗压强度标准值逐渐降低。当复合减水缓凝剂超掺0.5倍和超掺1倍时，28d和60d龄期的混凝土立方体抗压强度标准值虽然比基准配比试件的立方体抗压强度标准值低，但仍然高于混凝土设计强度值，能够满足结构安全需求。当复合减水缓凝剂超掺1.5倍和超掺2倍时，28d和60d龄期的混凝土立方体抗压强度标准值低于混凝土设计强度值，不能满足结构安全需求。

图2 水养试件外形对比

混凝土立方体抗压强度标准值 表3

序　号	外加剂掺量(%)	抗压强度标准值(MPa)				
		3d	7d	14d	28d	60d
C-1	1.00	19.8	27.3		40.2	44.3
C-2	2.20	11.6	22.9		36.1	41.2
C-3	3.27		22.5	31.5	33.2	38.7
C-4	4.33		7.7	17.1	22.1	24.3
C-5	5.40		3.5	12.3	17.0	19.4

4 结语

(1)复合减水缓凝剂的掺量对混凝土的施工和易性有一定影响，超掺将导致混凝土施工和易性不良。

(2)复合减水缓凝剂的掺量对混凝土拌和物的凝结时间非常敏感,超掺将导致混凝土不能在规定时间内终凝并发展强度,并最终导致施工项目工期的延长。

(3)随着复合减水缓凝剂掺量的增加,相同龄期的混凝土立方体抗压强度标准值逐渐降低。当复合减水缓凝剂超过一定掺量时,混凝土结构最终强度值将低于混凝土设计强度值,不能满足结构安全需求。

参 考 文 献

[1] 吴凯军.浅谈混凝土工程中外加剂的添加及应用[J].科技信息,2011(03).
[2] 梁康麟.浅谈混凝土外加剂在施工中的应用[J].中国新技术新产品,2011(16).
[3] 杨志芳.减水剂在混凝土配合比设计中的应用[J].山西建筑,2010(12).
[4] 史会春.在建筑施工中提高混凝土强度的分析[J].黑龙江科技信息,2009(17).